Charles Haddon Spurgeon: HAST DU MICH LIEB?

CHARLES HADDON SPURGEON

Hast du mich lieb?

15 ausgewählte Predigten
mit Texten aus dem Neuen Testament

ONCKEN VERLAG SCHULTE VERLAG

bearbeitet von W. Bühne

ISBN 3-7893-7078-9
ISBN 3-87739-308-X
1. Auflage 1978
Umschlaggestaltung: Gisela Scheer
Satz: dateam, Frankfurt am Main
Druck: Ebner, Ulm
Printed in Germany

INHALT

VORWORT

C. H. Spurgeon (1834 - 1892) kann man wohl als den bekanntesten Erweckungsprediger des 19. Jahrhunderts bezeichnen. Jedenfalls gibt es keinen anderen Erweckungsprediger, dessen Schriften jemals eine solche Verbreitung gefunden haben.

Obwohl durch Spurgeons Verkündigung viele Menschen zu Christus fanden, war er nicht so sehr Evangelist im üblichen Sinn als vielmehr Erweckungsprediger. Er richtete seine Botschaft zunächst nicht an die Außenstehenden, sondern zielte auf die Gewissen und Herzen derer, die zum Volk Gottes gehörten.

Was Spurgeon unter „Erweckung" verstand, hat er in einer Predigt über den Einzug Jesu in Jerusalem gesagt: „Ich bezweifle den Wert einer Erweckung, wenn sie nicht in der Gemeinde Gottes beginnt. Sie kann niemals draußen ihren Anfang nehmen und sich dann in die Gemeinde hineinarbeiten; das entspricht nicht den Regeln geistlichen Lebens. Sie muß bei den geistlich Gesinnten der Gemeinde beginnen, sie muß dann die ganze Masse der Jünger lebendig machen, und danach wird sie sich auch unter den Außenstehenden ausbreiten und weite Kreise ziehen. Aber sie muß daheim beginnen! Hört dies alle, ihr, die ihr euch als Glieder der Gemeinde Jesu bekennt, und seht zu, daß ihr nicht wie nasses Holz seid, das nicht brennen will, und ihr damit verhindert, daß Feuer unter den Menschen entsteht! O laßt nicht zu, daß euch der Heiland als Hindernisse in seinem eigenen Hause findet! Laßt nicht zu, daß die Herrlichkeit Christi von denen verdunkelt wird, die ihm am nächsten stehen und darum den größten Eifer für seinen heiligen Namen zeigen sollten!"

Der vorliegende Predigtband enthält eine Anzahl typischer Erweckungspredigten Spurgeons, die mit dem

Gebet herausgegeben werden, daß sie dem Volk Gottes heute Hilfe und Ansporn sein mögen. Was uns fehlt, sind nicht neue Methoden oder neue Strategien, sondern neuer Gehorsam, zu dem Spurgeon unermüdlich bis an sein Lebensende aufgerufen hat.

Um Spurgeons Originalität zu wahren, sind die Predigten so schonend wie möglich bearbeitet worden.

Möge der Herr Jesus Christus diese Botschaften mit seinem Segen begleiten!

Wolfgang Bühne

1

HAST DU MICH LIEB?

„Simon Jona, liebst du mich?“ (Johannes 21,16).

Das ist ein sehr kurzer und einfacher Text, und mancher könnte es für sehr leicht halten, alles, was darüber gesagt werden kann, vorzutragen. Ich beabsichtige aber, mich heute auf einen Punkt zu beschränken, und ich möchte euch bitten, diesen einen Punkt zu erwägen. Möge der Geist Gottes unsere Herzen für die Betrachtung zubereiten.

Jesus fragt Petrus, ob er Liebe zu ihm habe. Die Frage betrifft nicht seine Liebe zum Reich Gottes oder zum Volk Gottes, sondern sie nennt als Gegenstand seiner Liebe ihn selbst, den Sohn Gottes. „Simon Jona, liebst du mich?“ Jesus sagt nicht: „Siehst du nun ein, wie richtig meine Warnung war, als ich dir anbefahl, zu wachen und zu beten? Simon, willst du von nun an dein Selbstvertrauen aufgeben und auf meine Ermahnungen achten?“ Er sagt nicht einmal: „Glaubst du nun meinen Lehren? Vertraust du nun auf mich, den du neulich verleugnet hast?“ Ebensowenig fragt er: „Gefallen dir meine Vorschriften? Glaubst du an meinen Anspruch? Willst du mich noch als den Sohn des Höchsten bekennen?“ Nein, nach all diesen Dingen fragt Jesus nicht, sondern nur nach einem: „Liebst du mich?“

Jesus spricht Petrus mit seinem alten Namen an, den er vor seiner Bekehrung trug: Simon Jona. Er will ihn daran erinnern, was die Gnade für ihn getan hat, und dann fragt er nur nach seiner Liebe. Die Frage hat es mit der persönlichen Liebe des Petrus zu der Person Jesus Christus zu tun. Dies soll der einzige Gegenstand meiner Rede sein.

Beachtlich, daß unser weiser und liebevoller Heiland den Petrus in schlichten, deutlichen Worten nach seiner Liebe gefragt hat. Da war kein „auf den Busch klopfen“; er kam sogleich zur Sache, denn dieser Punkt duldete keine Zweideutigkeit und keinen Zweifel. Wie der Arzt den Puls seines Patienten fühlt, um sein Herz zu beurteilen, so prüfte Jesus den Puls der Seele des Petrus. Er sprach nicht: „Simon, Sohn Jonas, bereust du deine Torheit?“

Reue ist eine köstliche Gnadengabe, aber Jesus hielt es für weiser, sofort nach der Liebe zu forschen, weil es ganz gewiß ist, daß ein Jünger, der seinen Meister liebt, tief bekümmert ist, wenn er ihn je verleugnet hat. Der Herr fragt seinen Nachfolger nicht nach seinem Glauben, den man wohl in Frage hätte stellen können, denn er hatte ja geschworen: „Ich kenne diesen Menschen nicht!“ Es wäre eine höchst wichtige Frage gewesen, aber sie wurde beantwortet, als Petrus seine Liebe bekannte; denn wer liebt, der glaubt, und niemand kann einen Heiland lieben, an den er nicht glaubt.

Der Herr ließ alle anderen Punkte außer Betracht - oder vielleicht sollte ich sagen: Er faßte alle Punkte in diese eine Frage zusammen: „Liebst du mich?“

Lernt aus dieser Tatsache, daß eins not ist: Die Liebe zum Herrn Jesus ist der Hauptpunkt, der Lebensnerv, nach dem ihr zu sehen habt.

Diese Frage stellte Jesus dreimal, um zu zeigen, daß sie von erster, zweiter und dritter Wichtigkeit ist. Dieser Nagel sollte so richtig fest eingeschlagen werden, denn Schlag auf Schlag traf seinen Kopf. Mit unverändertem Ton und Blick fragte der Herr: „Simon Jona, liebst du mich?“

Wenn ihr euch prüft, so schaut tief in euer Herz und stellt eine gründliche Nachforschung im Blick auf eure

Liebe an. Habt ihr Jesus wirklich lieb? Wenn ihr sonst auch scherzen mögt, nehmt diese Sache ernst.

Denkt daran, daß der Herr Jesus diese Frage so lange an Petrus stellte, bis er ihn damit traurig machte. Solange Petrus noch als Jünger anerkannt wurde, muß er bereit gewesen sein, den strengsten nur möglichen Tadel hinzunehmen; deshalb war es nicht leicht, ihn traurig zu machen. Unser Herr zögert lange, einem aufrichtigen Herzen Schmerz zu verursachen; doch bei dieser Gelegenheit wiederholte er aus weisen Gründen seine Frage, bis er die ungeheilte Wunde des Petrus schmerzlich berührte. Eine dreifache Verleugnung erforderte ein dreifaches Bekenntnis. Der Schmerz, den Petrus dem Herrn zugefügt hatte, wurde durch den Schmerz, den er nun fühlte, ins Gedächtnis zurückgerufen.

Wenn ich nun heute morgen diese Frage nachdrücklich stelle, bis ich einige von euch traurig mache, bis ich mich auch selbst traurig mache, darf mich dafür niemand tadeln. Euch zu trösten würde ein gutes Werk sein, aber manchmal mag es besser sein, euch zu betrüben. Nicht immer ist süße Speise das Beste, was wir euch bringen können; bittere Arznei ist manchmal dienlicher. Mit wahrer Liebe ist mehr oder weniger stets Schmerz verbunden. Nur wer Liebe heuchelt, geht ohne ängstliche Frage und Herzenserforschung durch die Welt. Es ist weit besser, wenn ich euch heute traurig mache und ihr euer Herz erforscht, als daß ihr euch sicher fühlt und als Betrüger offenbar werdet.

Wir stellten fest, daß die Frage damals von unserem Herrn selbst gestellt wurde. Was würden wir denken, wenn der Herr Jesus heute zu uns käme und an einen jeden von uns die Frage richtete: „Liebst du mich?“ Nachdem wir gerade gemeinsam Lieder zur Ehre Jesu gesungen, uns im Gebet vereinigt und von Herzen an seiner Verehrung teilgenommen haben, würde es uns sonderbar vorkommen, wenn er uns über unsere Liebe zu ihm befragen würde. Und doch würde er uns eine solche Frage mit Recht stellen.

Nehmen wir an, daß dich dein Herr heute ganz allein finden und fragen würde: „Liebst du mich?“ Was würdest du bei dieser Frage empfinden? Würdest du nicht betroffen sein und vielleicht zu zittern beginnen und an ein Dutzend Gründe denken, weshalb wohl diese forschende Frage gerade jetzt an dich gerichtet wird? Und wenn der Herr sie dreimal wiederholte und sie jedesmal an dich persönlich richtete, würdest du es nicht als eine strenge Herzensprüfung empfinden?

Ich möchte gern, daß du diese Frage so persönlich annimmst, als komme sie von deinem Herrn. Vergiß, daß sie von einem Prediger ausgesprochen wurde. Höre sie, als sei sie von Jesus ausgesprochen, der dich durch sein kostbares Blut von Tod und Hölle erlöst hat.

Jesus richtet diese Frage an dich – oder hat er etwa keine Ursache dazu? Er nimmt dich aus der Menge heraus, schaut dich fest an und sagt: „Simon Jona, liebst du mich?“

Du weißt, ob ein Grund dazu vorhanden ist, dich danach zu fragen. Antworte für dich allein, denn er stellt die Frage an dich allein. Kümmere dich jetzt nicht um Nathanael, Thomas oder die zwei Söhne des Zebedäus.

„Liebst du mich?“ Schlägt dein Herz wirklich für Jesus von Nazareth? „Komm, Petrus, sag ja oder nein!“

Du sagst „ja“, aber ist es auch so? Möge der Herr uns Gnade geben, eine ernsthafte Untersuchung im Blick auf diese Frage anzustellen, ein ehrliches Zeugnis abzulegen und die Wahrheit, die ganze Wahrheit und nichts als die Wahrheit auszusagen!

Es fehlt an der Liebe zu Jesus

Eine traurige, aber wahre Feststellung! Selbst in unserem Herzen mag vielleicht keine Liebe zu Jesus sein! Ich kenne nichts, was irgendeinen von uns davor schützen könnte. Unsere Gaben könnten unsere Mitmenschen vielleicht abhalten, uns zu fragen, aber uns selbst sollte nichts abhalten, denn gewiß gibt es nichts, was den Herrn abhalten wird, diese Frage „Liebst du mich?“ an uns zu richten.

Auch Religiosität macht diese Frage nicht unnötig. Sind wir Bekenner des Glaubens? Nehmen wir von Herzen an allen öffentlichen Veranstaltungen unserer Gemeinde teil? Ja, aber es gibt Tausende, die das tun, Hunderttausende, die das jeden Sonntag tun, und doch haben sie Jesus nicht lieb!

Meine Brüder, sind nicht viele Menschen von Formen und Zeremonien beeindruckt? Wenn der Gottesdienst dem Auge und dem Ohr gefällt, sind sie dann nicht ganz zufrieden? Liebe zu Jesus ist vielen der bekennenden Christen nicht in den Sinn gekommen. Wir kennen andere, die für eine orthodoxe Darlegung der Lehre kämpfen; solange die Predigt dem Glaubensbekenntnis entspricht und jedes Wort genau und korrekt ist, sind sie zufrieden; aber von der Liebe Jesu werden sie nicht bewegt. Der Glaube ist ihnen keine Herzensangelegenheit, er ist bloß Sache des Kopfes. Diese Menschen wissen nichts von einer lebendigen Seele, die einer lebendigen Person entgegenkommt, von einem blutenden Herzen, mit einem anderen blutenden Herzen verbunden, einem Leben, das sich von einem anderen Leben nährt und in Liebe darin aufgeht.

Wir kennen Brüder, die sehr extrem sind. Wenn der Prediger nur eine Schattierung von ihrer Glaubensvorstellung abweicht, so sind sie von frommem Entsetzen über seine ungesunde Lehre erfüllt und können ihn nicht wieder anhören. Selbst wenn er Jesus in dem übrigen Teil seiner Predigt ganz lebendig verkündigt hat, so taugt es nichts, weil er ihr „Schiboleth“ nicht aussprechen kann.

Was ist Rechtgläubigkeit ohne Liebe anders als eine Katakombe, in der man einen toten Glauben begräbt! Sie ist ein Käfig ohne Vogel, das dürre Gerippe eines Menschen, aus dem das Leben entflohen ist.

Mir ist bange, daß der allgemeine Strom des kirchlichen Lebens zu sehr in Richtung auf das Äußere verläuft und zu wenig in Richtung auf tiefe, brennende Liebe für die Person Jesu. Wenn ihr viel vom wahren Herzensglauben und von der Gottseligkeit predigt, so werden euch die Namenschristen kaltblütig als mystisch bezeichnen und werden beginnen, von der Gefahr der quietistischen Schule der Religion zu reden.

Der Glaube ist der am meisten gesegnete, der es nur mit der Person Jesu Christi zu tun hat. Die echteste Reue ist die, die beim Anblick seiner Leiden brennt; und die tiefste Liebe ist die Liebe zu der anbetungswürdigen Person des eingeborenen Sohnes Gottes.

Ich sehe die Lehre von der Gnade wie die Kleider meines Herrn an, und sie duften nach Myrrhe, Aloe und Kezia. Ich sehe seine Vorschriften wie sein Zepter an; es ist ein Stab mit silberner Spitze, und es ist meine Freude, sie anzurühren und Trost in ihrer Macht zu finden. Ich sehe die Vorschriften des Evangeliums als den Thron an, auf dem er sitzt, und ich freue mich an diesem elfenbeinernen Thron, der mit Gold überzogen ist. Aber seine Person ist lieblicher als seine Kleider, teurer als sein Zepter, herrlicher als sein Thron, und ihn zu lieben ist der Kern wahren Glaubens.

Aber vielleicht liebt ihr ihn gar nicht? Ihr habt die Äußerlichkeiten einer Religion, aber das Geheimnis des Herrn ist nicht bei euch. Es wird vergebens sein, den Sabbat zu ehren, wenn ihr den Herrn des Sabbats vergeßt; vergebens, das Heiligtum zu lieben, aber nicht den großen Hohenpriester; vergebens, das Hochzeitsfest zu lieben, aber nicht den Bräutigam. Liebst du ihn? Das ist die Frage. „Simon Jonas, liebst du mich?“

Selbst der höchste christliche Dienst schließt nicht aus, diese Frage zu stellen. Petrus war ein Apostel, und doch war es nötig, ihn zu fragen: „Liebst du mich?" Denn es war einmal ein Apostel, der den Herrn nicht lieb hatte, der für dreißig Silberlinge seinen Meister verkaufte. Der Name Judas sollte die Totenglocke läuten für alle vermessene Zuversicht auf unsere „amtliche" Stellung. Unsere Namen können in der Liste evangelikaler Führer stehen und doch vielleicht nicht in das Lebensbuch des Lammes geschrieben sein. Mein Bruder, Prediger, Ältester oder Diakon, es ist nötig, uns selbst diese Frage vorzulegen: „Hast du den Herrn lieb?"

Der Genuß der größten christlichen Vorrechte macht diese Frage nicht überflüssig. Petrus, Jakobus und Johannes waren die drei bevorzugten Apostel. Sie waren Zeugen einiger Wunder unseres Herrn, die im geheimen geschahen und von keinem anderen menschlichen Auge gesehen wurden. Sie sahen Jesus auf dem Berg der Verklärung in all seiner Herrlichkeit; sie sahen ihn im Garten Gethsemane in seiner Todesangst. Und wenn sie auch noch so bevorzugt waren, hielt der Herr es doch für richtig, ihren Führer zu fragen: „Liebst du mich?"

O mein Bruder, du hast hohe Freuden gehabt, bist auf Tabor gewesen, bist von seinem hellglänzenden Licht erleuchtet worden. Du kennst sowohl die innere Angst wie auch die geistlichen Freuden. Du bist der Vertraute des Herrn gewesen und hast Brot mit ihm gegessen. Und doch denke daran: Es gab einen, der das alles auch tat und den Herrn doch mit Füßen trat. Und deshalb ist es nötig, dir, mein Bruder, die Frage zu stellen: „Hast du den Herrn lieb?"

Es ist sehr leicht, sich eine Erfahrung einzubilden, aber was not tut, ist ein liebendes Herz. Sorge dafür, daß du es hast.

Meine lieben Brüder, auch die größte Wärme des Eifers hebt die Notwendigkeit dieser Frage nicht auf.

Petrus war ein Jünger mit glühendem Ungestüm. Er rief auf dem galiläischen Meer: „Herr, bist du es, so heiße mich zu dir auf das Wasser kommen!" Welche Kühnheit! Welcher Glaube! Welch ein Eifer! Auch hier, in unserer Geschichte am See Tiberias, kann Petrus in seinem überstürzenden Eifer nicht warten, bis das Boot ans Ufer stößt. Er gürtet seinen Rock um und wirft sich ins Meer, um zu dem Meister zu kommen, den er liebt. Diesen sich überstürzenden Eifer des Petrus vor Augen fragt der Herr: „Liebst du mich?"

Junger Mann, du nimmst es ernst mit deiner Sonntagschule, du hast die Bekehrung der Kleinen gesucht, du ermutigst andere und gibst jeder Bewegung, an der du teilnimmst, mehr Leben. Und doch ist es nötig zu fragen, ob du wirklich den Herrn liebst oder nicht. Vielleicht stehst du an den Straßenecken; es ist dir eine Freude, zu den Spöttern von Jesus zu reden, ob die Menschen sich darüber entsetzen oder nicht. Aber weißt du es ganz genau, daß du Jesus liebst?

Meine Schwester, du besuchst die Armen und sorgst für die Dürftigen, du strengst dich an, der Jugend Gutes zu tun, und bist voll Wärme in allen Dingen, die die Sache des Erlösers betreffen. Wir alle bewundern dich und hoffen, dein Eifer wird nicht erkalten. Aber trotz allem muß auch dir die Frage gestellt werden: „Hast du den Herrn Jesus lieb?"

Es gibt einen Eifer, der sich von der Rücksicht auf die Meinung anderer Menschen nährt und durch den Wunsch erhalten wird, für ernst und nützlich angesehen zu werden. Es gibt einen Eifer, der mehr die Wärme der Natur als das heilige Feuer der Gnade ist. Dieser Eifer hat viele fähig gemacht, große Dinge zu tun. Und doch, wenn sie alles getan haben, sind sie ein tönendes Erz und eine schallende Zimbel gewesen, weil sie den Herrn Jesus nicht liebten. Selbst die Taten, die mit größtem Eifer ausgeführt werden, sind kein endgültiger Beweis dafür, daß sie aus Liebe zu Jesus getan sind. Deshalb müssen wir stets die Frage stellen: „Hast du den Herrn lieb?"

Ich will noch etwas weitergehen: Selbst die größte Selbstverleugnung beweist nicht unbedingt die Liebe zu Jesus. Petrus konnte sagen: „Herr, wir haben alles verlassen und sind dir nachgefolgt." Obwohl es nicht sehr viel war, was Petrus verlassen hatte, so war es doch alles, was er hatte, und er hatte alles um der guten Sache willen verlassen, ohne irdische Güter dafür wiederzugewinnen. Er war oft um Jesu willen geschmäht worden und hatte weitere Schmähungen zu erwarten. Dennoch fragte der Herr, der wußte, daß Petrus alles um seinetwillen aufgeopfert hatte: „Liebst du mich?"

Es ist eine traurige Wahrheit, daß Menschen bedeutende Opfer gebracht haben, um sich als Christen zu erweisen, die aber doch das eigentliche Fundament des Glaubens nicht in sich hatten. Einige sind um der Wahrheit willen sogar ins Gefängnis geworfen worden und waren doch nicht echte Christen. Ich wage es nicht zu behaupten, aber ich fürchte, daß selbst in den Tagen der Märtyrer einige ihren Leib haben verbrennen lassen, weil sie aber keine Liebe hatten, ist es ihnen nichts nütze gewesen.

Die Liebe ist das Wesentliche. Nichts kann ihr Fehlen ersetzen. Und ist es möglich, daß dieses kostbare Gut nicht in unseren Herzen ist?

„Simon Jona, liebst du mich?" Es ist auch notwendig, diese Frage zu stellen, weil der Mensch nicht nur lauter Herz ist. Er hat auch Verstand, und dieser Verstand sollte geweiht, geheiligt sein. Petrus ging drei Jahre lang auf die hohe Schule und hatte Jesus zum Lehrer und lernte dort sehr viel. Aber nachdem Petrus seinen Kursus absolviert hatte, hielt es sein Meister für richtig, ehe er ihn an seine Lebensarbeit sandte, ihn zu fragen: „Liebst du mich?"

Bruder, du magst die Blätter dieses Buches umschlagen, du magst Lehre nach Lehre in dich aufnehmen, du magst dich mit theologischen Problemen beschäftigen, und du magst dich abmühen, Schwierigkeiten zu lösen und diese Stelle zu erklären oder jene Frage zu beantworten, auf die eine oder andere Weise wird das Herz dabei so trocken wie die Blätter der Bücher, mit denen du dich beschäftigst. Es ist daher sehr heilsam, wenn der Herr in das Studierzimmer tritt, das Buch zumacht und den Forschenden fragt: „Sei eine Weile still und laß mich dich fragen: Hast du mich lieb? Ich bin besser als alle Bücher und Studien. Hast du eine warme, lebendige Liebe zu mir?"

Ich hoffe, viele von euch sind fleißige Forscher. Wenn ihr in der Sonntagschule lehrt, solltet ihr es sein. Wenn ihr auf den Straßen oder in den Häusern predigt, so solltet ihr es sein. Wie könnt ihr andere füllen, wenn ihr selbst nicht erfüllt seid? Wissen ist gut, aber Liebe ist besser. Wenn du studierst, magst du manche Probleme lösen. Wenn du aber nicht liebst, dann kannst du das Geheimnis der Geheimnisse nicht begreifen. Du hast dann die wichtigste aller Wissenschaften nicht erkannt: Das Wissen bläht auf, aber die Liebe erbaut. Achte deswegen auf die Frage: „Liebst du mich?"

Ein großer Teil des christlichen Lebens sollte auch in tätiger Arbeit zugebracht werden. Wir sollten uns aufmachen und wirken. Wenn irgend etwas zu tun war – Petrus war der Mann der Tat. Er ging hinaus, um das Evangelium zu predigen; und selbst die Dämonen waren ihm untertan. Petrus hatte im Namen Jesu Wunder getan. Und doch mußte seine Liebe geprüft werden: „Liebst du mich?" Er hatte gerade jenes ungeheure Netz mit der großen Menge Fische ans Ufer gezogen. Mit Geschicklichkeit und großer Kraft hatte er es ans Land gebracht. Und doch bewies das nicht seine Liebe.

Es gibt Prediger des Evangeliums unter uns, die ein

volles Netz ans Ufer gezogen haben. Ihre Arbeit ist groß und erfolgreich gewesen, aber das schließt nicht aus, daß der Herr Jesus den Stand ihrer Herzen prüft. Er befiehlt ihnen, eine Weile ihre Netze beiseite zu legen und mit ihm allein zu sein. Legt das Kirchenregister weg, faltet die Mitgliederliste zusammen und hört auf, eure Fische zu zählen. Jesus möchte euch fragen: „Ihr habt in meinem Namen Dämonen ausgetrieben, aber habt ihr mich lieb?"

Brüder, das ist eine ernste Sache: „Damit ich nicht andern predige und selbst verwerflich werde." Nachdem ihr andere zu Jesus gebracht und Gott gedient habt, soll doch nicht ein tödlicher Zusammensturz folgen, weil ihr den Herrn Jesus selbst nicht geliebt habt.

Ich muß euch diese Frage immer wieder stellen. Ich bitte den Herrn, einen jeden von uns die Wichtigkeit dieser Frage fühlen zu lassen.

Vielleicht haben wir den Auftrag, für den Glauben zu kämpfen, und wir mögen auf dieser und auf jener Seite gekämpft und die Wahrheit wie unser eigenes Leben verfochten haben. Es ist gut, ein tapferer Streiter Jesu Christi zu sein, denn unsere Zeit braucht Männer, die sich nicht fürchten, die Schmach Jesu zu tragen, weil sie die Wahrheit mit Autorität aussprechen. Aber auch sie müssen immer wieder gefragt werden: „Liebst du mich?"

Ein Mann kann ein sehr entschiedener Protestant sein und doch Christus nicht lieb haben. Er mag ein sehr ernster Verteidiger der göttlichen Wahrheit sein, aber doch nicht den lieben, der die Wahrheit ist. Er mag schriftgemäße Ansichten von der Taufe haben; und doch ist es möglich, daß er niemals in Christus getauft worden ist. Er mag ein Abgesonderter sein und alle Übel einsehen, gegen die die Abgesonderten protestieren; und doch ist es möglich, daß er trotz seiner Absonderung verlorengeht.

Es ist eine wichtige Sache für jeden christlichen Kriegsmann, gut auf seinen Brustharnisch zu achten und zuzusehen, daß er rasch auf die Frage antworten kann: „Simon Jona, liebst du mich?“

Wie hervorragend und ausgezeichnet ihr um eures Dienstes oder eures Leidens willen sein mögt, weicht doch bitte dieser Frage nicht aus. Laßt den Herrn in euer Herz sehen, und antwortet ihm auf seine Frage, die er euch immer wieder stellt, bis es euch traurig macht: „Simon Jona, liebst du mich?“

Wenn wir Jesus nicht lieben, dann ist alle frühere Erkenntnis Lüge gewesen

Es ist unmöglich, Christ zu sein, ohne Christus zu lieben. Nehmt das Herz weg, und das Leben ist unmöglich. Ihr habt das Evangelium gehört, aber das Evangelium ohne Christus kann nie eine „gute Botschaft“ für euch sein. Ihr habt in der Bibel gelesen, aber die Bibel ohne Jesus Christus ist nichts anderes als ein toter Buchstabe.

Der erste Strahl des Trostes, der in mein Herz kam, leuchtete aus den Wunden des Erlösers. Ich hatte erst dann eine Hoffnung, selig zu werden, als ich ihn am Kreuz hängen sah. Und weil unsere Hoffnung nicht mit irgendeiner Lehre oder einem Prediger verknüpft ist, sondern mit Jesus, darum müssen wir den lieben, durch den sie gekommen ist. Jeder Segen, den wir bekommen haben, ist mit seiner Person verbunden, und ohne ihn hätten wir ihn nicht erhalten können.

Ihr habt Vergebung erlangt, aber diese Vergebung geschieht durch sein Blut. Ihr seid mit Gerechtigkeit bekleidet, aber der Herr ist eure Gerechtigkeit. Er selbst ist euer Ruhm und eure Schönheit. Keine Segnung kann von Jesus Christus getrennt genossen werden – ebensowenig wie Licht und Wärme von der Sonne geschieden werden können. Aller Segen kommt zu uns aus seiner durchbohrten Hand. Und darum müssen wir ihn lieben. Es ist nicht möglich, die goldenen Gaben seiner grenzenlosen Liebe zu genießen, ohne ihn wiederzulieben. Ihr könnt euch nicht in die Sonne stellen, ohne warm zu werden – noch Christi Fülle empfangen, ohne von Dankbarkeit erfüllt zu werden.

Jede äußerliche christliche Handlung haben wir aus Liebe zu Jesus vollbracht, oder sie war ein Betrug. Was ist zum Beispiel die Taufe, wenn wir nicht durch sie mit Christus in den Tod begraben worden sind und nun auch in Neuheit des Lebens wandeln? Was ist das Abendmahl des Herrn anders als ein gewöhnliches Mahl, um Brot zu essen und Wein zu trinken, wenn Christus nicht da ist? Aber wenn wir mit aufrichtigem Herzen zum Abendmahl gekommen sind und nicht als Heuchler, können wir dann das Brot gegessen und den Kelch getrunken haben, ohne ihn zu lieben? Es kann nicht sein.

Betetest du, mein Bruder? Hast du wirklich mit Gott im Gebet gesprochen? Du kannst das nur durch den Herrn Jesus, den Mittler, getan haben; und wenn du mit Gott durch den Mittler geredet hast, so kannst du nicht ohne Liebe zu dem bleiben, der die Tür zum Vater ist. Wenn du ein Bekenntnis deines Glaubens abgelegt hast, wie kann es echt sein, wenn nicht dein Herz in Zuneigung zu dem großen Herzog unserer Seligkeit brennt?

Du hast große Hoffnungen, aber worauf hoffst du? Ist nicht alle deine Hoffnung in ihm beschlossen? Erwartest du nicht, ihm gleich zu sein, wenn er erscheinen wird? Du hoffst aufzuerstehen, aber nur durch seine Auferstehung, denn er ist der Erstling der Auferstandenen. Du erwartest, auf der Erde zu regieren, aber mit ihm. Du erwartest kein Tausendjähriges Reich ohne den König. Du erwartest einen niemals endenden Himmel. Aber dieser Himmel besteht darin, mit Jesus zu sein, wo er ist, und seine Herrlichkeit zu schauen. Da also auf alles, was du zugeeignet bekommen hast, Jesu Name aufgeprägt ist und dir direkt aus seiner durchbohrten Hand zukommt, so kann es nicht sein, daß du es in Anspruch genommen hast, wenn du ihn nicht liebst.

Nun, wenn ich die Frage stelle, erinnere dich, daß es von deiner Antwort abhängt, ob du ein Heuchler bist oder ein aufrichtiger Mann, ein falscher Bekenner oder ein wahrhaft Bekehrter, ein Kind Gottes oder ein Erbe des Zornes. Deshalb beantworte die Frage. Aber beantworte sie mit Überlegung, beantworte sie so gewissenhaft, als ob du vor dem Richterstuhl dessen ständest, der dich heute sanft fragt, aber später einmal in einem anderen Ton mit dir sprechen und mit einem anderen Blick dich ansehen wird - mit Augen, die wie Feuerflammen sind -: „Simon Jona, liebst du mich?"

Wenn wir keine Liebe zu Christus haben, wird die Zukunft dunkel sein

Wir haben das Leben noch nicht beendet; ein großer Teil der Pilgerfahrt liegt möglicherweise noch vor uns. Nun, alles wird gutgehen, wenn wir Christus liebhaben. Aber nichts kann fortschreiten, wenn die Liebe zum Herrn Jesus fehlt.

Petrus wird berufen, die Lämmer und die Schafe zu weiden; aber die erste Eigenschaft eines wahren Hirten ist die Liebe zu Christus. Jesus Christus stellt eine Untersuchung an, um zu sehen, ob Petrus die rechten Eigenschaften besitzt, wenn er ihm das Weiden seiner Lämmer und Schafe anvertraut.

Jesus fragt nicht so sehr nach dem Wissen des Petrus oder seinen Redegaben als vielmehr nach seiner Liebe; denn die erste, zweite und dritte Befähigung eines wahren Hirten ist ein liebendes Herz.

Nun merkt euch: Was für einen Hirten gilt, gilt auch

für jeden anderen Arbeiter im Reich Gottes. Liebe ist wesentlich, mein guter Freund; du kannst nicht für Christus wirken, wenn du ihn nicht liebst.

„Aber ich kann in der Sonntagschule lehren", sagt jemand. – Nein, nicht ohne Liebe zu Jesus.

„Aber ich bin Mitglied eines Vereins, der viel Gutes tut." –Aber du tust nichts zum Ruhm Gottes, wenn du nicht aus Liebe zum Herrn Jesus Mitglied dieser Gesellschaft bist.

Lege deine Geräte nieder, denn du kannst in dem Weinberg deines Herrn keinen Nutzen schaffen, wenn dein Herz ihn nicht liebt. Seine Weinstöcke bleiben besser unbeschnitten, als daß sie von zornigen Händen gereinigt werden. Bleib von den Lämmern weg, Mann, du wirst sie nie großziehen, wenn Herz und Hand unsanft sind. Wenn du den Meister nicht liebst, wirst du weder sein Werk lieben noch seine Diener noch die Regeln seines Hauses; und wir können besser ohne dich fertig werden als mit dir. Einen Arbeiter zu haben, der ohne Liebe in des Herrn Haus und Weinberg herummurrt, würde für die ganze Familie ein Elend sein. Liebe muß im Herzen sein, sonst kann kein wahrer Dienst geschehen.

Vielleicht stehen euch Leiden bevor. Aber wenn euer Herz nicht in Wahrheit Christus angehört, werdet ihr nicht imstande sein, sie um Christi willen zu ertragen.

Es dauerte nicht lange, da kam für Petrus die Zeit, Gott durch seinen Tod zu preisen. Petrus mußte gegürtet und geführt werden, wohin er nicht wollte. Petrus kann nicht zum Märtyrer geeignet sein, wenn er Jesus nicht liebt. Die Tradition berichtet, daß er mit dem Kopf nach unten gekreuzigt worden ist, weil er fühlte, es sei zuviel Ehre, in derselben Weise wie sein Herr den Tod zu erleiden. Es mag sein, daß er den Kreuzestod starb, aber es war seine starke, tiefe Liebe, die ihn überwinden ließ.

Die Liebe macht zum Helden. Wenn der Geist Gottes Liebe entflammt, so flößt er auch Mut ein. Seht also, wie nötig ihr die Liebe für die Zukunft habt. Junger Christ, du wirst Spießruten laufen müssen, ehe du zum Himmel eingehst. In welchem Lebenskreis du dich auch bewegst, du bist ganz besonders begünstigt, wenn dich nicht irgend jemand verspottet und verfolgt. Zwischen hier und dem Himmel wirst du zu leiden haben; vielleicht werden deine Feinde deine eigenen Hausgenossen sein. Viele werden darauf lauern, daß du strauchelst, oder dir sogar Steine in den Weg legen. Um sicher zu gehen, mußt du das Feuer der Liebe im Herzen haben.

Wenn du den Herrn Jesus nicht sehr innig liebst, so wird die Sünde Herr über dich werden. Selbstverleugnung und Demütigung, die mit Liebe leicht zu ertragen sein werden, werden ohne Liebe unmöglich zu ertragen sein. Um recht zu wirken, zu leiden oder zu sterben, müssen wir den Herrn Jesus von ganzem Herzen lieben.

Seht, Brüder, wenn wir keine Liebe zu Jesus haben, dann fehlt das, was uns hilft, auf dem schmalen Weg zu bleiben und bis ans Ende auszuhalten. Die Menschen verlassen oft das, was sie gern mögen, aber niemals das, was sie lieben. Die Menschen können verleugnen, was bei ihnen nur als Überzeugung des Verstandes da ist, aber sie werden niemals das verleugnen, wovon sie überzeugt sind und was sie mit ihrem Herzen erfaßt haben. Wenn ihr bis ans Ende ausharren wollt, dann kann es nur in der Kraft der Liebe geschehen.

Liebe ist eine große, anspornende Kraft. In dem Dienst für den Herrn werdet ihr auf Schwierigkeiten stoßen, die zu groß für euer Urteil und zu bedeutend für eure Klugheit sein werden. Der Unglaube wird den Verstand einsetzen und berechnen, aber die Liebe, die mächtige Liebe wird über die Unmöglichkeit lachen und sie mit Jesus Christus ausführen. Liebe „springt über die Mauern", und Hand in Hand mit dem Glauben ist sie beinahe allmächtig; ja, durch die Kraft Gottes vermag sie alles für Jesus Christus, ihren Herrn. Wenn es euch an Liebe mangelt, so ist eure Energie dahin; die Kraft, die den Mann stählt und seine Feinde unterwirft, fehlt.

Ohne Liebe seid ihr auch ohne die verwandelnde Kraft. Liebe zu Christus ist das, was uns ihm gleich macht. Wenn du Christus liebst, so wirst du nach und nach ihm gleich werden; aber ohne Liebe wirst du nie das Bild des Himmlischen tragen.

Meine Brüder, es ist noch eine Erwägung aufzustellen. Wir werden bald bei dem Herrn sein. Wir werden dann da sein, wo die Zeit mit ihren kleinen Wirbeln und Strömungen in dem immerwährenden Dahinfließen der Ewigkeit vergessen sein wird. Aber wenn wir keine Liebe zu Jesus haben, dann werden wir nicht dort sein, wo er ist. Es wird niemand im Himmel sein, der nicht zuerst gelernt hat, ihn hier auf der Erde zu lieben. So müssen wir Liebe zu Jesus haben. Die Zukunft verlangt es gebieterisch; und deshalb stelle ich die Frage mit um so größerem Ernst und Nachdruck: „Simon Jona, liebst du mich?"

Wenn wir ihn lieben, was dann?

Nun, wenn wir ihn lieben, laßt uns sogleich etwas für ihn tun, denn Jesus Christus erwiderte dem Petrus, als er sprach: „Herr, du weißt alle Dinge, du weißt, daß ich dich lieb habe": „Weide meine Schafe!" Das war sehr freundlich von dem Heiland, denn er wußte: Wo Liebe ist, da ist auch ein Wunsch nach Tätigkeit. Weil Jesus so sehr liebte, deshalb wurde es ihm Speise und Trank, den Willen seines himmlischen Vaters zu tun. Der Herr Jesus scheint gedacht zu haben: Petrus hat mich lieb, und es wird seinem Herzen wehtun, wenn ich ihm nicht etwas zu tun gebe. „Geh und weide meine Schafe!"

Bruder, Schwester, wenn ihr Christus liebt, dann verbringt diesen Sonntag nicht im Nichtstun. Wenn ihr Christus liebt, so beginnt zu arbeiten. Was tut ihr? Ihr geht zum Gottesdienst und erhaltet gute Speise. Ist das alles? Viele Leute beschäftigen sich eingehend mit Essen und gehören zu den Fleißigsten im Umgang mit Messer und Gabel, aber ich glaube kaum, daß es ein Beweis von Liebe zu einem Menschen ist, wenn man sein Brot ißt. Sehr viele, die sich Christen nennen, geben keinen Beweis ihrer Liebe zu Christus – außer daß sie gerne Predigten hören.

Nun, wenn ihr Jesus Christus liebhabt, wie ihr sagt, beweist es, indem ihr Gutes tut: „Weidet meine Schafe!" Ich sehe eine Anzahl Brüder, die zusammengekommen sind, um eine Konferenz zu halten und in der Gnade zu wachsen. Ganz vortrefflich in der Tat: Wachset, meine Brüder, so schnell ihr nur könnt; ich sehe euch gern wie ein Blumengarten: alle wachsend, alle blühend. Aber wenn ihr all das getan habt, wünscht euch nicht Glück, als ob ihr etwas Gutes getan hättet, denn es ist zu nichts nütze, wenn es euch nicht dahin führt, für den Herrn zu wirken.

Die Veröffentlichung von Berichten über solche Konferenzen könnte man damit vergleichen, wenn man den armen, hungrigen Leuten in London erzählen würde, daß die Ratsherren der Stadt ein schönes Festmahl gehabt haben. Von solchen Berichten wird niemand satt.

Wenn ihr Christus liebhabt, so weidet seine Schafe und Lämmer. Wenn bei euch nicht alles nur Geschwätz ist, wenn bei euch nicht alles nur viel Lärm um nichts ist, dann begebt euch an die Arbeit, um Seelen zu gewinnen. Geht zu den Armen und Unwissenden und verkündet Christus als den Heiland der Sünder.

Dies ist der Prüfstein, wie sehr ihr in der Gnade gewachsen seid. Dies ist der Prüfstein eures Lebens, wieweit ihr Jesus gleichgeworden seid. Wenn ihr jetzt nicht geht und seine Schafe weidet, so ist es einerlei, was ihr sagt oder was ihr zu genießen glaubt; ihr gebt nicht den Beweis der Liebe, den der Herr Jesus fordert.

Ich möchte das noch einmal zusammenfassen: Wenn ihr das nächste Mal eure Sonntagschulklasse oder eure eigene Familie belehrt, so tut es aus Liebe zum Herrn. Sagt zu euch selbst: „Ich liebe Christus und will nun aus Liebe zu ihm lehren." O, es wird eine herrliche Klasse heute nachmittag sein; es wird dir gut gelingen, wenn du aus Liebe zu ihm lehrst. Jedes Wort, das du sprichst, wird kraftvoll sein, weil die Liebe zu ihm es dir eingibt. Jenes Mädchen, das soviel Lärm macht und dir soviel Not verursacht – du wirst mit ihr Geduld haben aus Liebe zu ihm. Jener unruhige kleine Junge – du erzählst ihm viele Geschichten, und wenn du es getan hast, so will er noch eine. Du wirst ihm geduldig noch eine erzählen - aus Liebe zu Christus. Wenn du mit den Kleinen betest, bete, weil du sie um Christi willen liebst. Du gehst hinaus, um zu predigen. Predige aus Liebe zu Christus. Wir predigen zuweilen, weil wir gerade an der Reihe sind; aber so sollte es nicht sein.

Solange ihr lebt, tut alles aus Liebe zu Christus. Das wird Blumen über euer Werk streuen und es schön in seinen Augen machen. Laßt die Finger der Liebe wirken, das Gehirn der Liebe, Augen der Liebe, die Hände der Liebe; kämpft mit Liebe, betet mit Liebe, sprecht mit Liebe, lebt mit Liebe. Auf diese Weise werdet ihr voller Kraft sein, und Gott wird euch um Jesu willen segnen.

2

WAS ER EUCH SAGT, DAS TUT

„Seine Mutter spricht zu den Dienern: Was er euch sagen wird, das tut!“ (Johannes 2,5).

Unser Text zeigt uns Maria unter den Gästen der Hochzeit zu Kana, wo der Herr sein erstes Wunder tat. Aus dem Bericht, den Johannes von jener Hochzeit gibt, geht deutlich hervor, wie sie sich freut, ihren Sohn dort zu treffen, umgeben von dem kleinen Häuflein seiner ersten Jünger. Als die Vorräte zur Neige gingen, nimmt sie sich vor, mit ihrem Sohn zu reden und ihn auf die Verlegenheit aufmerksam zu machen, und sagt daher zu ihm: „Sie haben keinen Wein.“

Darin war gewiß nichts Unrechtes, aber der Herr Jesus sieht diese Dinge anders als wir Menschen. Er merkte, daß sich Maria auf ihre Verwandtschaft mit ihm etwas zugute tat und diese zu einer Zeit und an einem Ort geltend machen wollte, wo es besser gewesen wäre, sie nicht hervorzuheben.

Wie recht der Heiland damit hatte, beweist die Geschichte. Die römische Kirche hat tatsächlich Maria zu einer Mittlerin gemacht, zu ihr gebetet und sie sogar angefleht, ihren mütterlichen Einfluß bei ihrem Sohn geltend zu machen. Es war gut, daß der Heiland von vornherein allem Einhalt gebot, was irgendwie dazu führen konnte, daß der Mariendienst begünstigt wurde. Darum war es auch notwendig, daß der Herr seine Mutter ein wenig strenger zurechtwies, als ihr Verhalten an und für sich erfordert hätte. Dies war die Ursache, die den Sohn Gottes bewog, zu ihr zu sagen: „Weib, was habe ich mit dir zu schaffen? Ich kann nicht dir zuliebe ein Wunder wirken. Nein, wenn ich als Sohn Gottes ein Wunder wirke, kann ich es nicht als dein Sohn tun. Was habe ich in dieser Angelegenheit mit dir zu schaffen?“ Und als Grund fügte er hinzu: „Meine Stunde ist noch nicht gekommen!“ Es war ein freundlicher Tadel, den ihr der Herr nicht ersparen konnte, weil er voraussah, was kommen würde.

Ihr könnt euch denken, wie Maria darauf reagierte. Sie kannte ja des Herrn Sanftmut und unwandelbare Liebe und wußte, daß er ihr in den dreißig Jahren des Zusammenlebens in seiner Familie nicht den geringsten Anlaß gegeben hatte, über ihn betrübt zu sein. So nahm sie denn diesen Tadel hin und zog sich zurück, um diese Worte in ihrem Herzen zu bewahren und zu bewegen. Sie sagt wenig, aber sie denkt viel, und wir sehen in ihrem späteren Verhalten, wie ernst sie über das nachdachte, was er ihr gesagt hatte.

Liebe Brüder, wir mögen uns manchmal in der besten Absicht dem Herrn gegenüber irren; wenn er uns dann in irgendeiner Weise tadelt und zurückstellt, unsere Hoffnung enttäuscht und unsere ehrgeizigen Pläne nicht gelingen läßt, nehmen wir es dann von ihm hin, wie Maria es von dem Herrn Jesus hingenommen hat? Sagen wir uns, daß es so recht sein muß, und fügen wir uns ihm ohne Murren?

Maria entgegnet kein Wort, sondern läßt sich diesen Tadel gefallen. Klug ist auch der Rat, den sie den Dienern erteilt. So sehr sie selbst dem Herrn vorausgeeilt war, soviel lag ihr jetzt daran, daß die Diener ihm folgten, und sie ermahnt sie freundlich: „Was er euch sagen wird, das tut! Versucht nicht, ihn zu etwas zu drängen; nötigt ihn zu nichts. Er weiß besser als ihr, was er zu tun hat. Bleibt bescheiden im Hintergrund; wartet, bis er spricht, und gehorcht ihm dann aufs Wort.“

Geliebte, ich wollte, wir machten es wie Maria und versuchten, wenn wir eine Lektion gelernt haben, sie anderen beizubringen. Wie oft gibt uns der Meister eine

Rüge unter vier Augen, und wir hüten uns sorgfältig, jemand merken zu lassen, was er uns gesagt hat. Wenn der Herr im Kämmerlein zu unserem Herzen und Gewissen spricht, ist es auch nicht nötig, daß wir immer gleich hingehen und es anderen mitteilen – so wenig wie Maria das getan hat. Aber wenn wir unsere Lektion gut gelernt haben, dann gehen wir zu unserem Freund, der uns am nächsten steht, und sagen ihm: „Mache nicht denselben Fehler, den ich gemacht habe! Gehe dem Stein aus dem Wege, an dem ich mich soeben gestoßen habe! Ich fürchte, ich habe meinen Herrn betrübt. Meine Schwester, ich möchte nicht, daß du ihn auch betrübst. Mein Bruder, ich will versuchen, dir genau zu sagen, wie du dich verhalten mußt, um ihm wohlzugefallen."

Meint ihr nicht, wir würden einander zur Erbauung dienen, wenn wir dies täten? Anstatt über die Fehler anderer zu sprechen, laßt uns lieber Lehren aus unseren Mängeln und Fehlern ziehen und sie unserer Umgebung als Hilfe weitergeben.

Maria muß mit großer Autorität gesprochen haben. Sie hat allem Anschein nach in eindringlichem Ton mit den Leuten geredet, und das muß auf die Diener Eindruck gemacht haben, denn wir sehen aus dem Text, daß sie genau das taten, was sie ihnen riet. Nicht jeder Dienstbote ließe es sich gefallen, daß ein Gast ins Haus käme und dort die Herrin spielte; aber als sie so ernst und doch wiederum so freundlich mit diesen Dienern sprach, fühlten sie offenbar: Das ist eine Frau, die etwas gelernt hat, was sie nicht sagen kann, woraus sie jedoch eine Lehre für andere gezogen hat. Sie muß dieses Wort mit wunderbarer Macht gesprochen haben, denn wenn man die Geschichte liest, ist es einem, als sähe man, wie ehrerbietig die Diener sie anblickten und den Rat annahmen – genauso, wie Maria die Rüge des Herrn angenommen hatte.

Heute möchte ich nun versuchen, für uns alle eine Lehre aus dieser Geschichte zu ziehen. Ich glaube, unsere eigene Erfahrung liefert uns den Beweis, daß wir niemals klüger handeln und bessere Erfolge erzielen, als wenn wir Christus nachfolgen, anstatt ihm vorauszueilen. Darum laßt uns ihm in heiligem, demütigem Gehorsam nachfolgen und von nun an die Worte zu unserem Wahlspruch machen: „Was er euch sagen wird, das tut!"

Ich möchte meinen Text behandeln, indem ich erstens frage: „Was?" Zweitens: „Wie?" Drittens: „Und was dann?"

Was wird uns hier zu tun befohlen?

Wer Christus angehört und sein Jünger ist, nehme diese Ermahnung zu Herzen: „Was er euch sagen wird, das tut!"

Ich möchte euch vor allem darauf aufmerksam machen, daß diese Worte nicht zu den Jüngern Christi gesprochen wurden, sondern zu den Dienern, die im Griechischen „Diakonoi" heißen, also zu Leuten, deren Amt es war, bei Tisch aufzuwarten und die Gäste zu bedienen. Ich weiß nicht, ob es bezahlte Diener waren oder Freunde, die freiwillig halfen. In jedem Fall aber dienten sie den Gästen.

Es wurde ihnen nicht gesagt, sie sollten ihren Herrn verlassen oder Verpflichtungen, die sie auf sich genommen hatten, nicht nachkommen. Sie waren Diener und sollten das bleiben; trotzdem sollten sie aber Christus als ihren Herrn und Meister anerkennen, ohne jedoch dem Gastgeber den Gehorsam schuldig zu bleiben. Maria sagte nicht zu ihnen: „Stellt die Krüge hin und tragt die Schüsseln nicht mehr auf", sondern während sie ihren Dienst weiter verrichteten, mahnt sie: „Was er euch sagen wird, das tut!" Ich finde es höchst beachtenswert, daß diese Diener bleiben sollten, was sie waren, und zugleich Christus Gehorsam leisten sollten.

Maria bereitete sie darauf vor: Wenn Jesus etwas befehlen würde, sollten sie es tun. Es muß erst erwogen, überlegt sein; sein Wille muß erst erkannt und sorgfältig studiert sein, das Herz muß darauf vorbereitet sein.

Anfangs taten diese Diener nichts. Es war kein Wein mehr für die Gäste da, aber die Diener gingen nicht zu Jesus und sagten: „Herr, wir brauchen Wein“, sondern sie blieben stehen, bis er ihnen gebot, die Wasserkrüge mit Wasser zu füllen. Dann füllten sie die Wasserkrüge bis zum Rand. Weiter aber taten sie nichts, bis er ihnen wieder einen Befehl gab.

Der Gehorsam liegt hier vor allem im Nichtstun. Ich glaube, manches verzagte Herz zeigt in der Not seinen Glauben am besten dadurch, daß es nichts tut. Wenn ihr nicht wißt, was ihr tun sollt, dann tut nichts. Manchmal, liebe Brüder, wird gerade dieses Nichtstun das Allerschwerste sein. Wenn ein Geschäftsmann zum Beispiel in eine Verlegenheit kommt oder eine Frau ein krankes Kind oder einen kranken Mann hat, so wißt ihr ja selbst, wie man sich gedrungen fühlt, dieses oder jenes zu tun. Manch einer hat das Übel durch sein Eingreifen nur noch größer gemacht, und es wäre viel besser für ihn gewesen, er hätte die Hand aus dem Spiel gelassen und die Sache dem Herrn anbefohlen. „Was er euch sagen wird, das tut!“ Aber folgt nicht jeder Laune oder jedem Einfall, der euch in den Sinn kommt. Lauft nicht, ehe ihr ausgesandt seid. Wer der Wolkensäule vorauseilt oder sich auf den Weg macht, ehe sie sich bewegt, wird wieder umkehren müssen. Wohl ihm, wenn er den Rückweg noch findet!

Wo die Heilige Schrift schweigt, schweige auch du. Wo kein bestimmter Befehl gegeben ist, warte lieber, bis du irgendeine Weisung erhältst. Tappe in deiner Angst nicht blindlings vorwärts, bis du am Ende in einen Graben stürzt. „Was er euch sagen wird, das tut!" Bis er aber etwas sagt, bleibt ruhig sitzen. Meine Seele, sei geduldig vor Gott und warte, bis du genau weißt, was er will!

Dieser Gehorsam sollte ein von Herzen kommender Gehorsam sein, denn der Gehorsam liegt vor allem in der Gesinnung. Wahrer Gehorsam zeigt sich nicht immer in dem, was wir tun oder nicht tun, sondern in der völligen Ergebung in den Willen Gottes und in dem festen Entschluß, der die Seele ganz durchdringt, so daß wir tun wollen, was er uns befiehlt.

Euer Gehorsam möge ein vollkommener Gehorsam sein. Was es auch sei, was er euch sagt, das tut. Es ist Ungehorsam, nicht aber Gehorsam, der uns veranlaßt zu wählen, welche von den Befehlen Gottes wir tun wollen. Wenn du sagst: „Ich will tun, was der Herr Jesus von mir verlangt, aber nur, wenn ich es gern tue", so sagst du damit eigentlich: „Ich will nicht tun, was der Herr Jesus zu tun befiehlt, sondern was mir gefällt." Ein Gehorsam, der sich nicht auf alle Befehle Gottes erstreckt, ist kein wahrer Gehorsam.Denke dir einen Soldaten, der gewisse Dinge absichtlich nicht tut, anstatt allen Befehlen seines Vorgesetzten Folge zu leisten. Hüte dich, irgendein Gebot des Herrn gering zu achten! Jedes Wort, das er mit dir redet, ist wertvoller als der kostbarste Edelstein. Darum schätze es, verwahre es sorgfältig, trage es bei dir und laß es dein Schmuck sein.

„Was er euch sagen wird, das tut!" – es beziehe sich auf die Gemeinde Gottes und seine Verordnungen oder auf deinen Wandel unter den Mitmenschen außerhalb des eigenen Familienkreises oder auch auf dein Verhältnis zu deinen Angehörigen oder auf deinen verborgenen Umgang mit deinem Heiland. „Was er euch sagen wird." Siehst du, es soll nicht da und dort etwas unterlassen oder abgeschnitten werden. Was er euch sagen wird, das tut!

Bittet jetzt, in diesem Augenblick: „Herr, hilf mir zu tun, was du von mir verlangst, egal, was es ist! Laß mich nicht wählen, was mir am besten gefällt, gib nicht zu, daß sich mein Eigenwille hineinmischt, sondern wenn du etwas befiehlst, so gib mir Kraft, es zu tun!"

Der Gehorsam soll aber nicht nur vollkommen sein, sondern auch praktisch. „Was er euch sagen wird, das tut!" Denke nicht darüber nach und warte, daß es auch eindringlicher gesagt wird, denn es heißt: „Was er euch sagt, das tut!" Ein großes Übel unserer Zeit ist, daß man über ein deutliches Gebot des Herrn oft lange beratschlagt und fragt: „Was wird daraus entstehen?" Was geht es dich an, was daraus entsteht? – „Wenn ich in allen Dingen dem Herrn Jesus folge, könnte ich meine Stellung einbüßen." Was hast du damit zu tun? Wenn ein Soldat vor den Lauf der Kanone gestellt wird, ist es höchstwahrscheinlich, daß er seine Stellung einbüßt und vielleicht etwas anderes obendrein; aber er muß da stehenbleiben.

„Aber ich könnte manche Gelegenheit, nützlich zu sein, darüber verpassen!" Was? Hast du im Sinn, Böses zu tun, damit Gutes herauskomme? Willst du das wirklich vor Gott auf dich nehmen? „Was er euch sagen wird, das tut!" Um jeden Preis, auf jede Gefahr hin: Tut es!

Ich habe Leute sagen hören: „Ich beeile mich nicht gern." Gut, aber was sagt David? „Ich laufe den Weg deiner Gebote."

Bedenkt, daß wir in einem Zustand fortwährenden Sündigens gegen ihn leben, wenn wir einen seiner Befehle vernachlässigen. Widersprecht nicht und sucht nicht nach einem Grund, dem Befehl auszuweichen. Ich habe Kinder Gottes gekannt, die nicht wollten, daß gewisse Abschnitte der Heiligen Schrift in der Hausandacht vorgelesen würden, weil ihr Gewissen dadurch beunruhigt wurde. Wenn euch irgend etwas in der Bibel beunruhigt, liegt der Fehler an euch, nicht aber an der Bibel. Bringt diese Sache sofort in Ordnung. Ihr werdet das nur tun können, wenn ihr gehorsam seid und den Willen eures Herrn und Heilandes tut. Ich spreche zu den Bekehrten unter euch. Ihr seid Christi Diener, und als solche steht ihr unter der Zucht seines Hauses, und für diese gilt die Regel: „Was er euch sagen wird, das tut!“ Tut es!

Haben wir nicht zuviel darüber gesprochen, was unsere Freunde oder Bekannten tun sollen, oder beobachtet, was andere nicht tun? Möge der Geist Gottes von uns Besitz ergreifen, damit unser Wandel ein Wandel mit Gott, unser Gehorsam ein pünktlicher Gehorsam werde und sich unsere Liebe zu Christus darin äußert, daß wir beständig in seine Fußstapfen treten! Unser Gehorsam muß praktisch sein.

Der Gehorsam muß auch ein persönlicher Gehorsam sein. Ihr wißt selbst, wieviel heute stellvertretend getan wird. Das Gute wird auf diese Weise getan. A ist zum Beispiel in großer Not. B hört davon, und es tut ihm von Herzen leid; also bittet er C, zu ihm zu gehen und ihm zu helfen. Dann geht er ins Bett und meint, er habe etwas Gutes getan. Oder: Nachdem A dem B seine Not geklagt hat, sieht sich B um, ob nicht irgendein Verein besteht, der ihm helfen könnte. Er weist den A einfach an C oder an den Verein und ist damit zufrieden.

Möchtest du, daß der Heiland am Tag des Gerichts zu dir sagt: „Ich bin hungrig gewesen, und du hast mich zu jemand anderem geschickt!“? Oder: „Ich bin durstig gewesen, und du hast mich an den Stadtbrunnen zum Trinken geschickt!“? Nein, das ist kein Gehorsam. Wir müssen persönlich etwas für Jesus tun.

Das gilt auch, wenn es sich darum handelt, Seelen für den Herrn zu gewinnen. Nichts ist in dieser Hinsicht besser, als persönlich mit den Leuten zu reden, sie sozusagen „beim Knopfloch zu fassen“, ihnen ins Auge zu sehen, ihnen eine persönliche Erfahrung zu erzählen, sie anzuflehen, sie möchten ihre Zuflucht zu Jesus nehmen.

Unser Heiland fordert persönlichen Gehorsam. Wenn einer von den Dienern in unserem Text, als Christus ihm befahl, die Wasserkrüge zu füllen, gesagt hätte: „Johann, lauf du und fülle sie! Wilhelm tu du es!", hätte er nicht Marias Ermahnung befolgt: „Was er euch sagen wird, das tut!"

Rührt sich hier dein Gewissen? Gut, dann höre sofort auf, durch einen Vertreter tun zu lassen, was Gott dir befiehlt, damit Gott nicht etwa deinen Stellvertreter für dich segnet und du leer ausgehst. Vertraue persönlich Christus und diene ihm persönlich durch die Macht seiner Gnade.

Es muß auch ein sofortiger Gehorsam sein. Tue sofort, was du zu tun hast. Sobald der Abmarschbefehl kommt, marschiert der Soldat. Sobald dir ein Gebot zu Herzen geht, so erfülle es.

Ach, wie viele Vorsätze haben die meisten Menschen im Laufe ihres Lebens gefaßt, aus denen nichts geworden ist! Was haben sie nicht alles tun wollen, und was hätten sie nicht alles tun können, wenn sie es nur getan hätten! Aber sie haben nur Luftschlösser gebaut, sich ausgedacht, was für ein Leben sie führen möchten, und haben nie wirklich getan, was Jesus ihnen geboten hat.

O, möchten wir dem Herrn Jesus einen persönlichen, praktischen Gehorsam leisten!

In dem Fall, von dem wir hier reden, sollte der Gehorsam auch ein anhaltender Gehorsam sein. Maria sagte zu den Dienern: „Was er euch sagen wird, das tut! Gehorcht ihm, sooft er etwas befiehlt – nicht nur das erstemal, wenn er euch etwas sagt, sondern bei jedem Auftrag, den er euch gibt! Solange das Fest dauert und mein Sohn hier ist, tut, was er euch sagt!"

Geliebte, möge der Heilige Geist auch uns Kraft geben zu tun, was der Herr Jesus befiehlt, solange wir hier auf dieser Erde leben. Könnt ihr aufrichtigen Herzens sagen, geliebte Brüder und Schwestern: „Ich habe mein Kreuz auf mich genommen, Herr Jesus, und bin bereit, alles zu verlassen und dir nachzufolgen!“? Ist es wirklich euer sehnlicher Wunsch, sein Joch zu tragen und in seinen Fußstapfen zu wandeln?

Gelegenheitschristen sind keine Christen. Wer vom Dienst Gottes von Zeit zu Zeit Urlaub nehmen möchte, ist nie wirklich in seinen Dienst eingetreten. Wenn wir einmal die Uniform Christi angezogen haben, können wir sie nicht wieder ausziehen. Wie gewisse Ritter des Altertums in Kriegszeiten in ihrer Waffenrüstung schliefen und Lanze und Schild immer bereithielten, so müssen auch wir Christen gehorchen, ohne zu fragen, warum. Solange unsere Herzen schlagen, müssen wir dem dienen, der uns mit seinem teuren Blut erlöst hat.

Warum ist Gehorsam notwendig?

Zunächst, weil Christus des Gehorsams wert ist. Mir ist es eine Ehre, Christus zu lieben. Ach, was ist er nicht alles!? Vollkommener Mensch, der hoch über uns alle emporragt; vollkommener Gott, unbeschreiblich majestätisch in beiden Eigenschaften! Ach, ich meine, es sollte uns eine Freude sein, nach seinem Wort zu tun. Wir sollten uns danach sehnen, in sein Bild umgestaltet zu werden. Um der Ehre Christi willen ermahne ich euch: „Was er euch sagen wird, das tut!“

Außerdem ist Christus unsere einzige Hoffnung. Alle Aussichten für die Zukunft hängen von ihm ab. Preis sei seinem heiligen Namen! Ihm ist keiner gleich! Welch ein unendlich finsterer Abgrund von Jammer und Leid wäre das Leben, wenn er von uns gegangen wäre und wir könnten ihm nicht vertrauen! Bei seiner ganzen Herrlichkeit, bei allem, was wir ihm schuldig sind und von ihm erwarten, beschwöre ich euch, liebe Freunde: „Was er euch sagen wird, das tut!“

Unser Herr ist weise und sehr wohl fähig, uns zu leiten. Wer anders als er hätte den Leuten bei jener Hochzeitsfeier aus ihrer Not helfen können, als es an Wein gebrach? Er wußte einen Ausweg aus ihrer Not, womit zugleich seine Herrlichkeit geoffenbart, seine Jünger zum Glauben an ihn gebracht und seine ganze Umgebung glücklich und zufrieden gemacht wurde. Aber hätte er diesen Ausweg nicht gezeigt, hätte niemand ihn zeigen können. Laßt uns ihm darum gehorchen, denn seine Befehle sind weise. Er hat nie einen Irrtum begangen und wird nie einen begehen. Befehlen wir unseren Lebensweg seiner Obhut und Gnade an und tun wir, was er uns sagt!

Und dann, Geliebte, hat Christus bis jetzt immer noch unseren Gehorsam belohnt. Warst du je gehorsam und hast dann festgestellt, daß es ein Irrtum war? Manche von uns haben dann und wann recht schwierige Dinge tun müssen, die uns sehr gegen die Natur gegangen sind. Würden wir sie wieder tun? Natürlich würden wir das, und wenn es uns zehnmal soviel kosten würde. Wer der Stimme des Gewissens und Jesu Geboten Gehör schenkte, hat das nie bereut, sollte er auch um Christi willen ins Gefängnis und in den Tod gehen müssen.

Du magst dieses und jenes um Christi willen verlieren – durch Christus aber wirst du nie etwas verlieren, und alles in allem gerechnet wird dein scheinbarer Verlust dir nur zu größerem Gewinn dienen. Er hat dich nie betrogen und niemals irregeleitet. Der Gehorsam hat dir noch immer wirklichen sicheren Frieden gebracht. Darum: „Was er euch sagen wird, das tut!“

Außerdem ist Christus auch unser Herr, und wir müssen ihm schon deshalb gehorchen. Ich hoffe, es ist niemand unter uns, der ihn seinen Herrn nennen möchte und nicht tun wollte, was er ihm sagt. Wir sprechen nicht von ihm, weil er einmal viel gegolten hat oder weil er von uns geschieden ist und sein Einfluß nun allmählich dahinschwindet, weil er in anderen Dimensionen lebt. Nein, er lebt noch, und wir haben Gemeinschaft mit ihm. Er ist unser Herr und Meister. Es war nicht nur Formsache,als wir getauft wurden, sondern wir sind tatsächlich der Welt gestorben und leben für ihn. Er soll unser Heerführer und König sein und unser Herz regieren. Er ist kein Tyrann, sondern er ist unser Bräutigam; und in dieser Eigenschaft ist er Herr und Herrscher über jeden Gedanken und jede Regung unserer Natur.

Herr Jesus, dein Joch ist sanft, und deine Last ist leicht. Es ist eine Freude und Erquickung, es zu tragen. Sich dem zu entziehen, würde Not bringen, und dies ist ein Grund, weshalb ich euch heute sagen möchte: „Was er euch sagen wird, das tut!" Denn wenn ihr es nicht tut, dann sagt ihr euch von ihm los, und was wollt ihr dann anfangen? Wohin wollt ihr gehen, wenn ihr euch von ihm wendet? Wollt ihr die Welt über euch regieren lassen? Oder wollt ihr Knechte der Gesellschaft werden? Es gibt keine ärmeren Sklaven als diese. Wollt ihr für den Mammon, die Ehre oder das sogenannte Vergnügen leben? Ach, dann könntet ihr ebensogut zu den Ziegelöfen Ägyptens hinuntergehen. Zu wem können wir gehen? Herr Jesus, zu wem könnte ich gehen, wenn ich von dir fortginge? Du hast Worte ewigen Lebens. Schlinge ein weiteres Seil der Liebe um mich, ein weiteres Seil liebenden Zwanges, laß es mir nie in den Sinn kommen, dich zu verlassen! Laß mich der Welt gekreuzigt sein und die Welt mir!

Ist dies nicht die Bitte eures Herzens? Ach, könnten wir doch Christus ganz gehören, ganz und für immer! Ja, wir wollen dem Befehl Gehör schenken: „Was er euch sagen wird, das tut!" Ich habe euch ja den Grund angegeben, warum wir Christi Befehlen gehorchen sollen.

Was ist das Resultat des Gehorsams?

Angenommen, du tust, was Christus von dir verlangt, was dann? Ich will es dir sagen. Erstens bist du dann frei von Verantwortung. Der Diener, der getan hat, was ihm sein Herr befohlen hat, mag im stillen fürchten, daß schlimme Folgen daraus entstehen. Aber er sagt sich: „Meine Schuld ist es nicht. Ich habe nur getan, was man mir befohlen hat."

Liebe Freunde, wenn ihr darum die ganze Last des Lebens loswerden wollt, so tut im Glauben, was der Herr Jesus euch befiehlt. Sollte es dann auch den Anschein haben, als stürze der Himmel ein, so geht euch das nichts an; ihr habt ihn nicht zu stützen. Ihr habt Gott nicht zu korrigieren.

Dabei fällt mir ein, daß John Wesley zu seinen Predigern sagte: „Ich verlange nicht, daß ihr die Regeln, die ich gemacht habe, korrigiert, sondern ich verlange, daß ihr sie befolgt."

Das mag uns von Wesley etwas zuviel verlangt dünken, von unserem Herrn und Heiland aber können wir uns so etwas gefallen lassen; er hat das Recht dazu. Er will nicht, daß wir an seinen Geboten herumflicken und nach den Folgen fragen. Nein, tut genau das, was er sagt, dann habt ihr nichts mit den Folgen zu tun. Ihr mögt sie zu tragen haben; aber er gibt euch dann Gnade, und es wird euch eine Freude sein, schlimme Folgen zu tragen, die entstanden sind, weil ihr eurem Herrn und Heiland gehorsam ward.

Dann werdet ihr auch Liebe zum Herrn haben. Ein ungehorsames Kind wird nicht gleich aus dem Haus gejagt, weil es Vater und Mutter nicht gehorcht. Aber wenn es sich der Hausordnung nicht fügt, hat es keine guten Tage zu Hause und verdient sie auch nicht. Der Gutenachtkuß scheint beispielsweise lange nicht so zärtlich zu sein, wie es der Fall wäre, wenn der Ungehorsam nicht eine Schranke zwischen Eltern und Kind aufgerichtet hätte. Und so geht es dem Kind Gottes auch, wenn es sich einen Ungehorsam gegen den Herrn und Heiland zuschulden kommen läßt. Denn seine Liebe ist so zart, daß man sich förmlich davon bedrückt fühlt, solange man im Ungehorsam bleibt. Ihr könnt Christus nicht zuwider handeln und doch Gemeinschaft mit ihm haben. Je mehr er euch seine Liebe fühlen läßt, je inniger er sich mit euch verbinden möchte, um so größer kommt euch die Kluft vor, die euch von ihm scheidet, wenn ihr gegen ihn ungehorsam seid.

Außerdem könnt ihr euren Glauben nicht anders betätigen als dadurch, daß ihr tut, was er euch befiehlt. Der Glaube, der nur in Worten besteht, in diesem oder jenem Bekenntnis, oder den ihr nur aus eurem Gebetbüchlein herauslest, nutzt nicht viel. Wer Glauben hat, der tut, was ihm der Herr zu tun befiehlt – und tut es mit Freuden. Er scheut keine Gefahr, und anstatt sich ängstlich ans Ufer zu klammern, fährt er freudig hinaus auf die offene See. Er opfert mit Freuden das Leben, wenn der Herr Jesus es verlangt, weil er sich nicht mit einem Glauben begnügt, der keine Frucht trägt. Die Frucht des Glaubens aber ist Gehorsam gegen den, an den man glaubt.

Ich bin überzeugt, wenn wir Christus gehorchen, lernen wir mit der Zeit, andere zu führen. Wellington pflegte zu sagen, daß niemand tauglich sei, das Kommando zu führen, er habe denn zuvor gehorchen gelernt. Und ich stimme ihm völlig bei. Wir werden nie ein Geschlecht von tüchtigen Menschen heranziehen, wenn wir nicht darauf bestehen, daß die Kinder ihren Eltern gehorchen, und dies auch erreichen.

In der Gemeinde Gottes führt der Herr Jesus die Diener, die er als Führer benutzen möchte, durch die schwierigsten Proben. Ein Knecht Gottes lernt oft mehr auf dem Krankenlager als aus seinen Büchern im Studierzimmer. Wir müssen die Trübsalsschule durchlaufen, ehe wir für andere Führer sein können.

Schließlich glaube ich: Gehorchenlernen ist eine der Vorbereitungen für die Freude des Himmels. Bedenkt nur: Die Heiligen im Himmel kennen ja keinen anderen Willen als den Willen Gottes. Ihr Wille geht einzig und allein dahin, ihm zu dienen; darin finden sie ihre Freude. Wenn du und ich also nicht hier lernen, Gott gehorsam zu sein, diesen Gehorsam zu üben und in tausend Stücken zu betätigen, wie können wir dann hoffen, uns droben unter all denen glücklich zu fühlen, die mit solcher Freude gehorchen?

Lieber Leser, wenn du Christus nicht vertraust und ihm gehorchst, wie kannst du dann überhaupt in den Himmel kommen? Du würdest dich dort nicht glücklich fühlen, so daß du Gott bätest, in der Hölle Zuflucht nehmen zu dürfen; denn nichts wäre dir schrecklicher, als mit lauter vollkommenen Leuten zusammen zu sein, die ihre Freude darin finden, Gott zu dienen.

Möge der Herr dich in die Stellung völligen Gehorsams dem Herrn Jesus gegenüber bringen!

Es ist nicht Maria, die heute abend zu euch spricht, sondern die Gemeinde Gottes, die euch ermahnt: „Was er euch sagen wird, das tut!“ Und wenn ihr es tut, dann wird der Herr das Wasser in Wein verwandeln. Er wird euch froher und glücklicher machen, als ihr es je werden könntet, wenn ihr ihm nicht gehorcht.

Gehorcht ihm, so wird er für euch sorgen. Gehorcht ihm, so wird er euch trösten. Gehorcht ihm, so wird er euch vollenden. Gehorcht ihm auf dem Weg der Pflicht, so werdet ihr mit ihm in das Reich der Herrlichkeit eingehen!

Der Herr gebe in seiner Gnade, daß wir den Willen unseres Heilandes erkennen, damit er dann in uns das Wollen und das Vollbringen nach seinem Wohlgefallen bewirken kann!

3

DIE WASSERKRÜGE ZU KANA

„Jesus spricht zu ihnen: Füllet die Krüge mit Wasser! Und sie füllten sie bis obenan" (Johannes 2,7).

Jesus Christus begann die Zeit der Gnade nicht mit einem Wunder der Rache wie Mose, der Wasser in Blut verwandelte, sondern mit einem Wunder der Freigebigkeit, indem er Wasser in Wein verwandelte. Er versorgt nicht nur mit dem Notwendigen, sondern er gibt auch darüber hinaus Annehmlichkeiten; und dies ist typisch für das Reich seiner Gnade. Hier gibt er nicht nur den Sündern genug, um sie zu erretten, sondern er gibt reichlich Gnade um Gnade. Seine Gaben sind nicht klein und kümmerlich; sie sind nicht gering – weder an Quantität noch an Qualität. Er gibt den Menschen nicht nur das Wasser des Lebens, damit sie trinken und sich erquicken, sondern Wein, damit sie sich recht erfreuen. Er gibt wie ein König, der reichlich gibt, ohne die Becher und Flaschen zu zählen.

Laßt uns an die Barmherzigkeit unseres Herrn denken, und laßt den Wein da stehen als ein Sinnbild seiner Gnade und die Menge Wein als ein Sinnbild der Fülle seiner Gnade, die er so reichlich gibt.

Beachtet, wie einfach und anspruchslos das Wunder war. Man hätte erwarten können, daß der große Herr über alles hier in menschlicher Gestalt erschienen wäre und seine Laufbahn damit begonnen hätte, daß er die Schriftgelehrten und Pharisäer, wenn nicht die Könige und Fürsten der Erde, eingeladen hätte. Sie hätten dann die Zeichen seines Standes und die Vollmacht seiner Sendung in Augenschein nehmen können. Er hätte sie alle zusammenrufen können, um ein Wunder vor ihren

Augen zu tun – wie Mose und Aaron vor Pharao –, und damit hätte er sie von seinem Messiasamt überzeugen können. Aber er tut nichts dergleichen. Er geht zu einer einfachen Hochzeit unter armen Leuten. Dort entfaltet er in der einfachsten und natürlichsten Weise seine Herrlichkeit. Als das Wasser in Wein verwandelt werden soll, als er dies zum ersten seiner Wunder erwählt, ruft er nicht einmal den Speisemeister oder den Bräutigam oder einige Gäste, um ihnen zu sagen: „Ihr seht klar, daß kein Wein mehr vorhanden ist. Nun, ich will euch ein großes Wunder zeigen und das Wasser in Wein verwandeln." Nein, er tut es still mit den Dienern: Er sagt ihnen, daß sie die Wasserkrüge füllen sollen. Er gebraucht die Reinigungskrüge, er verlangt nicht neue Krüge, sondern benutzt die, welche vorhanden sind, ohne Aufsehen und Prunk. Er gebraucht nur Wasser, das sie im Überfluß hatten, und tut das Wunder in der natürlichen Weise. Das ist gerade die Weise Jesu.

Wäre es ein römisches Wunder gewesen, so würde es in einer sehr geheimnisvollen, theatralischen, sensationellen Weise getan worden sein; aber da es ein echtes Wunder war, so hält es sich so nah an den Lauf der Natur, wie das Übernatürliche es nur kann. Der Herr Jesus läßt nicht die Wasserkrüge leeren und füllt sie dann mit Wein, sondern er geht mit der Natur so weit, wie die Natur gehen will, und gebraucht Wasser, um daraus den Wein zu machen. Er folgt darin den Naturprozessen, die jeden Tag vorkommen.

Wenn Regen vom Himmel fällt und in die Erde an die Wurzeln des Weinstocks einsickert und so die Trauben mit rotem Saft füllt, dann ist es ja Wasser, wodurch der Wein erzeugt wird. Es ist nur ein Unterschied in der Zeit, ob der Wein nun in der Traube oder ob er in den Wasserkrügen erzeugt wird.

Unser Herr ruft keine Fremden herbei, es zu tun, sondern die gewöhnlichen Diener sollen gewöhnliches

Wasser bringen. Während sie das Wasser, oder was ihnen Wasser zu sein scheint, ausschöpfen, sollen die Diener feststellen, daß es in Wein verwandelt worden ist.

Nun, wann immer ihr auch versucht, dem Herrn Jesus Christus zu dienen, macht kein Aufsehen davon, weil er nie Aufsehen machte, wenn er etwas tat, selbst wenn er erstaunliche Wunder wirkte.

Wenn ihr etwas Gutes tun wollt, so geht hin und tut es auf schlichte Weise. Tut es einfachen Herzens und einfachen Sinnes. Gebt euch, wie ihr seid. Seid nicht affektiert in eurer Frömmigkeit, als wenn ihr auf Stelzen zum Himmel gehen wolltet. Wenn ihr ein großes Werk zu tun habt, so tut es mit jener echten Einfachheit, welche der Erhabenheit nahe verwandt ist; denn alles, was flimmernd und prahlerisch wirkt, ist im Grunde gemein und bettelhaft. Nur die einfache Natürlichkeit hat echte Schönheit in sich; und solche Schönheit ist in diesem Wunder des Heilandes.

In der Regel gibt Christus, wenn er segnen möchte, einen Befehl. Dies ist eine Tatsache, welche euer Gedächtnis sofort bestätigen wird. Nicht immer ist es so, aber gewöhnlich geht ein Wort des Befehls einem Wort der Macht voraus. Er ist im Begriff, Wein zu machen, aber er spricht nicht: „Es werde Wein!“, sondern er beginnt mit einem an Menschen gerichteten Befehl: „Füllet die Krüge mit Wasser!“

Da ist ein Blinder: Christus will ihm das Augenlicht geben. Er schmiert Kot auf seine Augen und spricht dann: „Gehe hin, wasche dich im Teiche Siloah!“

Dort ist ein Mann, dem der Arm an der Seite herabhängt, und Christus möchte ihn heilen und spricht: „Strecke deine Hand aus!“

Ja, und dieser Grundsatz gilt sogar in Fällen, wo er ganz unanwendbar zu sein scheint. So spricht er zu dem toten Kind: „Mägdlein, ich sage dir, stehe auf!“ Und wenn es Lazarus ist, der schon stinkt, weil er seit vier

Tagen begraben ist, so ruft er: „Lazarus, komm heraus!" Die Wohltaten des Evangeliums verbindet er mit einer Vorschrift des Evangeliums.

Wundert ihr euch, daß dieser Grundsatz in den Wundern seiner göttlichen Gnade zu sehen ist? Hier ist ein Sünder, der gerettet werden soll. Was spricht Christus zu diesem Sünder? „Glaube an den Herrn Jesus Christus, so wirst du errettet werden!" Kann er von selbst glauben? Ist er nicht tot in Sünden? Brüder, werft keine solchen Fragen auf, sondern lernt, daß Christus den Menschen zu glauben befiehlt und daß er seine Jünger beauftragt zu rufen: „Tut Buße, denn das Himmelreich ist nahe herbeigekommen!" Er befiehlt uns hinauszugehen und dieses Wort zu predigen: „Glaube an den Herrn Jesus, so wirst du errettet werden!" Es ist sein Wille, daß wir das tun sollen, und das sollte uns genügen, die wir uns seine Jünger nennen.

Es war ebenso in der alten Zeit, als Gott in einem Traum die Weise darstellte, in der er mit einem toten Volk handeln wollte. Dort lagen die verdorrten Gebeine, und Hesekiel wurde beauftragt, ihnen zu weissagen. Was sagte der Prophet? „Ihr verdorrten Gebeine, hört das Wort des Herrn!" Ist das eine Weise, sie lebendig zu machen? Ja, durch ein Gebot etwas anzuordnen, was verdorrte Gebeine nicht tun können. Er läßt sein Gebot an die Toten ausgehen, an die Verdorrten, die Hilflosen, und durch die Macht des Befehls kommt Leben.

Ich bitte euch, seid dem Evangelium nicht ungehorsam, denn der Glaube ist eine Pflicht, sonst würden wir nicht von dem Gehorsam des Glaubens lesen.

Dasselbe gilt, wenn wir uns von den Unbekehrten zu den Gläubigen wenden. Wenn Gott beabsichtigt, die Seinen zu segnen, sie für andere zum Segen zu setzen, dann erläßt er einen Befehl an sie. Wir haben zu dem Herrn gebetet, daß er aufstehen und seinen Arm bewegen möchte. Seine Antwort ist: „Wache auf, wache auf,

Jerusalem!“ Wir bitten, daß sich die Welt seinem Willen unterwirft, und seine Erwiderung ist: „Mir ist gegeben alle Gewalt im Himmel und auf Erden. Gehet hin . . . “

Das Gebot ist für ihn das Mittel zur Übertragung des Segens. Wenn wir den Segen haben wollen, daß Menschen zum Glauben kommen und Gemeinden gebaut werden, dann muß Christus uns dies sagen: „Gehet hin und verkündigt das Evangelium bis an die Enden der Erde.“ Wenn wir seinem Befehl gehorsam sind, werden wir sehen, wie er wirken wird – wie mächtig er mit uns sein wird und wie unsere Gebete erhört werden.

Dies ist der erste Grundsatz, den ich hier sehe: Christus erläßt Befehle an die, die er segnen will.

Zweitens: Christi Befehle sollen nicht in Frage gestellt, sondern vollzogen werden. Die Leute wollen Wein, und Christus sagt: „Füllet die Krüge mit Wasser!“

Nun, wären diese Diener so gewesen wie die tadelsüchtigen Kritiker unserer Zeit, dann hätten sie den Herrn lange angesehen und den Einwurf erhoben: „Wir brauchen kein Wasser; es ist nicht das Fest der Reinigung, es ist ein Hochzeitsfest. Wir haben kein Wasser nötig bei einer Hochzeit. Wir werden Wasser brauchen, wenn wir zur Synagoge oder zum Tempel gehen, um der Sitte gemäß unsere Hände zu waschen. Die Stunde und die Situation erfordern Wein.“

Aber Marias Rat an sie war gut: „Was er euch sagen wird, das tut!“ Laßt auch uns nicht zweifeln, sondern nach seinem Befehl tun.

Es mag manchmal scheinen, daß das Gebot Christi den Punkt, auf den es ankommt, nicht trifft. Der Sünder zum Beispiel sagt: „Herr, errette mich, überwinde die Sünde in mir!“ Unser Herr ruft: „Glaube!“, und der Sünder kann nicht sehen, wie ihn der Glaube fähig machen wird, die Herrschaft über eine ihm anklebende Sünde zu erlangen. Auf den ersten Blick scheint da kein

Zusammenhang zu sein zwischen dem einfachen Vertrauen auf den Heiland und dem Überwinden der Heftigkeit und dem Ablegen einer schlechten Gewohnheit wie Unmäßigkeit, Leidenschaft, Geiz oder Lügenhaftigkeit. Es ist aber ein Zusammenhang da; denkt nur daran – ob ihr ihn sehen könnt oder nicht. Es ist nicht eure Sache, nach dem Warum zu fragen, sondern zu tun, was der Herr euch befiehlt. Denn auf dem Weg des Gebotes wird das Wunder der Barmherzigkeit gewirkt.

„Füllet die Krüge mit Wasser!" – wenn es auch Wein ist, den du benötigst. Denn Christus sieht einen Zusammenhang zwischen dem Wasser und dem Wein, obwohl du ihn noch nicht siehst. Er hat einen Grund, weshalb er die Krüge mit Wasser füllen läßt; es ist nicht eure Sache, um eine Aufklärung zu bitten, sondern Gehorsam zu leisten.

Manchmal mögen diese Befehle sogar kleinlich erscheinen. Sie mögen aussehen, als ob er mit uns Spott triebe. Die Familie hatte Wein nötig, der Herr Jesus sagt: „Füllet die Krüge mit Wasser!" Die Diener hätten sagen können: „Es ist ganz klar, daß er mit uns spielt. Wir täten besser daran, herumzugehen und die Freunde dieser armen Leute zu bitten, daß sie noch einen Schlauch Wein beisteuern. Es wäre besser, einen Laden aufzusuchen, in dem wir Wein kaufen können; aber uns zu dem Brunnen zu schicken, diese Wasserkrüge zu füllen, in die soviel Wasser hineingeht, das scheint uns ein durchaus kindisches Spiel zu sein."

Ich weiß, Brüder, daß es manchmal so scheint, als werde der Pfad der Pflicht nicht zu dem erwünschten Resultat führen. Wir möchten gern etwas mehr tun. Dieses „etwas mehr" mag unrecht sein, aber es sieht aus, als wenn wir dadurch unseren Plan leichter und schneller ausführen könnten; und deshalb tragen wir Verlangen nach diesem unbefohlenen und vielleicht verbotenen Etwas.

Ich weiß, daß manches unruhige Gewissen meint, einfach an Jesus zu glauben sei etwas zu Geringes. Das betrügerische Herz gibt etwas ein, was wirksamer zu sein scheint. „Lege dir irgendeine Buße auf; fühle Bitterkeit; weine eine Menge von Tränen; quäle deine Seele, oder brich dein Herz“, ruft das fleischliche Ich. Jesus gebietet einfach: „Glaube!“

Es scheint so geringfügig, als wenn es nicht sein könnte, daß das ewige Leben gegeben würde, sobald ihr euer Vertrauen auf den Herrn Jesus setzt. Aber dies ist der Grundsatz, den wir euch lehren möchten: Wenn Jesus Christus einen Segen geben will, dann erläßt er einen Befehl, der nicht in Frage gestellt, sondern sofort vollzogen werden muß.

Der dritte Grundsatz ist: Wenn wir einen Befehl von Christus erhalten, so ist es immer weise, ihn sofort mit Eifer auszuführen. Er sprach: „Füllet die Krüge mit Wasser!“, und sie füllten sie bis obenan.

Ihr wißt, es gibt eine Art, einen Wasserkrug zu füllen, und eine andere Art, es zu tun. Er ist voll, und ihr könnt ihn nicht aufhäufen; aber doch könnt ihr ihn füllen bis zum Überlaufen. Beim Erfüllen der Gebote Christi, meine lieben Brüder und Schwestern, laßt uns bis zum äußersten gehen: Laßt sie uns bis obenan füllen! Wenn es das Gebot ist: „Glaube!“, so glaubt an ihn mit eurer ganzen Kraft, vertraut ihm von ganzem Herzen. Wenn es heißt: „Predigt das Evangelium!“, so predigt es zur Zeit und zur Unzeit und predigt das ganze Evangelium. Füllt es bis obenan. Gebt dem Volk nicht ein halbes Evangelium. Füllt die Gefäße bis obenan. Wenn ihr Buße tun sollt, so betet um eine herzliche und tiefe Buße – voll bis an den Rand. Wenn ihr glauben sollt, bittet um eine innige, unbedingte, kindliche Zuversicht, auf daß euer Glaube voll bis an den Rand sei. Wenn euch befohlen wird zu beten, so betet mächtig: Füllt das Gefäß des Gebets bis an den Rand. Wenn ihr in der Schrift suchen sollt, sucht sie von einem Ende bis zum andern durch: Füllt das Gefäß des Bibellesens bis obenan.

Christi Befehle sollten nie in halbherziger Weise ausgeführt werden. Laßt uns unsere Seele in alles hineinwerfen, was er uns gebietet, selbst wenn wir noch nicht den Grund sehen können, warum er uns die Aufgabe gestellt hat. Christi Befehle sollten mit Hingabe und bis zum äußersten vollzogen werden, wenn ein Äußerstes möglich ist.

Der vierte Grundsatz: Unsere Arbeit im Gehorsam gegen Christus ist dem Vertrauen auf ihn nicht entgegengesetzt, sondern sie ist die Voraussetzung für das Vertrauen. Ich kenne einige Brüder, die sagen: „Ihr haltet Erweckungsversammlungen und versucht, die Menschen durch ernste Mahnungen und Ansprachen zu erwecken. Seht ihr nicht, daß Gott sein Werk selbst tun will? Mit diesen Anstrengungen sucht ihr Gott das Werk aus den Händen zu nehmen. Der richtige Weg ist, ihm zu vertrauen und nichts zu tun."

Nun gut, Bruder, du vertraust Jesus und tust nichts. Ich nehme mir die Freiheit, nicht so gewiß zu sein, daß du ihm vertraust, denn ich denke daran, wer du bist. Ich kenne dich als einen der unglücklichsten und verzagtesten Menschen. Neun von zehnmal weißt du nicht einmal, ob du errettet bist oder nicht. Ich meine, du solltest kaum mit deinem Glauben prahlen. Wenn du einen solchen großen Glauben hättest, so würde dir nach deinem Glauben geschehen. Wie viele sind in diesem Jahr deiner Gemeinde hinzugefügt worden durch dein Nichtstun? Dieser deiner gesegneten Gemeinde, in der du diesen gesegneten Glauben ohne Werke übst? Wie viele sind hineingebracht worden? „Nun, wir haben nicht viele, die hinzugetan worden sind."

Wenn du die Ausbreitung des Reiches Christi durch Untätigkeit fördern willst, so glaube ich nicht, daß du den Weg gehst, den Jesus Christus billigt.

Aber wir möchten dir sagen, daß wir, die wir von ganzem Herzen und von ganzer Seele für unseren Herrn arbeiten, jedes mögliche Mittel einsetzen, um die Menschen dahin zu bringen, daß sie das Evangelium hören. Wir wissen natürlich genausogut wie du, daß wir in eigener Kraft nichts in der Sache tun können; wir brauchen den Heiligen Geist. Wir vertrauen auf Gott ebenso, wie du es tust, weil unser Glaube ein wenig mehr Resultate hervorgebracht hat als dein Glaube. Es würde mich nicht wundern, wenn sich herausstellt, daß dein Glaube ohne Werke tot ist und daß unser Glaube, der Werke mit sich bringt, im Grunde doch lebendiger Glaube gewesen ist.

Ich möchte diesen Fall so darstellen: Jesus Christus spricht: „Füllet die Krüge mit Wasser!" Der orthodoxe Diener spricht: „Mein Herr, ich glaube völlig, daß du ohne irgend welches Wasser Wein für diese Leute machen kannst, und mit deiner Erlaubnis will ich kein Wasser bringen. Ich will nicht in das Werk Gottes eingreifen. Ich bin ganz gewiß, daß du unsere Hilfe nicht bedarfst. Du kannst machen, daß diese Wasserkrüge voll Wein sind, auch ohne daß wir einen einzigen Eimer Wasser bringen; und deshalb wollen wir dich nicht dieser Ehre berauben. Wir wollen zurückstehen und auf dich warten. Wenn der Wein gemacht ist, wollen wir davon trinken und deinen Namen preisen. Aber bis dahin bitten wir dich, uns zu entschuldigen, denn die Eimer sind schwer zu tragen, und es gehört eine ganze Menge Wasser dazu, um alle diese Krüge zu füllen. Es würde bedeuten, sich in das göttliche Werk hineinzumischen, und deshalb wollen wir es uns lieber bequem machen."

Meint ihr nicht, daß diese Diener mit solcher Rede unter Beweis stellen, daß sie gar keinen Glauben an Jesus haben? Aber seht auf den Diener dort, der sofort an die Arbeit geht, nachdem er den Befehl Jesu gehört hat. Er spricht: „Ich weiß nicht, was er im Sinn hat. Ich sehe keinen Zusammenhang zwischen dem Wasser und dem Versorgen des Festes mit Wein, aber ich gehe sofort zum Brunnen. Hier, reich mir ein paar Eimer! Komm mit, Bruder, hilf die Krüge füllen!“ Da gehen sie hin und kehren bald fröhlich mit Wasser zurück und gießen es in die Krüge, bis sie ganz voll sind.

Diese scheinen mir die gläubigen Diener zu sein, die dem Gebot gehorchen, ohne es zu verstehen, jedoch in der Erwartung, daß der Herr Jesus auf seine Art das Wunder wirken wird. Durch unsere ernsten Bemühungen lähmen wir seine Sache nicht, liebe Freunde, weit entfernt! Wir beweisen unseren Glauben an ihn, wenn wir für ihn arbeiten, wie er uns zu arbeiten befiehlt.

Der nächste Grundsatz, auf den ich Nachdruck legen möchte: Unser Tun allein genügt nicht. Das wissen wir, aber ich möchte euch wieder daran erinnern. Dort sind diese Wasserkrüge, sie sind voll und können nicht voller sein. Ihr seht, bei dem Bemühen, sie zu füllen, läuft das Wasser hier und da über. Nun, all diese sechs großen Krüge sind voll Wasser. Ist nun deshalb mehr Wein da? Kein Tropfen. Es ist Wasser, was die Diener brachten, nichts als Wasser, und es bleibt Wasser.

Angenommen, sie hätten dieses Wasser zum Festmahl gebracht; ich fürchte, die Gäste würden kaltes Wasser nicht für das geeignete Getränk auf einer Hochzeit gehalten haben. Sie hätten zu dem Speisemeister gesagt: „Du hast uns doch guten Wein gegeben, und jetzt kommst du mit Wasser. Das ist ein armseliger Abschluß für das Fest.“ Ich bin gewiß, das wäre nicht gegangen. Und dennoch war es Wasser, verlaßt euch darauf, nichts als Wasser, als die Diener es in die Krüge gossen.

Ebenso ist nach allem, was Sünder tun können, und nach allem, was Heilige tun können, doch nichts in einer menschlichen Anstrengung, was eine Seele erretten kann, bis Christus das Wort der Macht spricht.

Wenn Paulus gepflanzt und Apollos begossen hat, so

muß Gott das Gedeihen geben. Predigt das Evangelium, arbeitet an Seelen, überredet, bittet, ermahnt. Wenn der Herr Jesus nicht seine göttliche Macht zeigt, wird alles kraftlos sein. Seine Gegenwart ist unsere Macht. Gelobt sei sein Name! Er will kommen. Und wenn wir die Wasserkrüge mit Wasser füllen, so wird er es in Wein verwandeln. Er allein kann es tun, und die Diener, die am fröhlichsten die Wasserkrüge füllen, sind unter den ersten, die bekennen, daß er allein es ist, der dieses Wunder vollbringen kann.

Nun der letzte Grundsatz: Obwohl das menschliche Tun an sich nicht das höchste Ziel erreichen kann, so hat es doch seinen Platz, und Gott hat es durch seine Anordnungen notwendig gemacht.

Warum ließ unser Herr diese Krüge mit Wasser füllen? Ich sage nicht, daß es notwendig geschehen mußte. Es war an sich nicht unbedingt notwendig. Aber damit das Wunder ganz offen und unverdeckt sei, war es notwendig. Angenommen, er hätte gesagt: „Geht zu jenen Wasserkrügen und schöpft Wein!", so hätten die, welche ihn belauerten, sagen können, es sei vorher Wein dagewesen, und es wäre kein Wunder geschehen. Als unser Herr sie mit Wasser füllen ließ, war kein Raum da, wo Wein hätte verborgen sein können. Er handelte wie Elia: Als er beweisen wollte, daß kein verborgenes Feuer auf dem Altar zu Karmel war, ließ er sie ans Meer gehen, um Wasser zu holen und es auf den Altar und das Opfer zu gießen, bis die Gräben voll waren. Nachdem sie das dreimal getan hatten, blieb keine Möglichkeit für einen Betrug übrig. So machte der Herr Jesus, als er die Diener die Krüge mit Wasser füllen ließ, es ganz unmöglich, ihn des Betruges anzuklagen. Und daran erkennen wir, weshalb es notwendig war, daß die Krüge mit Wasser gefüllt wurden.

Außerdem war es notwendig, weil es lehrreich für die Diener war. Der Speisemeister wußte nicht, woher der gute Wein kam, als er ihn kostete. Er konnte es nicht verstehen, und seine Äußerung zeigt Überraschung und Unwissenheit. Aber es steht geschrieben: „Die Diener aber, die das Wasser geschöpft hatten, wußten es."

Nun, wenn Seelen in einer Gemeinde bekehrt werden, so ist es oft ähnlich bei gewissen Menschen, die gute Leute sind, aber nicht viel von Bekehrung der Sünder wissen. Sie fühlen keine Freude bei Erweckungen. Sie haben, wie der ältere Bruder, eher Argwohn gegen diese wilden Charaktere, die hereingebracht werden. Sie halten sich für sehr respektabel und wollen lieber nicht die niedrigsten Leute neben sich sitzen haben. Sie wissen wenig von dem, was vorgeht. „Die Diener aber, die das Wasser geschöpft hatten, wußten es." Die ernsten Gläubigen, die die Arbeit tun und sich bemühen, die Wasserkrüge zu füllen, wissen davon.

Jesus befahl, die Gefäße mit Wasser zu füllen, damit die, die das Wasser schöpften, wissen sollten, daß es sich um ein Wunder handelte.

Ich garantiere euch, wenn ihr Seelen zu Christus bringt, so werdet ihr seine Macht erkennen. Ihr werdet hüpfen vor Freude, wenn ihr den Schrei der Buße hört, den hellen Freudenblick seht, der über des neugeborenen Gläubigen Antlitz zuckt, dessen Sünden hinweggewaschen sind.

Wenn ihr Christi Kraft erfahren möchtet, so müßt ihr hingehen und nicht Wunder tun, sondern nur das Wasser schöpfen und die Wasserkrüge füllen. Tut die gewöhnlichen Pflichten – die, in denen an sich keine Macht ist, welche aber Jesus mit seinem göttlichen Wirken verbindet –, und es wird euch zur Belehrung und zu eurem Trost sei, daß ihr eine solche Arbeit zu tun hattet.

Laßt uns nun sehen, wie wir dieses göttliche Gebot ausführen sollen: „Füllet die Krüge mit Wasser!" Nun, gebraucht in dem Dienst Christi die Fähigkeiten, die ihr habt.

Da standen die sechs Wasserkrüge, und Jesus setzte ein, was vorhanden war. Es war Wasser in dem Brunnen; unser Herr gebrauchte auch das. Er ist gewohnt, die Seinen und ihre Fähigkeiten zu benutzen.

Liebe Brüder und Schwestern, wenn ihr keine goldenen Kelche habt, so füllt eure irdenen. Wenn ihr nicht mit Elia Feuer vom Himmel bringen könnt, und wenn ihr nicht mit den Aposteln Wunder wirken könnt, so tut, was ihr könnt. Wenn ihr kein Gold und Silber habt, so gebt dem Herrn das, was ihr habt. Bringt Wasser auf seinen Befehl hin, und es wird besser als Wein sein. Die gewöhnlichsten Gaben können dem Zweck Christi dienstbar gemacht werden. Gerade wie er ein paar Brote und Fische nahm und die Menge damit speiste, so wird er eure sechs Wasserkrüge und das Wasser darin nehmen und es zu Wein machen.

Sie füllten das, was sie hatten, denn die Wasserkrüge waren leer.

Es sind vielleicht Brüder da, die versuchen, ihre Gaben und Fähigkeiten durch Bibelstudium zu verbessern. Ich denke, ihr tut recht, meine Brüder. Aber ich höre einige Leute sagen: „Der Herr Jesus bedarf eurer Gelehrsamkeit nicht." Nein, es ist sehr wahrscheinlich, daß es so ist – ebensowenig wie er das Wasser nötig hatte. Aber ebensowenig bedarf er eurer Dummheit und eurer Unwissenheit. Er bedarf auch nicht eurer rohen und ungebildeten Sprechweise. Er suchte nicht nach leeren Krügen bei dieser Gelegenheit; er wollte sie voll haben; und die Diener taten recht, sie zu füllen. Unser Herr verlangt jetzt nicht leere Köpfe bei seinen Botschaftern, nicht leere Herzen; deshalb, meine Brüder, füllt eure Wasserkrüge mit Wasser. Arbeitet weiter und studiert weiter, lernt, soviel ihr könnt, und füllt die Wasserkrüge mit Wasser.

„O", wird jemand sagen, „aber wie sollen solche Studien zur Bekehrung der Menschen führen? Bekehrung ist wie Wein, und alles, was diese jungen Leute lernen werden, wird wie Wasser sein.“

Du hast recht. Aber doch empfehle ich jedem, der die Bibel studiert, die Krüge mit Wasser zu füllen, und erwarte, daß der Herr Jesus das Wasser in Wein verwandelt. Er kann die menschlichen Kenntnisse heiligen, so daß sie bei der Verkündigung der Erkenntnis Jesu Christi nützlich werden. Ich hoffe, die Zeit ist vorüber, wo man davon träumt, daß Unwissenheit und Grobheit nützlich für das Reich Gottes sind. Der große Lehrer will, daß die Seinen alles wissen, was sie wissen können, aber besonders ihn selbst und die Schrift studieren, damit sie ihn und sein Evangelium verkündigen können. „Füllet die Krüge mit Wasser!“

Laßt uns weiter die von Gott verordneten Mittel des Segens betrachten. Was sind sie?

Zunächst das Lesen der Schrift. Suchet in der Schrift. Forscht darin, so gut ihr könnt. Versucht, sie zu verstehen. „Aber wenn ich die Bibel kenne, werde ich deshalb errettet werden?“ Nein, du mußt Christus selbst durch den Geist kennen. Doch „füllet die Krüge mit Wasser“!

Während ihr in der Schrift forscht, könnt ihr erwarten, daß der Heiland sein eigenes Wort segnen und das Wasser in Wein verwandeln wird. Außerdem sind die Gottesdienste und die Evangelisationen da. Tragt Sorge, diesen Krug mit Wasser zu füllen.

„Aber ich kann Tausende von Predigten hören und nicht errettet werden.“ Ich weiß, daß es so ist, aber eure Sache ist, diesen Krug mit Wasser zu füllen. Während ihr das Evangelium hört, wird Gott es segnen, denn der Glaube kommt aus der Predigt, die Predigt aber aus dem Wort Gottes.

Achtet darauf, daß ihr die von Gott verordneten Mittel gebraucht. Weil unser Herr Jesus gesagt hat, daß die Menschen durch die Predigt des Wortes errettet werden, bete ich, daß er Prediger erwecke, die ohne Unterlaß predigen, zur Zeit und zur Unzeit, in Häusern und auf der Straße.

„Aber sie werden durch unser Predigen nicht errettet werden." Das weiß ich. Predigen ist das Wasser: Während wir predigen, wird Gott es segnen und das Wasser in Wein verwandeln.

Laßt uns christliche Bücher und Traktate verbreiten.

„O, aber die Leute werden nicht durch das Lesen dieser Schriften errettet werden." Sehr wahrscheinlich nicht, aber während des Lesens kann Gott ihnen seine Wahrheit in Erinnerung bringen und ihre Herzen anrühren. „Füllet die Krüge mit Wasser!" Verschenkt reichlich Traktate. Verteilt christliche Schriften, überall. Füllt die Krüge, und der Herr wird das Wasser in Wein verwandeln.

Denkt auch an die Gebetsstunden; füllt diesen Krug mit Wasser. Ich habe nicht über euren Besuch der Gebetsstunde zu klagen, aber haltet damit an, liebe Brüder! Ihr könnt beten. Gelobt sei sein Name, ihr habt den Geist des Gebets. Betet weiter! „Füllet die Krüge mit Wasser!", und in Erhörung des Gebets wird Jesus es in Wein verwandeln.

Sonntagschullehrer, arbeitet mit all eurer Kraft in der Sonntagschule.

„Aber es wird die Kinder nicht erretten, wenn wir sie bloß zusammenbringen und ihnen von Jesus erzählen. Wir können ihnen kein neues Herz geben." Wer sagt denn, daß ihr das könnt? „Füllet die Krüge mit Wasser!" Jesus Christus versteht, es in Wein zu verwandeln. Und er unterläßt nicht, es zu tun, wenn wir seinen Geboten gehorsam sind.

Gebraucht alle Mittel, aber tragt Sorge, daß ihr diese Mittel mit ganzer Seele einsetzt.

Ich komme auf den Teil meines Textes zurück: „Und sie füllten sie bis obenan." Wenn ihr die Kinder in der Sonntagschule lehrt, lehrt sie gut. Füllt sie bis obenan.

Wenn du predigst, lieber Mann, so predige nicht, als wenn du nur halb wach wärst; rühre dich. Wenn du versuchst, die Menge zu evangelisieren, so tue es nicht auf halbherzige Weise, als wenn es dir einerlei wäre, ob ihre Seelen errettet würden oder nicht; fülle sie bis obenan. Predige das Evangelium mit aller Kraft, bitte um Kraft aus der Höhe. Fülle jedes Gefäß bis an den Rand. Was wert ist, überhaupt getan zu werden, ist wert, gut getan zu werden. Niemand hat Christus jemals zu gut gedient.

Ich habe gehört, daß bei einem Dienst zuviel Eifer sein kann, aber im Dienst Christi mögt ihr soviel Eifer haben, wie ihr wollt, ohne daß ihr das Maß überschreitet. Strebt danach, Gutes von ganzem Herzen und von ganzer Seele und mit ganzer Kraft zu tun.

Aber erinnert euch auch an folgendes: Wenn ihr alles getan habt, was ihr könnt, wird doch ein großer Mangel in all dem zu sehen sein, was ihr getan habt. Es ist gut, vom Traktateverteilen, Sonntagschullehren, Predigen heimzugehen, auf die Knie zu fallen und zu rufen: „Herr, ich habe alles getan, was du mir befohlen hast, und doch ist nichts getan, wenn du nicht die Hand daran legst. Herr, ich habe die Wasserkrüge gefüllt, und obwohl ich sie nur mit Wasser füllen konnte, so habe ich sie doch bis obenan gefüllt. Herr, nach meinem besten Vermögen habe ich versucht, Menschen für dich zu gewinnen. Es kann keine Seele errettet, kein Kind bekehrt und deinem Namen keine Ehre gebracht werden durch das, was ich getan habe. Aber, mein Meister, sprich das wunderwirkende Wort, daß das Wasser, welches die Gefäße füllt, zu Wein werde. Du kannst das tun, was ich nicht kann."

Dieser Gedanke führt mich zu der letzten Anwendung des Grundsatzes: „Vertraut eurem Herrn, daß er das Werk tun wird." Ihr seht, es gibt zwei Arten, Wasserkrüge zu füllen. Angenommen, diesen Leuten wäre nie befohlen worden, die Wasserkrüge zu füllen, und ihr

Tun hätte gar keinen Bezug auf Christus gehabt. Angenommen, es wäre ihr eigener Einfall gewesen, und sie hätten gesagt: „Diese Leute haben keinen Wein mehr. Aber sie sollen ein Bad haben, wenn sie wollen, deshalb füllen wir die sechs Gefäße mit Wasser."

Solches Tun würde zu nichts geführt haben. Das Wasser hätte gestanden und ihre Gesichter auf seiner glänzenden Fläche widergespiegelt, aber weiter wäre nichts geschehen. Jesus Christus muß kommen und in seiner Kraft das Wunder wirken. Weil er den Dienern befohlen hatte, die Krüge mit Wasser zu füllen, deshalb war er verpflichtet, wenn ich einen solchen Ausdruck von unserem Herrn gebrauchen darf, es in Wein zu verwandeln, denn sonst hätte er sie zum besten gehalten, und sie hätten sich umwenden und sagen können: „Warum gabst du uns einen solchen Befehl?"

Wenn der Herr Jesus nicht durch uns wirkt, nachdem wir die Krüge mit Wasser gefüllt haben, so haben wir getan, was er uns befohlen hat, aber die Welt würde sogleich behaupten, daß Christi Gebote leer, fruchtlos und umsonst seien. Man würde erklären, daß der Gehorsam gegen sein Wort kein Resultat ergibt. Die Welt würde sagen: „Ihr habt die Wasserkrüge mit Wasser gefüllt, weil er es euch befahl. Ihr habt erwartet, daß er das Wasser in Wein verwandeln werde, aber er tat es nicht. Euer Glaube ist eitel; euer ganzer Gehorsam ist umsonst. Er ist kein Herr, dem man dienen sollte."

Wir würden verlieren, aber er noch mehr, denn er würde seine Ehre verlieren. Ich für mein Teil glaube nicht, daß ein gutes Wort für Christus jemals vergeblich gesprochen wird. Ich bin gewiß, daß keine Predigt, in der Christus verkündigt wird, ohne Resultat bleiben wird. Etwas wird daraus entspringen, wenn auch nicht heute oder morgen, aber etwas wird dennoch daraus entspringen.

Wenn ich eine Predigt drucken ließ, so habe ich kurz

danach oft die Freude gehabt, von Menschen zu hören, daß diese Blätter das Mittel zu ihrer Errettung gewesen sind. Wenn ich eine Predigt nicht gedruckt, sondern nur gehalten habe, so habe ich doch gedacht, etwas werde danach kommen. Ich predigte Christus. Ich legte seine errettende Wahrheit den Menschen vor, und dieser Same kann nicht sterben. Ich habe erst vor kurzem von einem Menschen gehört, der durch eine Predigt zu Christus geführt wurde, die ich vor 25 Jahren gehalten hatte. Ich höre fast jede Woche von Menschen, die zu Christus gebracht worden sind durch Predigten, die in Parkstreet, Exeterhall und in den Surrey-gardens gehalten wurden, und daran erkenne ich, daß Gott nicht ein einziges treues Zeugnis zu Boden fallen lassen wird.

Fahrt fort, Brüder, fahrt fort, die Krüge mit Wasser zu füllen. Glaubt nicht, daß ihr zuviel tut, wenn ihr euer Äußerstes getan habt. Beginnt nicht, euch zu eurem bisherigen Erfolg Glück zu wünschen.

Alles muß von Christus kommen, und es wird von Christus kommen. Geht nicht zur Gebetsstunde und sprecht: „Paulus mag pflanzen, Apollos mag begießen, aber . . . “ So lautet die Stelle nicht. Sie sagt gerade das Gegenteil und lautet so: „Ich habe gepflanzt, Apollos hat begossen, Gott aber hat das Gedeihen gegeben.“ Das Gedeihen wird sicherlich von Gott gegeben, wo das Pflanzen und Begießen in rechter Weise geschieht. Die Diener füllten die Wasserkrüge, der Meister verwandelte das Wasser in Wein.

Der Herr gebe uns Gnade, seinem Gebot gehorsam zu sein, besonders dem Gebot: „Glaube und lebe!“ Mögen wir droben bei seinem Hochzeitsfest ihn sehen und von Ewigkeit zu Ewigkeit von dem neuen Wein mit ihm trinken!

4

DANKBARKEIT

„Einer aber von ihnen, als er sah, daß er geheilt worden war, kehrte wieder um und pries Gott mit lauter Stimme, warf sich auf sein Angesicht zu Jesu Füßen und dankte ihm; und das war ein Samariter. Da antwortete Jesus und sprach: Sind nicht ihrer zehn rein geworden? Wo sind aber die neun? Hat sich sonst keiner gefunden, der umgekehrt wäre, um Gott die Ehre zu geben, als nur dieser Fremdling? Und er sprach zu ihm: Steh auf und gehe hin; dein Glaube hat dich gerettet!" (Lukas 17, 15-19).

Ihr kennt die Beschreibung des Aussatzes, dieser schrecklichen Krankheit, die den Menschen bedroht. Wir sollten dankbar dafür sein, daß diese entsetzliche Krankheit in unserem Land kaum mehr als dem Namen nach bekannt ist. Ihr habt auch gehört, daß diese Krankheit ein lehrreiches Beispiel von dem ist, was die Sünde für den Menschen ist, wie sie verunreinigt und zerstört. Ich brauche sicher nicht näher auf diesen betrüblichen Gegenstand einzugehen.

Welch ein Anblick für den Heiland – zehn Aussätzige! Welch eine Anhäufung von Schmerzen! So etwas sieht der Herr jeden Tag in dieser sündenbefleckten Welt! Nicht nur zehn sind Sünder, nicht nur zehn Millionen sind in dieser Welt zu finden, sondern es gibt auf dieser Erde mehr als dreitausend Millionen sündenkranker Seelen. Welch eine Herablassung, daß der Sohn Gottes eine solche Welt betrat!

Und nun beachtet bitte die triumphierende Gnade des Herrn Jesu gegenüber diesen zehn Aussätzigen. Ein normaler Mensch hätte sein Glück gemacht, es würde ihm lebenslänglichen Ruhm eingebracht haben, wenn er auch nur einen Aussätzigen hätte heilen können. Unser Herr aber heilte zehn Aussätzige auf einmal.

Niemand von uns kann die Freude nachempfinden, die diese Aussätzigen empfanden, als sie entdeckten, daß sie geheilt waren. Es mag ihnen wie eine neue Geburt vorgekommen sein. Es wäre nicht zu verwundern gewesen, wenn alle zurückgeeilt und Jesus zu Füßen gefallen wären, um ihre Stimmen zu einem zehnstimmigen Loblied zu erheben.

Das Traurige bei dem Ganzen ist, daß neun Aussätzige, obwohl geheilt, kalt und gleichgültig gegen ihren Retter ihren Weg zu den Priestern fortsetzten. Wir lesen nirgends von ihrer Rückkehr, sie verschwinden vielmehr ganz aus der Geschichte. Sie haben einen Segen erlangt, gehen ihres Weges – und damit ist ihre Geschichte zu Ende.

Nur einer von ihnen, ein Samariter, kehrte zurück, um seinen Dank auszusprechen. Das Elend hat merkwürdige Schlafgenossen; die neun Aussätzigen aus dem Volk Israel hatten Gemeinschaft mit einem ausgestoßenen Samariter, und er – es ist auffallend – war der einzige, der, von einem plötzlichen Gefühl der Dankbarkeit ergriffen, zu seinem Wohltäter zurückkehrte, zu seinen Füßen niederfiel, um Gott zu preisen.

Wenn jemand auch die ganze Welt durchsuchte – unter allen auserlesenen Kostbarkeiten wird er nur selten die Dankbarkeit finden. Sie sollte ja so allgemein sein wie die Tautropfen, die am Morgen auf der Decke perlen, aber sie ist leider oft überhaupt nicht vorhanden. Dankbarkeit gegen Christus war zur Zeit seines Erdenwandels selten genug. Von sieben Tagen ist nur einer zur Anbetung Gottes bestimmt, aber von zehn Aussätzigen war nur einer dazu bereit! Der Gegenstand unserer Betrachtung ist Dankbarkeit gegen den Herrn Jesus.

Die Seltenheit der Dankbarkeit

Es gibt mehr Menschen, die Wohltaten empfangen, als solche, die dafür danken. Zehn sind geheilt, aber nur einer pries Gott. Zehn sind vom Aussatz geheilt, und – merkt es euch – nur einer kniet zu Jesu Füßen nieder und dankt ihm dafür!

Wenn nach einer so unaussprechlichen Segnung, die ja einem Stummen die Zunge zum Lobe Gottes hätte lösen müssen, die Menschen nur im Verhältnis von eins zu zehn Gott danken, was sollen wir dann im Blick auf die allgemeinen göttlichen Wohltaten sagen? Ist doch jede derselben von unschätzbarem Wert. Leben, Gesundheit, Augenlicht und Gehör, die Liebe der Unsrigen, Freundesliebe – nun, damit will ich den Katalog von den Segnungen abbrechen, die wir jeden Tag empfangen. Und trotzdem ist unter zehn nur einer, der Gott für die Gabe der Heilung dankt?

Ein gleichgültiges „Gott sei Dank!“ ist gewöhnlich alles. Und mögen auch viele von uns für diese Segnungen danken – was für ein armseliges Danken ist es! Wir danken dem Herrn nicht, wie es sich geziemt, mit ganzem Herzen. Wir erhalten einen Kontinent an Wohltaten, aber geben als Dank nur ein Inselchen dafür. Gott überschüttet uns jeden Morgen und Abend neu mit Segnungen; seine Treue ist groß. Wir aber lassen Jahre vorbeigehen und halten nur selten einen Danktag. Es ist betrübend zu sehen, wie dem Allgütigen gegenüber der Mensch so voller Undankbarkeit ist. Das Geschlecht, das Wohltaten empfängt, mag sagen: „Mein Name ist Legion.“ Hingegen die Zahl derer, die Gott danken, ist so gering, daß ein Kind ihre Namen aufschreiben könnte.

Es gibt aber noch etwas sehr Merkwürdiges: Die Zahl derer, die bitten, ist größer als die Zahl derer, die danken. Alle zehn Aussätzigen hatten gebetet. Wie schwach und heiser auch ihre Stimmen durch die Krankheit geworden sein mochten, sie erhoben doch gemeinsam ihre Stimme zu dem Ruf: „Jesus, Meister, erbarme dich unser!“ Als es aber zu dem Te Deum, zum Loben und Preisen Gottes, kam, stimmte nur einer die Melodie an.

Man sollte denken, daß alle, die beten, auch danken würden. Das ist aber nicht der Fall. Viele unserer Mitbürger beten, wenn sie krank oder dem Tod nahe sind. Aber wenn sie gesund geworden sind, erkrankt ihr Danken zum Tode. Ach, wie traurig, daß es mehr Bitten als Danken gibt! Ich möchte euch, die ihr dem Volk Gottes angehört, diese Tatsache in einer anderen Form darlegen: Die meisten von uns beten mehr, als sie danken.

Ich fürchte, ihr betet schon wenig genug, aber wie ist es mit dem Danken? Am Familienaltar bitten wir immer, aber wir danken nur so wenig. In unserem Kämmerlein beten wir oft, aber danken wir auch häufig? Beten ist als Dienst bei weitem nicht so wertvoll wie Danken. Bitten ist für die Zeit, Lob und Dank für die Ewigkeit. Deswegen sollte das Danken den ersten Platz einnehmen. Laßt uns den Gottesdienst üben, mit welchem sich die Himmelsbewohner beschäftigen. Bitten ist für einen Bettler. Ich denke aber, der ist ein armseliger Bettler, der nicht dankt, wenn er eine Gabe empfängt. Dem Bitten sollte auf dem Fuß das Danken folgen.

Du wirst von Leiden heimgesucht, durch Geldverluste, durch Armut, durch Krankheit eines Kindes oder durch Leiden irgend welcher Art. Du beginnst zu beten, und ferne sei es von mir, dich deshalb zu tadeln. Aber sollte es nur beim Beten bleiben? Sollte es nicht auch etwas geben, wofür du zu loben und zu danken hast? Kommt und laßt uns das vor unserem Herrn bekennen, wenn wir einsehen, daß wir viel mehr Bitten zum Gnadenthron emporsteigen lassen als Lob und Dankopfer!

Weiter möchte ich bemerken, daß der Mensch viel leichter dem Herrn Jesus äußerlich gehorsam als ihm dankbar ist. Als Jesus sagte: „Gehet hin und zeiget euch den Priestern!“, taten sie es gleich, alle zehn; nicht einer blieb zurück. Aber nur einer kam zu Jesus zurück, um seinen Namen zu preisen.

So ist es heute auch noch: Ihr pflegt in die Versammlung zu gehen, ein gutes Buch zu lesen oder eine andere fromme Tat zu verrichten, aber ach, wie wenig wird Gott gepriesen, wie wenig werft ihr euch Jesu zu Füßen, wie selten ist das Bedürfnis, daß man ohne Ende dem Loblieder singen möchte, der so Großes an uns und für uns getan hat! Äußerliche Religionsübungen sind leicht und werden allgemein ausgeübt; dagegen ist das Ausschütten des Herzens voll dankbarer Liebe ein seltenes Vorkommnis. Neun loben äußerlich, während nur einer dem Herrn dankt!

Eine weitere Feststellung: Es gibt mehr Leute, die glauben, als solche, die danken. Es glaubten doch alle zehn Männer, aber nur einer dankte dem Herrn. Ihr Glaube bezog sich auf den Aussatz, und in dieser Hinsicht geschah ihnen nach ihrem Glauben. Ihr Glaube, mochte er sich auch nur auf ihren Aussatz beziehen, war ein sehr wunderbarer Glaube. War es nicht merkwürdig, daß sie dem Herrn Jesus glaubten, obwohl er nicht sprach: „Seid gereinigt!“, sondern einfach sagte: „Gehet hin und zeiget euch den Priestern!“? Mit ausgetrockneter Haut gingen sie mutig ihres Weges in dem Vertrauen, daß Jesus beabsichtige, sie zu segnen. Wirklich, ein so bewunderungswürdiger Glaube – und doch ist keiner von den neun, der so glaubte, je zurückgekommen, um seinem Wohltäter für die erhaltene Wohltat zu danken.

Ich fürchte, es gibt viel Glauben, sogar größeren Glauben als den der Aussätzigen, der aber trotzdem nicht zu praktischer Dankbarkeit erblüht ist. Vielleicht blüht diese Blume zu einer späteren Jahreszeit, sie hat aber sicherlich nicht zur Frühlingszeit geblüht wie eine Primel und der Löwenzahn.

Ich strafe mich manchmal darüber, daß ich wohl wie Elias auf dem Berge Karmel mit Gott im Gebet gerungen, aber so wenig den Namen des Herrn verherrlicht habe, wie Maria es getan hat. Wir preisen den Herrn nicht im Verhältnis zu den empfangenen Wohltaten. Die göttliche Schatzkammer würde überfließen, wenn die Dankesgebühren ehrlicher entrichtet würden. Es wäre nicht notwendig, für die Mission zu bitten und die Christen zur Selbstverleugnung anzutreiben, wenn es im Verhältnis zu unserem Glauben mehr Dank gäbe. Wir glauben für Zeit und Ewigkeit und verherrlichen doch nicht den Herrn, wie wir es auf dieser Erde und in dieser Zeit tun sollten. Ich habe das Vertrauen, daß der Glaube echt ist – es ist nicht meine Sache zu richten –, aber er ist mangelhaft in seinem Erfolg.

Der Glaube war bei diesen Aussätzigen echt, soweit er ihren Aussatz betraf. So gibt es auch unter uns solche, die Wohltaten von Christus empfangen, die auch hoffen, daß sie errettet sind, die ihm aber doch nicht danken. Sie bringen ihr Leben damit zu, ihre eigene Haut zu untersuchen, um zu sehen, ob sie wirklich geheilt sind.

Dieser Mann wußte, daß er geheilt war. Er war in bezug auf diesen Punkt ohne Zweifel; und dann trieb ihn die Dankbarkeit dahin zurück, wo der stand, der sein wunderbarer Arzt gewesen war, um zu seinen Füßen niederzufallen und ihm mit lauter Stimme zu danken und Gott zu preisen. O daß doch alle meine ängstlichen, zweifelnden Leser dasselbe täten!

Das Wesen wahrer Dankbarkeit

Die einfache Tat des einen Mannes in unserem Text mag das Wesen des Glaubens zeigen. Er zeigt sich nicht bei allen in gleicher Weise. Die Liebe zu Christus trägt, wie die blühenden Blumen, mannigfaltige Gestalt; nur künstliche Blumen sind sich ziemlich alle gleich. Lebendige Dankbarkeit ist persönliche Dankbarkeit. Dieser Mann war, solange er ein Aussätziger war, einer von zehn; als er aber zurückkehrte, um Gott zu danken, war er ganz allein.

Du kannst gemeinsam mit anderen sündigen und mit ihnen zur Hölle fahren; wenn du aber zu Jesus kommst, wirst du ganz allein kommen. Wenn du gerettet bist, wenn es dir auch eine Freude sein mag, in die Loblieder anderer einzustimmen, so wird es dir doch auch eine Freude sein, ein Solo der Dankbarkeit zu singen.

Dieser Mann verläßt die Gesellschaft der übrigen neun und kommt zu Jesus. Wenn Jesus dich errettet hat und es recht in deinem Herzen steht, so wird es bei dir heißen: „Ich muß ihm danken; ich muß ihn liebhaben." Du wirst dich weder durch die Gefühlskälte der neun alten Genossen noch durch die Gleichgültigkeit der Gemeinde zurückhalten lassen. Deine Liebe zum Herrn Jesus drängt dich zum Reden, wenn auch Himmel, Erde und Meer in Schweigen gehüllt sind.

Dein Herz ist so voll brennender, anbetender Liebe, daß es dir ist, als ob du der einzige wärst, der den Herrn lieb hätte; deshalb mußt du die himmlische Flamme der Liebe und Dankbarkeit nähren. Es ist dir ein Bedürfnis, dem Verlangen deines Herzens nachzugeben und sein Sehnen auszusprechen. Das Feuer in dir muß zum Ausbruch kommen. Da wahres Loben und Danken etwas Persönliches ist, so laßt uns ein jeder auf seine Weise Gott preisen.

Eine weitere Besonderheit in der Dankbarkeit dieses Mannes ist seine Pünktlichkeit. Er muß sofort zurückgekommen sein, denn, wie ich denke, der Heiland hat sich nicht lange am Tor jenes Dorfes aufgehalten. Er war zu sehr beschäftigt, um lange an einem Fleck stehenzubleiben; er ging umher, um wohlzutun. Dieser Mann kam alsbald zurück. Darum sollte jeder, der gerettet wird, je eher, desto besser, zurückkommen, um seinen Dank auszusprechen.

Man pflegt zwar zu sagen, die zweiten Gedanken seien die besten, aber das ist nicht der Fall, wenn das Herz voll Liebe zu Christus ist. Folge deinem ersten Gedanken, warte nicht auf den zweiten, damit nicht der erste Drang zur Anbetung von einem zweiten Einfall verzehrt werde. Gehe sogleich hin und danke dem Herrn. Was für großartige Pläne hat mancher darüber entworfen, wie er in Zukunft seinem Gott dienen wollte – und wie gering sind die Resultate! Ach, es ist besser, heute nur einen Stein zu legen, als mit der Absicht umzugehen, in einem Jahr einen Palast zu bauen!

Lobe den Herrn jetzt, danke ihm jetzt für das Heil. Weshalb soll das Dankesopfer in Quarantäne liegen? Weshalb sollte es auch nur für eine Nacht wartend vor der Tür liegen? Weshalb sollte euer Dank der Aloe gleichen, die ein Jahrhundert braucht, um zur Blüte zu kommen? Das Manna kam jeden Morgen frisch; so sollte sich auch euer Dank zeitig erheben. Wer sofort dankt, dankt doppelt; wer nicht sogleich dankt, wird es gar nicht tun. Der Dank dieses Mannes beweist auch seine geistliche Haltung. Wir erkennen das daran, daß er auf dem Weg zu den Priestern stehenblieb. Es war seine Pflicht, zu den Priestern zu gehen, es war ihm ja befohlen worden. Es gibt aber in allen Dingen eine gewisse Vorrangigkeit; einige Pflichten sind größer als andere. Er mag bei sich selbst gedacht haben: Mir ist befohlen worden, zu den Priestern zu gehen. Ich bin aber geheilt, und dieser neue Umstand ändert die Rangordnung meiner Pflichten. Die erste ist, zurückzugehen und vor dem Volk Zeugnis abzulegen, indem ich Gott preise und zu Jesu Füßen niederfalle.

Es ist gut, das heilige Gesetz der Pflichteinteilung zu beachten. Der fleischliche Sinn hält sich zunächst an äußere Pflichten, weil das Fleischliche gegenüber dem

Geistlichen die Oberhand hat. Die Liebe entdeckt aber bald, daß das Wesen kostbarer ist als der Schatten, daß es eine höhere Pflicht ist, zu den Füßen des großen Hohenpriesters niederzufallen, als zu dem geringeren Priester zu gehen. Der geheilte Aussätzige wandte sich also erst zu Jesus. Ihm stand die geistliche Pflicht höher als die Zeremonie. Er fühlte, daß es seine Hauptpflicht sei, persönlich die göttliche Person anzubeten, die ihn von seiner schrecklichen Krankheit geheilt hatte.

Laßt uns zuerst zum Herrn Jesus gehen. Laßt uns im Geist vor ihm niederfallen. Es ist selbstverständlich, daß ihr die Gottesdienste besucht und euch der Anbetung anschließt. Wer aber den Herrn liebhat, der wird begehren, zu Jesus selbst zu kommen, um ihm zu sagen, wie lieb er ihn hat. Er wird sich sehnen, selbst etwas für ihn zu tun, etwas, wodurch er die Dankbarkeit seines Herzens beweisen kann.

Wahre Dankbarkeit zeigt sich durch ihre Größe. Diese Größe zeigte sich bei dem Geheilten darin, daß er zurückkehrte und mit lauter Stimme Gott pries. Er hätte ja in ruhiger Weise Gott preisen können, nicht wahr? Ja, wer aber soeben vom Aussatz geheilt, wem aufs neue eine deutliche Stimme geschenkt worden ist, der kann nicht flüsternd seinen Dank aussprechen.

Brüder, ihr wißt, es würde euch unmöglich sein, kühl und gemessen zu sein, nachdem ihr das Heil erlangt habt. Dieser Mann pries Gott mit lauter Stimme. Tadelt es nicht, wenn Neubekehrte zuweilen sehr laut werden. Laßt sie! Es wird euch nicht schaden, wenn hier und da ein wenig laute Bewegung vorkommt. O daß der Herr die Gemeinde doch erwecken wollte, daß wir alle anfingen, mit unserer ganzen Seele Gott zu preisen! Wahre Dankbarkeit ist mit Demut verbunden. Dieser Mann fiel auf sein Angesicht, Jesu zu Füßen. „Ich bin nichts, Herr“, schien er zu sagen.

Es gibt keinen ehrenvolleren Platz als den zu Jesu Füßen. Ach, dort immer zu liegen, ihn völlig lieben zu dürfen, das eigene Ich sterben zu lassen! Wahre Dankbarkeit liegt vor dem Herrn im Staube, zu den Füßen Jesu.

Diesem können wir noch die Anbetung des Geheilten hinzufügen. Er fiel zu Jesu Füßen nieder, pries Gott und dankte ihm. Laßt uns unseren Heiland anbeten. Andere mögen über Jesus denken, was sie wollen, wir aber wollen die Finger in seine Wundenmale legen und anbetend ausrufen: „Mein Herr und mein Gott!" Wir wollen nie aufhören, dem Anbetung darzubringen, der seine Gottheit dadurch erwiesen hat, daß er uns von dem Aussatz der Sünde geheilt hat. Seiner göttlichen Majestät sei Ehre und Anbetung dargebracht!

Auf eins möchte ich bei der Dankbarkeit dieses Mannes noch aufmerksam machen: auf sein Schweigen über andere. Als der Heiland fragte: „Sind nicht ihrer zehn rein geworden? Wo sind aber die neun? Hat sich sonst keiner gefunden, der umgekehrt wäre, um Gott die Ehre zu geben, als nur dieser Fremdling?", schwieg der Mann. Er stand nicht auf und sagte: „O Herr, alle sind zu den Priestern gegangen; ich bin erstaunt, daß sie nicht zurückgekehrt sind, um dir zu danken!"

O Brüder, wenn wir die Gnade Gottes in unseren Herzen spüren, haben wir genug damit zu tun, vor unserer eigenen Tür zu kehren. Wenn ich meine Dankbarkeit darbringen darf, werde ich nicht daran denken, andere der Undankbarkeit zu beschuldigen. Der Herr sagt: „Wo sind aber die neun?" Aber der arme, geheilte Mann zu seinen Füßen hatte kein Wort gegen diese Undankbaren zu sagen; er ist zu sehr in Anbetung vertieft.

Der Segen der Dankbarkeit

Dieser Mann wurde weit mehr gesegnet als die neun. Sie wurden zwar geheilt, aber nicht so gesegnet wie er. In der Dankbarkeit liegt ein großer Segen.

Sollte Christus nicht gepriesen werden? Dieser Mann tat, was er konnte. Es ist stets eine geistliche Ruhe und Gelassenheit damit verbunden, wenn man weiß, daß man in einer rechten Sache tut, was man kann, wenn man es auch nicht so tut, wie man es gern tun möchte. Erhebet den Herrn, lobsinget seinem Namen, meine Brüder!

Dankbarkeit ist auch ein Beweis persönlicher Liebe. Ich liebe die Lehre von der Gnade, ich liebe die Gemeinde Gottes, aber am meisten liebe ich den Herrn Jesus. Mein Herz kann nicht ruhen, bis ich Gott preisen und meinem Herrn Dank darbringen kann. Diese persönliche Liebe zu Christus ist eins der köstlichsten Dinge, und sie äußert sich durch Dankbarkeit mit Herz, Mund und Händen.

In der Dankbarkeit liegt noch ein Segen. Ein dankbares Auge sieht weit und tief. Der vom Aussatz Geheilte dankte dem Herrn, bevor er Gott pries. Hätte er nur dem Herrn seinen Dank gebracht, so würde ich gedacht haben, seine Augen seien noch nicht weit offen. Aber als er Gott in Christus sah und deshalb Gott für das pries, was Christus getan hatte, zeigte er eine tiefe Einsicht in die geistliche Wahrheit. Er hatte angefangen, die Geheimnisse der göttlichen und menschlichen Person des hochgelobten Heilandes zu erkennen.

Wir lernen viel durch Beten. Hat nicht Luther gesagt: „Frisch gebetet ist halb gearbeitet!"? Ich wage das, was Luther so trefflich ausgesprochen hat, noch zu erweitern, indem ich sage: „Wohl gedankt, ist besser studiert." Das Danken ist ein großer Lehrmeister. Bitten und Danken sind die Ruder, durch welche der Mensch sein Boot in das tiefe Meer der Erkenntnis Jesu Christi rudern kann.

Ein weiterer Segen der Dankbarkeit liegt darin, daß sich Christus darüber freut. So leid es ihm tat, daß die neun anderen nicht zurückkamen, so erfreut war er über diesen einen. Die Frage „Wo sind aber die neun?“ schließt seine Befriedigung über den einen in sich. Alles, was unserem Herrn wohl gefällt, sollte fleißig und sorgsam von uns gepflegt werden. Wenn Dankbarkeit ihm wohlgefällig ist, so laßt uns beständig seinen Namen verherrlichen. Beten ist das Stroh des Weizens, aber Danken ist die Ähre. Der Herr sieht es gern, wenn der Halm emporwächst. Es freut ihn aber mehr, wenn die goldenen Ähren des Dankens reif sind.

Beachtet ferner, daß die Dankbarkeit den größten Segen empfängt. Der Heiland sagt zu diesem Mann, was er zu keinem der anderen gesagt hatte: „Steh auf und gehe hin; dein Glaube hat dich gerettet!“ Möchtest du dich auf einem höheren Niveau bewegen, so sei viel mit Loben und Danken beschäftigt. Manche von euch sind wie dieser Mann bis dahin in dem niedrigsten Stand. Er war ein Samariter; aber durch sein Danken und Gott preisen wurde der Fremdling zu einem Sänger erhoben.

Sehr oft ist es mir aufgefallen, daß der größte Sünder der beste Sänger war, nachdem er geheilt worden ist. Die am weitesten von Christus entfernt waren, empfinden erst dann ihre Schuld tief, nachdem sie gerettet worden sind. Mögen wir auch von Haus aus nicht zu den Unreinen gehören, so sollen wir doch das Bewußtsein haben, daß wir dem Herrn Jesus am meisten zu verdanken haben. Laßt es deshalb unser Bestreben sein, ihm zu danken, und wir werden die reichsten Segnungen aus seiner Hand empfangen!

Noch dreierlei möchte ich euch zum Schluß sagen. Laßt uns aus dem Gehörten lernen, das Danken obenan zu stellen. Laßt uns Dankversammlungen halten. Laßt uns das Vernachlässigen des Dankens für eine ebenso große Sünde halten wie das Unterlassen des Betens!

Weiter, laßt uns Christus selbst unser Dankopfer bringen. Laßt uns ihm persönlich und laut danken. Unserem Heiland persönlich Dank zu bringen, muß das

Ziel unseres Lebens sein. Wenn wir im Wirken für den Herrn Jesus Bekehrte sehen, die unseren Erwartungen nicht entsprechen, so laßt uns nicht den Mut verlieren. Wenn andere unseren Herrn nicht preisen, so laßt uns zwar darüber traurig, aber nicht enttäuscht sein. Hatte doch selbst der Heiland zu fragen: „Wo sind aber die neun?" Zehn waren geheilt, und nur einer dankte ihm.

Wir haben viele Bekehrte, die sich nicht einer Gemeinde anschließen. Wir haben zahlreiche Bekehrte, die nicht zur Taufe und zum Abendmahl kommen. Viele haben einen Segen empfangen, haben aber nicht Liebe genug, um es zu bekennen.

Ich danke Gott für die vielen, die in der letzten Zeit ihre Bekehrung öffentlich bekannt haben, wenn aber auch die übrigen „neun" kommen würden, würden wir noch neue Gemeindehäuser brauchen. Ach, wie viele sind fortgegangen, nachdem sie ihren Glauben bekannt hatten! Wo sind die neun?

Ihr, die ihr Hausversammlungen haltet und Traktate verteilt, verbreitet mehr Segen, als ihr je in Erfahrung bringen werdet. Ihr wißt nicht, wo die neun sind, wenn aber von zehn auch nur einer gesegnet wird, so habt ihr Ursache, Gott zu danken.

„O", sagt einer, „ich habe so wenig Erfolge gehabt, habe nur eine Seele gerettet!" Das ist mehr, als du verdienst. Wenn ich eine ganze Woche lang fischte und nur einen Fisch finge, so würde mich das betrüben; wenn aber dieser Fisch ein Stör, ein königlicher Fisch, wäre, so hätte ich doch das Bewußtsein, daß die Qualität durch die Quantität ersetzt würde. Wer eine Seele gewonnen hat, hat einen hohen Preis gewonnen. Eine Seele zu Christus bringen – wer könnte den Wert davon ermessen! Wenn auch nur eine Seele gerettet wurde, sollsttest du deinem Herrn dankbar sein. Magst du auch nach mehr Bekehrungen ausschauen, du wirst doch nicht verzagen, solange es nur einige wenige sind, und du wirst es nicht übelnehmen, wenn dir diese nicht persönlich danken und sich deiner Gemeinschaft anschließen.

Undankbarkeit ist für Seelengewinner nichts Ungewöhnliches. Wie oft hat jemand Sünder zu Christus gebracht und in jungen Jahren die Herde geweidet. Wenn er aber alt und schwach wird, möchte man ihn loswerden und es mit einem neuen Besen versuchen, der besser fegt. „Der gute Alte, er ist ganz aus der Mode!“ heißt es, und man entledigt sich seiner so, wie Zigeuner ein altes Pferd laufen lassen, gleichgültig, was aus ihm wird.

Wer mit Dankbarkeit rechnet, den möchte ich an den Spruch erinnern: „Gesegnet sind, die nichts erwarten, denn sie werden nicht enttäuscht werden!“ Erhielt doch sogar unser Herr und Meister von den neunen keinen Dank. Wundere dich deshalb nicht, wenn andere dich nicht wiedersegnen, wenn du sie segnest. O, wenn doch heute eine Seele, ein Aussätziger, irgendeiner zu Christus kommen wollte, um von der Sündenkrankheit geheilt zu werden! Und wenn er Heilung gefunden hat, so möge er auftreten und mit lauter Stimme Gott preisen, der so gnädig mit ihm gehandelt hat.

5

CHRISTI VERTRETER

„Da fingen sie an, ihn zu bitten, er möge aus ihren Grenzen weichen. Und als er in das Schiff trat, bat ihn der besessen Gewesene, daß er bei ihm bleiben dürfe. Aber Jesus ließ es ihm nicht zu, sondern sprach zu ihm: Gehe in dein Haus, zu den Deinen, und verkündige ihnen, wie Großes der Herr an dir getan und wie er sich deiner erbarmt hat!" (Markus 5,17-19).

Das ist ein auffälliger Name für einen Menschen: der besessen Gewesene. Dieser Name blieb mit ihm verbunden, solange er lebte, und war eine beständige Predigt, wohin er auch ging. Es würde uns nicht möglich sein, sein Leben als Besessener zu beschreiben: die Nachtszenen in den Gräbern, das Schlagen mit Steinen, das Heulen, das Verjagen der Reisenden, die in seine Nähe kamen, das Binden mit Ketten, das Zerreißen der Ketten und das Zerreißen der Fesseln und all die anderen Dinge, die nur er aufzählen konnte, wenn er seinen Freunden die Geschichte erzählte. Mit welchem Nachdruck konnte er erzählen, wie Jesus des Weges gekommen sei und wie ihn der böse Geist getrieben habe, ihm gegenüberzutreten. Er sagte wohl: „Das war das Beste, was mir je begegnet ist, mit dieser verzweifelten Legion, die meine Seele zu ihrer Kaserne gemacht hatte, zu Jesus zu kommen." Er konnte erzählen, wie auf das Wort Christi die ganze Legion in einem Augenblick ausfuhr.

Es gibt Personen, die eine ähnliche Geschichte erzählen könnten wie dieser Mensch, eine Geschichte von der Sklaverei des Satans und der Erlösung durch die Macht Christi. Wenn du eine solche Geschichte erzählen kannst, so behalte sie nicht für dich. Wenn der Herr Jesus Großes an dir getan hat, so sei bereit, davon zu sprechen, damit alle Menschen erfahren, was Jesus tun kann. Ich denke, daß große Sünder, die errettet worden sind, besonders dazu aufgerufen sind, die gute Botschaft, das Evangelium der Gnade Gottes, weiterzusagen.

Wenn du tapfer gegen die Wahrheit gewesen bist, so sei auch tapfer für die Wahrheit. Wenn du nicht lau warst, als du dem Satan dientest, so sei auch nicht lau, da du nun dahin gekommen bist, Christus zu dienen. Es gibt einige unter uns, die den Namen „Der Blindgeborene", „Der geheilte Aussätzige" oder „Die große Sünderin" tragen könnten, und ich hoffe, daß wir alle bereit sind, irgendeinen Namen oder Titel anzunehmen, der Christus verherrlicht. Ich stelle nirgends fest, daß dieser Mensch Markus je verfolgt hat, weil er ihn „den besessen Gewesenen" nennt. O nein, er gab zu, daß er vom Teufel besessen war, und er pries Gott, daß ihn der Herr Jesus befreit hatte.

Die Wünsche der Menschen sind verschieden

Ich möchte einige Bemerkungen über die Schriftstelle machen, die ich zum Text gewählt habe. Wir finden im 17. Vers, daß die Leute Jesus baten, aus ihrer Gegend wegzuziehen, und im 18. Vers bat ihn der Besessene, daß er ihn mitnehmen möchte. Das Volk wünschte, daß Jesus von ihnen wiche; der Mensch, der geheilt wurde, wünschte, mit ihm zu gehen, wohin er auch ging. Zu welcher Klasse gehörst du, mein Freund?

Ich hoffe nicht, daß du zu der ersteren Gruppe gehörst, zu der Gruppe der Menschen, die Jesus darum baten, aus ihrer Gegend wegzuziehen. Warum wünschten sie denn, daß er fortgehen sollte? Ich denke zuerst: Weil sie es liebten, ruhig und still zu leben. Es war ein großes Unglück, welches sich zugetragen hatte: Die

Schweine hatten sich ins Meer gestürzt. Sie wünschten keine weiteren Unglücksfälle, und der Mann, der da zu ihnen gekommen war, besaß offensichtlich außerordentliche Macht. Hatte er den Besessenen nicht geheilt? Sie wünschten ihn nicht; sie wünschten nichts Außerordentliches. Sie waren gemächliche Leute, die auf der ebenen Bahn ihres Weges weitergehen wollten, und darum baten sie ihn, die Güte zu haben fortzugehen.

Es leben auch noch jetzt Leute dieser Art. Sie sagen: „Wir wünschen hier keine Erweckung; wir sind konservativ. Wir wünschen hier keine erwecklichen Prediger. Stört unseren Frieden nicht!"

Wenn solche Leute denken, daß Gott an irgendeinem Ort wirkt, so sind sie bald geneigt, irgendwo anders hinzuziehen. Sie wünschen, in Ruhe zu bleiben. Ihr Wahlspruch lautet: „Alles für ein ruhiges und stilles Leben."

„Laßt uns in Ruhe! Laßt uns auf unserem alten Weg bleiben!" Das ist der Ruf von törichten Leuten wie bei den Israeliten, die zu Mose sagten: „Hör auf und laß uns den Ägyptern dienen!"

Möglicherweise wünschten diese Leute den Heiland auch fort, weil ihnen ihr Geschäft zu wichtig war. Die Schweinezucht war ein schlechtes Geschäft. Als Juden sollten sie eigentlich nichts damit zu tun haben. Sie mögen vielleicht gesagt haben, daß sie ja die Schweine nicht selbst äßen, sondern sie für andere hielten. Und nun war die ganze Herde verloren. Ich möchte wissen, was wohl die Schweine ihren Besitzern eingebracht hätten. Als das Volk berechnete, wie hoch der Verlust war, stand bei ihnen fest, daß der Heiland aus ihrer Gegend weichen müsse, ehe sie noch mehr Verluste treffen würde.

Wenn zum Beispiel Menschen berauschende Getränke verkaufen oder irgendein Geschäft haben, bei dem sie kein Geld verdienen können, ohne ihren Mitmenschen zu schaden, dann wundere ich mich nicht, wenn sie nicht wünschen, daß Christus zu ihnen kommt. Vielleicht würden es einige von euch nicht gern haben, wenn er hören würde, was ihr den Mädchen und Frauen für Löhne bezahlt. Ich fürchte, wenn der Herr Jesus herkäme und in dieses oder jenes Geschäftshaus ginge, daß der Mann zu seiner Frau sagen würde: „Nimm das Lohnbuch und verbirg es. Ich möchte nicht, daß er es gewahr wird."

O liebe Freunde, wenn irgendein solcher Grund vorhanden ist, so bete ich, daß der Heilige Geist euch davon übezeugt, wie nötig es ist, daß er gerade zu *euch* kommt.

Die größte Abneigung gegen Christus hat immer der Mann, der seiner am meisten bedarf. Wenn ihr nicht wünscht, bekehrt zu werden, wenn ihr nicht wünscht, von neuem geboren zu werden, dann habt gerade ihr die Bekehrung vor allen anderen Personen nötig. Ist es nicht eine sehr unweise Entscheidung, wenn wir um der Schweine willen bereit sind, uns von Christus zu trennen?

„Was hülfe es dem Menschen, wenn er die ganze Welt gewönne, büßte aber seine Seele ein?" Es wird nach seinem Tod in der Zeitung stehen, daß er soundso viel tausend Mark hinterlassen hat und weiter nichts, denn er ist selbst keinen Pfennig wert gewesen. Und wer würde jetzt einen Pfennig für ihn geben, da er tot ist? Es kostet Geld, ihn los zu werden, aber er kann kein Geld mitnehmen. Er war nichts wert. Er hat sein Geld zu selbstsüchtigen Zwecken verwandt, aber nie zur Ehre Gottes. O, in welcher Armut lebt der gottlose Reiche!

Ich wundere mich nicht, daß diese Leute, die von der Welt eingenommen waren, Christus baten, aus ihrer Gegend zu weichen. Darf er nicht, auch wenn du selbst ihn nicht hören willst, doch an der Grenze bleiben? Nein, wenn die Menschen gegen Christus sind, so versuchen sie das Äußerste, ihn aus ihrer Mitte zu vertreiben.

Mancher arme Mann hat seine Wohnung verloren, weil er darin Gebetsstunden abgehalten hat, weil sein Hauswirt nicht nur selbst Christus nicht wünschte, sondern ihn auch anderen verwehrte, die ihn haben wollten. Sind einige von euch in dieser Lage?

Ich hoffe, daß einige unter meinen Lesern sind, die anders geartet sind und dem armen Menschen gleichen, der Jesus bat, daß er ihn bei sich behalten möchte. Warum wünschte er, bei dem Herrn Jesus zu bleiben? Ich denke, er wollte aus Dankbarkeit sein Diener sein. Wenn er Christus dienen, seine Schuhriemen lösen, seine Füße waschen, sein Mahl bereiten könnte, so würde er der glücklichste Mensch auf der Welt gewesen sein. Er wollte so gerne etwas für den tun, der ihm eine Legion Dämonen ausgetrieben hatte.

Dann wünschte er nicht nur ein Diener zu sein, um seine Dankbarkeit zu zeigen, sondern auch ein Jünger, um mehr von Jesus zu lernen. Was er von Jesus wußte, war sehr wertvoll. Die Erfahrung seiner Macht bewirkte, daß er noch mehr von seinem Erretter lernen wollte. Er bat ihn, daß er als Jünger bei ihm sein möchte, weil er von ihm lernen wollte.

Er wollte auch als Kamerad bei ihm sein, denn da Jesus aus dieser Gegend verwiesen wurde, schien ihm kein Grund vorhanden zu sein, weshalb er zurückbleiben sollte. „Herr, wenn du die Gadarener verlassen mußt, so laß mich dieselben auch verlassen! Gehst du, o Hirte, dann laß mich mit dir gehen. Mußt du über das Meer, so will ich mit dir gehen, selbst in das Gefängnis und in den Tod." Er fühlte sich so mit Christus verbunden, daß er ihn bat, bei ihm bleiben zu dürfen.

Ich denke, es war auch etwas Furcht in seiner Bitte. Vielleicht könnte einer von den Dämonen zurückkehren, und wenn der Geheilte bei Christus bleiben konnte, würde er ihn wieder austreiben.

Ich wundere mich nicht, wenn er ein Gefühl der

Furcht hatte, als könnte er es nicht ertragen, den großen Arzt, der ihn von einem so schrecklichen Übel geheilt hatte, aus den Augen zu verlieren. Ich möchte es allen hier sagen, daß wir nur sicher sind, wenn wir bei Christus bleiben. Wenn ihr versucht werdet, dahin zu gehen, wo ihr Christus nicht bei euch haben könnt, so geht nicht hin.

Habt ihr die Geschichte von John Newton gehört? Der Teufel war mit einem jungen Mann fortgelaufen, der im Theater saß. John Newton sagte zum Teufel: „Der junge Mann gehört uns; er ist ein Glied meiner Gemeinde."

„Gut", sagte der Teufel. „Mich kümmert es nicht, wo er Mitglied ist. Ich habe ihn in meinem Bereich gefunden und habe ein Recht auf ihn."

Der Prediger konnte darauf nichts mehr erwidern.

Wenn du in den Bereich des Teufels gehst, und er nimmt dich, so kann ich nichts dagegen tun. Suche nie einen Ort auf, wohin du Christus nicht mitnehmen kannst. Sei wie dieser Mann, der das Verlangen hatte, dahin zu gehen, wo Jesus hinging.

Der Herr handelt unterschiedlich

Hier ist ein böses Gebet: „Weiche aus unserer Gegend!" Gott erhört es. Hier ist ein frommes Gebet: „Herr, laß mich bei dir sein!" Aber Jesus ließ es ihm nicht zu. Ist das seine Weise, die Gebete seiner Feinde zu erhören und die Bitten seiner Freunde abzuschlagen? Ja, manchmal ist es so.

In dem ersten Fall ging er weg, als sie ihn baten zu weichen. O, liebe Freunde, wenn Christus in eure Nähe kommt und ihr auch nur ein wenig in eurem Gewissen angerührt werdet und etwas wie geistliches Leben fühlt, so bittet ihn nicht fortzugehen, denn wenn er geht und ihr euch selbst überlassen bleibt, dann ist euer Los besiegelt. Eure einzige Hoffnung liegt in seiner Gegenwart; und wenn ihr gegen eure einzige Hoffnung bittet, so seid ihr Selbstmörder; ihr seid des Mordes eurer eigenen Seele schuldig.

Jesus ging von diesem Volk fort, weil es nutzlos war zu bleiben. Wenn sie wünschten, daß er ging, was konnte er dann für sie tun? Wenn er sprach, so würden sie nicht darauf hören. Wenn sie seine Botschaft hörten, so würden sie sie nicht beachten. Wenn sich der Geist des Menschen gegen Christus auflehnt, was kann er dann anderes tun als sie verlassen?

Er konnte seine Zeit anderswo besser anwenden. Wenn du meinen Herrn nicht annehmen willst, so wird es ein anderer tun. Wenn du in deinem Stolz dasitzt und sagst, daß du keinen Heiland nötig hast, so ist dort ein armer Sünder auf der Galerie, der sagt: „O, ich möchte den Heiland finden!" Christus wußte, als ihn die Gadarener abwiesen, daß er auf der anderen Seite des Meeres willkommen geheißen würde.

Durch sein Fortgehen bewahrte er sie vor größerer Sünde. Wenn er nicht gegangen wäre, hätten sie vielleicht versucht, ihn ins Meer zu werfen. Wenn je Menschen Jesus bitten, aus ihren Grenzen zu weichen, sind sie zu allem Bösen fähig.

Ist es nicht schrecklich, daß dich der Dienst des Evangeliums zur Verdammnis führt, wenn er dich nicht errettet? Wir sind Gott ein Wohlgeruch Christi, aber einigen sind wir „ein Geruch des Todes zum Tode" und anderen „ein Geruch des Lebens zum Leben". O, meine Zuhörer, wenn ihr nicht zu Christus kommen wollt, so ist der Sitz, den ihr einnehmt, falsch besetzt! Es könnte dort eine andere Person sitzen, für die das Evangelium Rettung bedeuten könnte. Unsere Gelegenheiten, das Evangelium zu predigen, sind nicht zu viele. Wir möchten unsere Kräfte nicht an steinigen Boden oder harten Felsen verschwenden, die den Samen ablehnen. Gott verändere dich, mache fruchtbaren Boden aus dir, damit die Wahrheit auf dir wachsen kann!

Das böse Gebet wurde also erhört. Das gute Gebet wurde nicht erhört. Warum eigentlich nicht?

Der Hauptgrund lag darin, daß der Geheilte zu Hause nützlich sein konnte. Er konnte Gott dadurch, daß er seinen Familiengliedern und den Gadarenern erzählte, was Gott an ihm getan hatte, viel besser verherrlichen als durch irgendeinen Dienst an Jesu.

Es ist zu beachten, daß Christus niemand als persönlichen Diener während seiner irdischen Wirksamkeit annahm. Er war nicht gekommen, daß er sich dienen lasse, sondern auf daß er diene. Er hatte nicht den Wunsch, daß der Geheilte zu seiner Bequemlichkeit bei ihm sei, sondern er befahl ihm, zu seiner Familie zurückzukehren, die Macht Jesu Christi zu verkündigen und die Menschen für Gott zu gewinnen.

Vielleicht hat Jesus sein Gebet auch nicht erhört, weil er die Furcht des Geheilten dadurch nicht gutheißen wollte. Wenn er fürchtete, und es ist ziemlich gewiß, daß es so war, daß die Teufel zurückkehren würden, dann hatte er natürlich das Verlangen, bei Christus zu bleiben. Aber Christus nimmt diese Furcht von ihm; und es ist gut so, daß er zu ihm sagte: „Du hast nicht nötig, bei mir zu bleiben. Ich habe dich so geheilt, daß du nie wieder krank wirst." Ein Geheilter möchte zu seinem Arzt sagen: „Ich bin so sehr krank gewesen und habe durch Ihre Geschicklichkeit die Gesundheit wiedererlangt. Ich möchte in Ihrer Nähe bleiben, damit ich zu Ihnen kommen kann, wenn meine Krankheit zurückkommen sollte." Wenn der Arzt aber daraufhin sagen würde: „Reisen Sie in die Schweiz oder nach Australien, wenn es Ihnen gefällt", so würde dieses der beste Beweis dafür sein, daß der Arzt nichts Böses befürchtet; und das sollte die Furcht des Geheilten vertreiben.

Ihr seht also, wie Jesus Christus die Leute unterschiedlich behandelt. Habe ich nicht gesehen, daß einige in der Sünde beharren und doch im Geschäft vorwärtskommen, Reichtümer anhäufen und alles haben, was ihr Herz wünscht? Habe ich nicht andere gesehen, die sich zu Gott wandten und von dem Tage an mehr Beschwerden hatten als je zuvor und deren Weg besonders rauh war? Ja, ich habe beides gesehen: Ich habe den bequemen Weg des Gottlosen nicht begehrt, noch habe ich es als sehr angenehm empfunden, daß der Weg der Gerechten manchmal so sehr rauh ist. Schließlich ist nicht der Weg das Wichtigste, sondern das Ende des Weges. Wenn ich sanft ins Verderben gehen könnte, so würde ich diesen Weg doch nicht wählen; und wenn der Weg ins ewige Leben rauh ist, würde ich ihn trotz aller Beschwerden einschlagen.

Es ist gut, bei Jesus zu sein

Wenn du vor kurzem errettet worden bist, so erwarte ich, daß du von Herzen danach verlangst, immer bei Christus zu sein. Ich will dir sagen, welche Gestalt dieses Verlangen wahrscheinlich annimmt. Du warst so glücklich, so freudig, es war eine so gesegnete Versammlung, daß du dir selbst gesagt hast: „Es tut mir leid, daß die Versammlung zu Ende ist. Ich wollte, daß sie die ganze Nacht und den folgenden Tag andauern und kein Ende genommen hätte." Es ging dir wie Petrus, als er auf dem heiligen Berg drei Hütten bauen und dort seine Tage verbringen wollte. Aber du kannst es nicht, und es nützt nichts, es zu wünschen. Du mußt in dein Haus gehen zu deinem betrunkenen Mann oder zu deiner scheltenden Frau, zu deinem gottlosen Vater oder der unfreundlichen Mutter. Du kannst nicht immer in der Versammlung bleiben.

Vielleicht hast du eine andere Vorstellung von dem,

was es bedeutet, bei Jesus zu sein. Du bist so glücklich, wenn du allein sein, deine Bibel lesen, nachdenken und beten kannst, und du sagst: „Herr, ich wünschte, ich könnte dieses immer tun. Ich möchte immer in meinem Kämmerlein bleiben, in der Schrift forschen und Gemeinschaft mit Gott haben."

Ja, ja, aber du kannst es nicht. Die Kleider deiner Kinder und deines Mannes sind in Ordnung zu halten. Es ist so vielerlei zu tun, und du darfst nichts vernachlässigen. Welche Haushaltspflichten es auch sind, erfülle sie! Du wünschst, morgen nicht in die Stadt gehen zu müssen. Würde es nicht schön sein, den ganzen Tag Gebetsversammlung zu haben und die ganze Nacht Bibelstudium zu treiben? Ohne Zweifel, aber der Herr hat es nicht so angeordnet. Du mußt ins Geschäft gehen; und darum ziehe deinen Alltagsanzug an und halte dich für nicht weniger glücklich, wenn du deinen Glauben im täglichen Leben zu zeigen hast.

„Ja", sagt jemand, und das höre ich sehr oft, „ich denke, daß ich immer bei Christus sein würde, wenn ich ganz vom Geschäft frei wäre und mich ganz dem Dienst des Herrn hingeben könnte." Besonders denkst du, daß es so sein würde, wenn du Prediger wirst.

Gut, ich habe nichts gegen das Predigen des Evangeliums. Wenn dich der Herr dazu beruft, so sei ihm gehorsam und sei dankbar, daß er dich für treu erachtet und in seinen Dienst gestellt hat. Aber wenn du vermutest, daß du dadurch, daß du Evangelist wirst, Christus näher stehst, so bist du im Irrtum. Ich kann sagen, daß mir jeden Morgen nach der Predigt so viele Beschwerden von den Menschen vorgetragen werden, wie sie die meisten Menschen nur in einem Monat hören. Wir haben jedermanns Beschwerden zu tragen und jedermann zu raten, der in Zweifel und Trostlosigkeit verfallen ist. Ihr werdet euch von Dienstleistungen überhäuft finden selbst im Dienst des Herrn, und es ist sehr leicht, den

Meister in des Meisters Dienst zu verlieren. Wir bedürfen viel Gnade, daß eine hinterlistige Versuchung uns in unserem Dienst nicht überwindet.

Du kannst mit Christus wandeln und Lebensmittel verkaufen. Du kannst mit Christus wandeln und ein Hafenarbeiter sein. Du kannst mit Christus wandeln und Schornsteinfeger sein. Ich zögere nicht zu sagen, daß du durch Gottes Gnade in jedem Beruf mit Christus wandeln kannst, wenn er nur ein ehrlicher ist. Es möchte sich als ein großer Irrtum erweisen, wenn du dein Geschäft in der Meinung aufgeben würdest, daß du näher bei Christus wärst, wenn du Stadtmissionar, Kolporteur oder etwas anderes wärst. Bleibe in deinem Geschäft. Kannst du gut Stiefel putzen, so tue es. Kannst du schlecht predigen, so tue es nicht.

„Ach", sagt jemand, „ich weiß, wie ich es lieben würde, bei Christus zu sein." Ja, ich weiß es. Du würdest gern im Himmel sein. Das ist ein lobenswerter Wunsch, bei Christus zu sein, denn es ist viel besser, als hier zu sein. Aber bedenke, daß es ein sehr selbstsüchtiger Wunsch, ja ein sündiger Wunsch sein kann.

Ein Gottesmann wurde einmal von einem Mitdiener Christi gefragt: „Bruder, hast du nicht den Wunsch heimzugehen?"

„Was?" fragte er.

„Ob du nicht den Wunsch hast heimzugehen?"

„Ich will es dir mit einer anderen Frage beantworten", sprach er. „Wenn du einen Mitarbeiter hättest, der Mittwoch schon wünschte, daß es Sonnabend sei, würdest du ihn behalten?"

Der andere antwortete auf diese Frage, daß sicher viel Geduld dazu gehöre, einen solchen Mitarbeiter zu behalten. Ihr wißt, was für ein Bursche es ist, der immer auf die Uhr blickt. Ihr würdet euch freuen, wenn er ginge, ehe es Sonnabend wird, denn er taugt nichts für die Arbeit.

Habe ich ein Recht zu wünschen, in den Himmel zu gehen, wenn ich hier noch Aufgaben habe? Habe das Verlangen zu gehen, wenn der Herr es will. Wenn aber das Bleiben im Fleische für die Gemeinde und für die Welt und die Verherrlichung Gottes besser ist, so sei mit deinem Meister nicht unzufrieden, wenn es auf deine Bitte, bei ihm zu sein, auch von dir heißt wie von diesem Mann: „Aber Jesus ließ es ihm nicht zu."

Es gibt noch etwas Besseres

Was ist besser, als bei Christus zu sein? Nun, das Wirken für Christus. Jesus sagte zu diesem Mann: „Gehe in dein Haus, zu den Deinen, und verkündige ihnen, wie Großes der Herr an dir getan und wie er sich deiner erbarmt hat!"

Es ist sehr schön, zu Jesu Füßen zu sitzen, aber wenn die ehrenwerteste Stellung auf dem Kampfplatz, an dem Ort der Gefahr, ist, wenn die ehrenwerteste Sache im Staat ist, daß der königliche Dienst verrichtet wird, dann ist die ehrenwerteste Sache für einen Christen nicht, stillzusitzen, zu singen und sich zu freuen, sondern sich zu erheben und guten Ruf, Leben und alles um Jesu willen aufs Spiel zu setzen.

Lieber Freund, strebe danach, dem Herrn zu dienen. Es ist ehrenwerter, als bei ihm zu sein.

Es ist auch besser für das Volk. Christus geht von den Gadarenern fort. Sie haben ihn gebeten wegzugehen, und er geht; aber er scheint diesen Menschen zu sagen: „Ich gehe weg, weil ihr mich darum gebeten habt. Mein Fortgehen kommt einem Urteil über euch gleich, weil ihr mich verworfen habt. Aber doch gehe ich nicht ganz fort. Ich werde durch diesen Geheilten hierbleiben. Ich will ihm meinen Geist geben und so bei euch bleiben. Ihr werdet ihn hören, wenn ihr mich nicht hören wollt." Christus setzt einen anderen an seine Stelle – nicht so gut wie er selbst, aber einen, den sie lieber haben; nicht so mächtig und wirksam wie er selbst, aber einen, der besser zu ihnen paßt.

Als Christus fort war, war dieser Mann da, und die Leute konnten zu ihm kommen und von ihm hören, wie die Schweine sich ins Meer stürzten. Wenn sie nicht zu ihm kamen, so konnte er zu ihnen gehen und ihnen alles erzählen. Es war also ein Vertreter dort, dem der heilige Dienst anvertraut wurde, als der große Hirte fortging.

Christus ist in den Himmel gegangen, denn er ist dort nötig, und er hat dich, lieber Bruder, hier zurückgelassen, um sein Werk fortzusetzen. Du bist ihm in keiner Weise gleich, aber denke daran, daß er zu seinen Jüngern gesagt hat: „Wer an mich glaubt, der wird die Werke auch tun, die ich tue, und wird größere als diese tun, weil ich zu meinem Vater gehe." Das ist die Ursache, weshalb dich Christus noch nicht zu sich nimmt. Um der Menschen willen, unter denen du lebst, mußt du hierbleiben – wie der Besessene zurückbleiben mußte um der Gadarener willen, um unter ihnen ein Zeugnis von Christus abzulegen.

Sein Bleiben war auch besser für seine Familie. Meint ihr nicht, daß ein Mensch oft von Gott auf der Erde gelassen wird um seiner Familie willen? Du mußt noch zurückbleiben, Vater, die Söhne benötigen noch dein Vorbild und deinen Einfluß. Gläubige Mutter, du mußt noch zurückbleiben; ich weiß, daß deine Kinder erwachsen sind und dich sehr betrüben, und doch, wenn sie etwas hemmen kann, so ist es ihre arme, alte Mutter. Du mußt bleiben, bis du sie zu Gott gebetet hast; und du wirst es tun. Sei guten Mutes. Ich glaube, daß viele hier sind, die schon im Himmel sein könnten, aber da Gott einige hat, die durch sie ihm nahe gebracht werden sollen, so müssen sie hier noch etwas länger bleiben. Obwohl schwach und elend und krank und oft von heftigen Schmerzen geplagt, müßt ihr trotz des Wunsches abzuscheiden, hierbleiben, bis euer Werk getan ist.

„Aber Jesus ließ es ihm nicht zu." Dieser Besessene muß heimgehen und seiner Frau und seinen Kindern sagen, was der Herr an ihm getan hat.

Viele vorzügliche Prediger haben seine Rückkehr geschildert, darum will ich nicht versuchen, es zu tun. Du kannst dir denken, wie es in deinem Fall wäre, wenn du in einer Irrenanstalt gewesen wärst. Mit welcher Freude würden dich deine Freunde abholen und feststellen, daß du vollständig gesund bist. Ich kann mir denken, wie die Frau dieses Mannes aus dem Fenster sah, als sie seine Stimme hörte. Ist er wahnsinnig zurückgekehrt? Wie die Kinder bei der Stimme des Vaters erschrocken waren, bis sie die Gewißheit hatten, daß eine Veränderung mit ihm vorgegangen war.

Ach, armer Sünder. Du bist heute abend hierher gekommen. Vielleicht hast du vergessen, daß sich deine Kinder oft verstecken müssen, wenn der Vater nach Hause kommt. Ich weiß, daß es solche Leute gibt, und sie mögen selbst in diese Versammlung gekommen sein. Der Herr möge Gnade mit dem Trunkenbold haben und den Boden seines Glases nach oben kehren und einen neuen Menschen aus ihm machen! Wenn er dann nach Hause kommt und von der freien Gnade und der Liebe Jesu erzählt und man die Veränderung, die Gott in ihm gewirkt hat, sieht, wird er für seine Familie und seine Umgebung ein Segen sein.

Es mag sein, mein Freund, daß du hierbleiben mußt, bis du ein Unheil deines früheren Lebens wieder gutgemacht hast, um einige von denen zu Gott zu bringen, die du in die Irre geführt und ins Verderben gebracht hast.

So seht ihr, liebe Freunde, daß es etwas Besseres gibt als das bei Christus sein – nämlich das Arbeiten für Christus.

Das Allerbeste

Bei Christus zu sein ist gut; von Christus in seinem Dienst gebraucht zu werden ist besser. Aber hier ist etwas, was das Beste ist: für ihn zu wirken und zu gleicher Zeit bei ihm zu sein. Ich wünschte, daß jeder Christ nach dieser Stellung trachtete. Ist es möglich, mit Maria zu Jesu Füßen zu sitzen und doch wie Martha umherzugehen und das Mittagessen zuzubereiten? Ja, es ist möglich. Dann wird Martha nie mit zuviel Dienst überhäuft sein, und sie wird ihre Schwester Maria niemals tadeln.

„Aber wir können doch nicht sitzen und zu gleicher Zeit umhergehen!" – Nein, nicht was den Körper betrifft, aber doch mit dem Herzen. Du kannst zu Jesu Füßen sitzen und an seiner Brust ruhen und doch die Kämpfe des Herrn führen und sein Werk tun. Strebe nicht nur danach, viel für Christus zu tun, sondern auch, viel bei Christus zu sein. Gehe zum Beispiel nicht am Sonntag erst in die eine Sonntagschulklasse und darauf noch in zwei andere, was einige tun, die ich kenne. Komm, höre die Botschaft des Herrn und nähre deine Seele, und wenn du am Morgen ein geistliches Fest gehabt hast, so gib den Rest des Tages dem heiligen Dienst hin. Laß beides zusammen geschehen. Immer nur essen, ohne zu arbeiten, wird zur Schwerfälligkeit führen; aber immer arbeiten, ohne zu essen, werdet ihr nicht lange aushalten.

Ferner sage ich euch: Seid betrübt, wenn sich die kleinste Wolke zwischen euch und Christus schiebt. Wartet nicht solange, bis sie so dick wie ein Novembernebel ist. Georg Müllers Bemerkung ist eine sehr weise: „Komme nie des Morgens aus deinem Zimmer, bis alles zwischen dir und deinem Gott klar ist." Habe fortwährend Gemeinschaft mit Jesus, so kannst du bei ihm sein und ihm zu gleicher Zeit dienen.

Beachte dieses: Ehe du mit Christi Dienst beginnst,

suche seine Gegenwart und seine Hilfe. Beginne kein Werk für den Herrn, ohne vorher den König gesehen zu haben. Und während deiner Arbeit erhebe deinen Geist oft von dem, was du tust, zu ihm, für den und durch den du es tust. Und wenn du deine Arbeit getan hast, dann reibe dir nicht die Hände und rufe: „Gut gemacht!" Ein anderer wird dir dieses Lob aussprechen, wenn du es verdienst: „Du guter und treuer Knecht." Nimm ihm das Wort nicht aus dem Munde. Selbstlob ist keine Empfehlung. Salomo sagt: „Es rühme dich ein anderer und nicht dein Mund." Wenn wir alles getan haben, so sind wir nur unnütze Knechte, denn wir haben alles getan, was wir zu tun schuldig waren.

Wenn du so demütig bist, wie du tätig bist, dann kannst du bei Christus bleiben und sein Werk verrichten bis an das Ende der Erde. Ich halte dies für die glücklichste Erfahrung, die jemand von uns diesseits des Perlentores machen kann.

Der Herr segne euch und bringe euch dahin um Christi willen!

6

DAS VERLORENE GELDSTÜCK

„Oder welche Frau, die zehn Drachmen hat, wenn sie eine Drachme verliert, zündet nicht ein Licht an und kehrt das Haus und sucht mit Fleiß, bis sie sie findet? Und wenn sie sie gefunden hat, ruft sie die Freundinnen und Nachbarinnen zusammen und spricht: Freuet euch mit mir; denn ich habe die Drachme gefunden, die ich verloren hatte! Also, sage ich euch, ist Freude vor den Engeln Gottes über einen Sünder, der Buße tut" (Lukas 14,8-10).

Dieses Kapitel ist voller Gnade und Wahrheit. Seine drei aufeinanderfolgenden Geheimnisse sind als eine einfache Wiederholung derselben Lehre unter verschiedenen Bildern angesehen worden. Wenn es so ist, dann ist die Wahrheit, die hier gelehrt wird, so wichtig, daß wir sie nicht zu oft hören können. Die Wahrheit, die hier gelehrt wird, lautet, daß die Barmherzigkeit ihre Hand nach dem Elenden ausstreckt, daß die Gnade Sünder annimmt und daß alle, die sich selbst für gerecht halten, nicht Gegenstand des göttlichen Mitleids sind. Die Ungerechten aber und die Schuldigen und die, die es nicht verdient haben, die sind Gegenstand der unergründlichen Gnade Gottes.

Diese Wahrheit ist sehr wichtig, denn sie ermutigt die Bußfertigen, zum Vater zu kommen. Sie wird aber sehr leicht vergessen, denn selbst die, die aus Gnaden errettet worden sind, fallen oft in den Geist des älteren Bruders und sprechen so, als hinge die Erlösung schließlich doch von der Erfüllung des Gesetzes ab.

Aber, meine lieben Freunde, die drei Gleichnisse in

diesem Kapitel sind keine Wiederholungen, sie erklären alle dieselbe Hauptwahrheit, und jedes offenbart eine besondere Seite dieser Wahrheit. Die drei Gleichnisse sind drei Seiten einer erhabenen Pyramide der Lehren des Evangeliums, aber auf jeder ist eine andere Inschrift. Nicht nur in der Ähnlichkeit, sondern auch in den Lehren, die von der Ähnlichkeit verdeckt sind, ist Verschiedenheit, Fortschritt, Erweiterung, Unterschied. Jedes dieser Gleichnisse gehört zu dem anderen, und wenn sie verbunden werden, stellen sie uns eine viel vollständigere Erklärung ihrer Lehre dar, als es durch ein einziges von ihnen hätte geschehen können.

Blickt einen Augenblick auf das erste der drei, das uns einen Hirten zeigt, der ein verlorenes Schaf sucht. Auf wen hat das Bezug? Wer ist der Hirte Israels? Wer bringt das verirrte Schaf zurück? Sehen wir nicht deutlich den herrlichen und gepriesenen Hirten der Schafe, der sein Leben hingibt, um sie zu erretten? Ohne Zweifel sehen wir im ersten Gleichnis das Werk unseres Herrn Jesu Christi.

Das zweite Gleichnis stellt das Werk des Heiligen Geistes dar, der durch die Gemeinde an den verlorenen Menschen wirkt. Die Gemeinde ist die Frau, die ihr Haus fegt, um das verlorene Geldstück zu finden, und in ihr wirkt der Heilige Geist. Das Werk des Heiligen Geistes folgt dem Werk Christi. Wie wir hier zuerst sehen, daß der Hirte das verlorene Schaf sucht, und dann von der Frau lesen, die die verlorene Drachme sucht, so erlöst der große Hirte die Seele, und der Heilige Geist bringt sie dann zurück.

Ihr werdet bemerken, daß jedes Gleichnis in allen seinen Einzelheiten klar wird, wenn wir es so auslegen. Der Hirte sucht ein Schaf, das eigenwillig in die Irre gegangen ist. Das Gleichnis von der verlorenen Drachme bringt diesen Gedanken nicht; es ist auch nicht nötig, denn das Gleichnis hat es nicht mit der Sündenvergebung zu tun wie das erste. Das Schaf ist wohl unwissend, aber nicht gänzlich besinnungslos und tot; aber das Geldstück ist gänzlich bewußtlos und kraftlos, und darum ist es ein um so passenderes Bild eines Menschen, der tot ist in Sünde und Übertretung.

Das dritte Gleichnis zeigt den Vater in seiner unendlichen Liebe, der das verlorene Kind, das zu ihm kommt, wieder aufnimmt. Das dritte Gleichnis könnte ohne das erste und zweite leicht falsch verstanden werden. Wir haben schon sagen hören, daß der verlorene Sohn angenommen wird, sobald er zurückkehrt, daß dabei aber kein Heiland erwähnt wird, der ihn sucht und selig macht.

Warum sollte Jesus alle Wahrheiten durch ein einziges Gleichnis lehren? Spricht nicht das erste davon, daß der Hirte das verlorene Schaf sucht? Warum wiederholen, was schon gesagt worden ist? Es ist auch gesagt worden, daß der verlorene Sohn aus eigenem Willen zurückkehrt. Es ist keine Andeutung von der Wirkung einer höheren Macht gegeben, die auf sein Herz einwirkte. Es scheint nur so, als ob er unaufgefordert sagte: „Ich will mich aufmachen und zu meinem Vater gehen." In Wirklichkeit ist es so, daß das Werk des Heiligen Geistes im zweiten Gleichnis schon klar beschrieben worden ist und es deshalb nicht nötig war, es wieder anzuführen.

Wenn man die drei Bilder zusammenstellt, beschreiben sie den ganzen Kreis der Erlösung; aber jedes für sich zeigt das Werk im Blick auf eine der göttlichen Personen der Dreieinigkeit.

Der Hirte sucht mit vielen Schmerzen und Selbstaufopferung das sorglos irrende Schaf; die Frau sucht fleißig nach dem toten, aber verlorenen Geldstück; der Vater nimmt den zurückgekehrten verlorenen Sohn wieder auf. Was nun Gott zusammengefügt hat, soll der Mensch nicht scheiden. Die drei Lebensbilder sind eins;

aber jedes ist von dem anderen unterschieden und an sich lehrreich.

Möge Gott uns helfen, wenn wir versuchen, den Sinn des Geistes in diesem Gleichnis, welches das Werk des Heiligen Geistes in der Gemeinde und durch die Gemeinde darstellt, zu entdecken!

Die Christenheit wird oft als eine Frau dargestellt – entweder als die keusche Braut Christi oder als die schamlose Hure Babylons.

Im guten Sinne fegt die Frau das Haus; im bösen Sinn nimmt die Frau den Sauerteig und verbirgt ihn unter dem Mehl, bis alles durchsäuert ist. Eine Frau, die ein Haus unter ihrer Aufsicht hat, ist der Gedanke dieses Gleichnisses. Ihr Mann ist abwesend, und sie ist für den Schatz verantwortlich. Das ist gerade die Stellung der Gemeinde, seitdem der Herr Jesus zum Vater zurückgekehrt ist.

Um jeden Teil des Textes richtig abzuwägen und ihm gerecht zu werden, wollen wir in drei Zuständen auf den Menschen achten: als verloren, gesucht und gefunden.

Verloren

Beachtet zuerst, daß der Schatz im Staub verloren war. Die Frau hatte ihr Geldstück verloren, und um es zu finden, hatte sie gefegt. Es zeigt, daß es an einer staubigen Stelle auf die Erde gefallen war, wo es zwischen Staub und Dreck verborgen sein konnte.

Jeder Nachkomme Adams ist eine verlorene Drachme, gefallen und entehrt. Und einige sind unter Staub und Dreck vergraben.

Wenn wir mehrere Geldstücke fallen lassen, so werden sie an verschiedene Stellen fallen. Eins mag in den Schlamm fallen und dort verloren sein; ein anderes fällt auf einen Teppich oder auf einen reinen, polierten Fußboden und ist dort verloren. Doch wenn du ein Geldstück verloren hast, so ist es verloren, wohin es auch gefallen sein mag. So sind alle Menschen verloren, aber sie sind nicht alle in der gleichen Lage im Blick auf die sichtbare Befleckung. Einer hat sich wegen der Umgebung in seiner Kindheit und des Einflusses auf seine Erziehung nie den groben, gemeinen Lastern hingegeben; er ist nie ein Lästerer gewesen. Aber er kann trotzdem verloren sein. Ein anderer dagegen ist in extreme Sünden gefallen. Dieser ist verloren, aber der anständige Sünder ist auch verloren.

Es mögen einige Leute hier sein, die in der schlimmsten Bedeutung verloren sind. Ich wünsche vor Gott, daß sie Hoffnung faßten und aus dem vorliegenden Gleichnis lernten, daß die Gemeinde Gottes und der Heilige Geist sie suchen. Vielleicht sind sie schon unter den Gefundenen. Andererseits sind hier viele, die nicht so tief gefallen sind. Solche möchte ich in aller Liebe daran erinnern, daß sie trotzdem verloren sind und daß es ebenso nötig ist, daß der Heilige Geist sie sucht, als wenn sie die lasterhaftesten unter den Sündern wären. Zur Rettung der Moralisten gehört ebensoviel göttliche Gnade wie zur Rettung der Unmoralischen.

Wenn du verloren bist, mein lieber Zuhörer, so wird es dir wenig nützen, daß du dich in einer geachteten und anständigen Gesellschaft befindest. Wenn es dir nur an einem fehlt, aber wenn dein Mangel verhängnisvoll ist, so wird es nur ein geringer Trost sein, daß dir nur eins fehlt. Wenn ein Leck das Schiff zum Untergang brachte, so ist es kein Trost für die Mannschaft, daß ihr Schiff nur an einer Stelle ein Leck hatte. Eine Krankheit mag einen Menschen töten, er mag sonst ganz gesund sein; aber es ist ein trauriger Trost für ihn zu wissen, daß er noch lange hätte leben können, wenn nur dieses eine Organ auch gesund geblieben wäre.

Wenn du, lieber Leser, keine andere Sünde hättest als

nur ein arges, ungläubiges Herz, und dein äußeres Leben sonst redlich und liebenswürdig wäre, so kannst du doch aus allem, was gut in dir ist, wenig Trost schöpfen, wenn diese verhängnisvolle Sünde in dir ist. Du bist von Natur aus verloren und mußt von der Gnade gefunden werden.

In diesem Gleichnis war das Verlorene völlig unwissend über seine Verlorenheit. Die Drachme war kein lebendiges Geschöpf und hatte daher kein Bewußtsein davon, daß sie verloren war und gesucht wurde. Dem Geldstück war es gleich, ob es auf dem Fußboden oder im Staub oder unter seinesgleichen in der Tasche der Besitzerin war. Es wußte nichts von seinem Verlorensein und konnte es auch nicht wissen.

So ist es auch mit dem Sünder, der geistlich tot ist. Sein Zustand ist ihm unbewußt, und wir können ihm die Gefahr und den Schrecken seiner Lage nicht bewußt machen. Wenn er spürt, daß er verloren ist, so arbeitet die Gnade schon an ihm. Wenn der Sünder weiß, daß er verloren ist, ist er mit seinem Zustand nicht mehr zufrieden, sondern fängt an, um Gnade zu rufen. Das ist der Beweis dafür, daß das Werk des Findens schon begonnen hat. Der unbekehrte Sünder wird vielleicht bekennen, daß er verloren ist, weil ihm gesagt wird, daß die Schrift es so lehrt. Aus Höflichkeit gegen Gottes Wort mag er es sogar als wahr zugeben, aber er hat keine Vorstellung, was eigentlich damit gemeint ist, sonst würde er es mit trotzigem Unwillen leugnen oder ernsthaft darum bitten, zu dem gebracht zu werden, der ihn sucht.

Mein lieber Leser, das ist es, was den Geist Gottes so notwendig macht, in all unserem Predigen und jeder anderen Arbeit der Seelenrettung, denn wir haben es mit unempfindlichen Seelen zu tun. Der Mann, der die Rettungsleiter gegen das Fenster eines brennenden Hauses stellt, kann alle die leichter retten, die sich der Gefahr bewußt sind und an das Fenster kommen und ihm helfen oder ihm wenigstens nicht hinderlich sind in dem Werk ihrer Rettung. Aber wenn jemand wahnsinnig ist und mit den Flammen spielt und nichts von der Gefahr merkt, sondern sich über das Feuer freut, dann ist die Rettung eine schwere Arbeit.

Geradeso ist es mit den Sündern. Sie wissen es nicht, obwohl sie es zu wissen bekennen, daß die Sünde die Hölle ist; daß Gott fern zu sein, verdammt sein bedeutet; daß in der Sünde zu leben, tot sein bedeutet.

Das Geldstück war verloren, aber nicht vergessen. Die Frau wußte, daß sie ursprünglich zehn Drachmen hatte. Sie zählte sie sorgfältig, denn sie waren ihr ganzer Vorrat. Sie fand nur neun, aber sie wußte es gut, daß noch eins ihr Eigentum war und in ihrer Hand sein sollte.

Dies ist unsere Hoffnung für des Herrn Verlorene: Sie sind verloren, aber nicht vergessen. Das Herz des Erlösers denkt an sie.

O Seele, ich habe das Vertrauen, daß du jemand bist, den der Herr Jesus sein eigen nennt. Wenn das so ist, dann erinnert er sich an die Angst, die er erduldet hat, als er dich am Kreuz erlöste. Er erinnert sich an des Vaters Liebe, die auf dich gerichtet war, als dich der Vater in die Hände des geliebten Sohnes gab. Du bist von dem Heiligen Geist, der dich für den Heiland sucht, nicht vergessen. Das ist die Hoffnung des Evangelisten, daß ein Volk da ist, dessen Herr sich erinnert und das er nie vergessen wird, auch wenn sie ihn vergessen.

Fremde, weit entfernt, unwissend, verhärtet, sorglos, tot – und doch schlägt das Herz Gottes im Himmel mit Liebe für sie, und die Gedanken des Geistes, der auf Erden arbeitet, sind auf sie gerichtet. Alle, die vor Grundlegung der Welt gezählt worden sind, sind im Gedächtnis Gottes. Obwohl verloren, wird ihrer doch gedacht.

In gewissem Sinn ist dies von einem jeden der anwesenden Sünder wahr. Ihr seid verloren, aber daß an euch gedacht wird, ist klar, denn ich bin gesandt, euch heute das Evangelium zu predigen. Gott hat Gedanken der Liebe mit euch und fordert euch auf, zu ihm zu kommen, um gerettet zu werden.

Weiter: Die Drachme war verloren, aber sie wurde beansprucht. Als die Frau die Drachme verlor, verlor sie nicht das Recht darauf. Das Geldstück wurde dadurch, daß es ihr aus der Hand glitt und auf die Erde fiel, nicht das Eigentum eines anderen. Für wen der Herr Jesus gestorben ist, den hat er persönlich erlöst, und darum gehört er nicht Satan, auch wenn er tot in Sünden ist. Er mag unter des Teufels Herrschaft geraten, aber das Ungeheuer wird vom Thron gestoßen werden. Christus hat ihn mit seinem Blut erkauft; er will ihn haben. Er wird den Eindringling verjagen und sein Eigentum beanspruchen. Jesus wird sein Eigentum erhalten, und niemand wird es ihm wieder entreißen. Er wird seine Ansprüche gegen jeden verteidigen.

Beachtet bitte weiter, daß das Geldstück nicht nur vermißt und beansprucht, sondern auch geschätzt wurde. In den drei Gleichnissen steigt der Wert fortwährend. Man sieht dies nicht auf den ersten Blick, denn es könnte gedacht werden, daß ein Schaf mehr Wert hat als eine Drachme; aber beachtet, daß der Hirte nur ein Schaf von hundert verlor, die Frau aber eine Drachme von zehn und der Vater einen Sohn von zweien.

Es ist nicht der Wert des Gegenstandes an sich, der hier in Betracht kommt, denn die Menschenseele ist im Vergleich mit dem unendlichen Gott nur von geringem Wert, aber wegen seiner Liebe ist sie ihm von großem Wert. Die eine Drachme war der zehnte Teil von allem, was die Frau besaß, und war sehr wertvoll in ihrer Schätzung. Dem Gott der Liebe ist eine verlorene Seele sehr köstlich - nicht wegen ihres eigenen Wertes, sondern weil Gott sie wertschätzt.

Der Heilige Geist schätzt die Seele, und darum tut es

auch die Gemeinde. Die Gemeinde sagt sich zuweilen: „Wir haben nur wenig Bekehrungen, viele sind berufen, aber wenige sind auserwählt.“ Sie zählt ihre wenigen Bekehrungen, und eine einzige Seele ist ihr noch wertvoller, weil so wenige in dieser Zeit an dem Platze Christi sind, gestempelt mit dem Bild des großen Königs und hergestellt aus dem köstlichen Silber der Gnade Gottes.

O lieber Freund, du hältst dich für geringwertig, weil du gesündigt hast, aber die Gemeinde hält dich nicht dafür, und der Heilige Geist verachtet dich auch nicht. Er und sein Volk, beide legen großen Wert auf dich.

Die Drachme war verloren, aber sie war nicht hoffnungslos verloren. Die Frau hatte Hoffnung, sie wiederzufinden, und darum verzweifelte sie nicht, sondern ging sogleich an die Arbeit.

Es ist schrecklich, an die verlorenen Seelen zu denken, die ohne Hoffnung verloren sind. Millionen unseres Geschlechts sind jetzt in dieser Lage. Über sie ist der andere Tod gekommen, und wir alle sind machtlos, sie zu retten. Unsere Freude ist, daß wir heute mit verlorenen Seelen zu tun haben, die nicht hoffnungslos verloren sind. Sie sind nicht tot in Sünden, aber es gibt eine belebende Kraft, welche sie lebendig machen kann.

O Seemann auf dem Meer des Lebens, Menschenfischer auf diesem stürmischen Meer, diese Verworfenen, mit denen du zusammentriffst, sind dem Wirken des Heiligen Geistes erreichbar. Sie können errettet werden. Deine Mission ist nicht hoffnungslos.

Ich freue mich über den gottlosen Menschen, daß er noch nicht da ist, wo der Wurm nicht stirbt und das Feuer nicht erlischt. Ich beglückwünsche die Gemeinde, daß ihre Drachme nicht dahin gefallen ist, wo sie sie nicht finden kann. Ich freue mich, daß die Gefallenen um uns her nicht ohne Hoffnung sind. Obwohl sie in den schlechtesten Lasterhöhlen wohnen und vielleicht

Diebe und Huren sind, so sind sie nicht außerhalb des Bereiches der Gemeinde.

Auf, du Gemeinde Gottes, solange noch eine Möglichkeit der Gnade da ist! Nutze die Stunde der Hoffnung gut aus!

Auch ein anderer Punkt ist der Beachtung wert. Das Geldstück war verloren, aber es war im Haus verloren. Wenn die Frau es auf der Straße verloren hätte, so würde sie es wahrscheinlich gar nicht gesucht haben, denn eine andere Hand hätte es schon aufgehoben haben können. Wenn es ihr in einen Fluß oder ins Meer gefallen wäre, so hätte sie zu der Annahme kommen können, daß es für immer fort sei. Offensichtlich war sie gewiß, daß sie es im Haus verloren hatte.

Ist es nicht ein Trost zu wissen, daß alle, die verloren sind, noch im Hause sind? Sie sind noch unter dem Einfluß der Gnade und im Bereich der Arbeit der Gemeinde, wo der Heilige Geist wirkt. Wie dankbar solltet ihr sein, daß ihr nicht verloren seid als Heiden, nicht verloren in dem römischen oder mohammedanischen Unglauben, sondern dort verloren, wo euch das Evangelium treu und einfach gepredigt wird, wo liebend gesagt wird: Wer an Jesus Christus glaubt, wird nicht verdammt sein! Dieses ist die Lage einer verlorenen Seele, dargestellt in dem Bild der verlorenen Drachme.

Gesucht

Von wem wurde die Drachme gesucht? Sie wurde von der Eigentümerin persönlich gesucht. Beachtet bitte genau: Die Frau, die die Drachme verloren hatte, zündete ein Licht an, fegte das Haus und suchte fleißig, bis sie das Geldstück gefunden hatte.

Ich habe schon gesagt, daß die Frau den Heiligen Geist darstellt oder vielmehr die Gemeinde, in der der Heilige Geist wirkt. Es wird nie eine Seele gefunden werden, wenn sie nicht der Heilige Geist sucht. Er ist der große Seelenfinder. Der Mensch bleibt in der Finsternis, bis der Heilige Geist mit seiner erleuchtenden Macht kommt. Er ist der Besitzer. Sein Eigentum ist der verlorene Mensch, und er kann ihn mit Erfolg suchen.

Der Gott, dem die Menschen gehören, muß sie suchen. Aber er tut es durch die Gemeinde; es ist ihre Aufgabe. Und aus diesem Grund muß die Gemeinde die Menschen persönlich suchen. Sie kann ihr Werk niemand anderem übertragen. Die Frau bezahlte keine Dienerin und ließ das Haus fegen, sondern sie tat es selbst. Ihre Augen waren besser als die Augen einer Angestellten, die ja nur das Geldstück einer anderen sucht und es vielleicht nicht findet. Aber die Frau blickte nach ihrem eigenen Geldstück und würde es ganz sicher finden, wenn es sich überhaupt finden ließ.

Wenn die Gemeinde Gottes spürt: Es ist unsere Aufgabe, Sünder zu suchen; wir dürfen es nicht dem Prediger oder dem Stadtmissionar oder der Bibelfrau überlassen, sondern die Gemeinde als solche muß die Sünder suchen, dann, glaube ich, werden auch verlorene Menschen gefunden und errettet werden. Wenn die Gemeinde erkennt, daß diese verlorenen Menschen ihr gehören, dann wird sie diese auch finden.

Beachtet es, daß die Frau sich dieses Suchen zur Hauptaufgabe machte. Ich weiß nicht, was sie sonst zu tun hatte, aber ich weiß, sie stellte alles zurück, um das Geldstück zu finden. Es war Korn für das Mittagsmahl zu mahlen; vielleicht war das aber schon geschehen. Jedenfalls unterließ sie es, wenn es noch nicht geschehen war. Es war ein Anzug auszubessern oder Wasser zu schöpfen, das Feuer anzuzünden oder mit Freunden und Nachbarn zu sprechen. Die Frau ließ alles liegen. Sie hatte ihre Drachme verloren und mußte sie wiederfinden.

So ist es mit der Gemeinde des Herrn. Ihre Hauptaufgabe sollte es sein, verlorene Menschen zu suchen. Sie dahin zu bringen, daß sie den Herrn Jesus erkennen. Es sollte der größte Wunsch der Gemeinde sein, daß sie durch die große Erlösung gerettet werden. Sie hat sicher noch andere Dinge zu tun. Sie hat an ihre eigene Erbauung zu denken, sie hat ihre Aufmerksamkeit auf die Sonntagschule und das Bibelstudium zu lenken, aber dieses kommt zuerst.

Die Frau sagte: „Das Geldstück ist verloren, und ich muß es erst wiederhaben!“ Der Verlust der Drachme war eine ernste Sache. Wenn sie sich erst zum Ausbessern eines Kleides hingesetzt hätte, würde ihren Händen die Schnelligkeit gefehlt haben. Als eine Freundin kam und mit ihr sprechen wollte, sagte sie sich in ihrem Innern: „Ich wollte, sie ginge fort; ich muß meine Drachme suchen!“

Ich wünschte nur eines, die Gemeinde Gottes hätte eine solche Liebe für verlorene Sünder, daß sie alles für Ballast ansähe, was sie am Dienst für diese hindert.

Wir haben manchmal ein wenig mit der Politik zu tun, auch ein wenig mit den Finanzen, denn wir sind noch in der Welt. Aber ich liebe es, wenn ich in allen Gemeinden sehe, daß dieses alles im Blick auf das Werk der Seelenrettung in den Hintergrund gestellt wird. Wir interessieren uns für alles, was für unsere Mitbürger gut ist, denn wir sind sowohl Menschen als Christen. Unser wichtigstes Geschäft ist jedoch, Menschen für Jesus zu gewinnen, alle die aufzusuchen, die das Bild des Himmels tragen, auch wenn sie verloren und gefallen sind. Das ist die Aufgabe, der wir uns hingeben müssen; es ist die Hauptaufgabe der Gläubigen.

Das ist auch der eigentliche Grund für das Dasein der Gemeinde in dieser Welt, und wenn sie diesen nicht beachtet, verfehlt sie ihren höchsten Zweck!

Nun beachtet folgendes: Nachdem die Frau ihr Herz darauf gerichtet hatte, ihre Drachme zu finden, setzt sie auch die passenden Mittel ein, um ihr Ziel zu erreichen. Zuerst zündet sie ein Licht an.

So macht es der Heilige Geist auch in der Gemeinde. In den Wohnungen im Morgenland mußte man ein Licht anzünden, wenn ein Geldstück verlorengegangen war und man es suchen wollte. Das mußte zu jeder Tageszeit geschehen, denn zur Zeit des Herrn gab es noch kein Fensterglas, und die Fenster bestanden nur aus schmalen Spalten in der Mauer, so daß die Zimmer sehr dunkel waren. Im Orient sind die Häuser auch heute noch sehr dunkel, und wenn irgendein kleiner Gegenstand auf den Boden fällt, so muß man mit einem Licht danach suchen – selbst am hellen Mittag.

Die Gemeinde hier auf der Erde befindet sich in sehr trübem Zwielicht geistlicher Unwissenheit und moralischer Dunkelheit, und um eine verlorene Seele zu finden, ist Licht nötig. Der Heilige Geist benutzt das Licht des Evangeliums; er überzeugt den Menschen von der Sünde, von der Gerechtigkeit und vom kommenden Gericht. Wie die Frau ein Licht anzündet, so erleuchtet der Heilige Geist irgendeinen erwählten Menschen, den er zu einem Licht in der Welt machen will. Er ruft zu sich, wen er will, und macht ihn zu einem Licht, um auf andere Verlorene zu leuchten. Ein solcher Mensch wird sich in seiner Aufgabe verausgaben, denn Eifer und Selbstaufopferung werden ihn verzehren.

Aber die Frau war mit ihrem Licht nicht zufrieden; sie holte ihren Besen und fegte das Haus. Wenn sie ihr Geld nicht finden konnte, so nahm sie eben auch ihren Besen, um den aufgehäuften Staub beiseite zu räumen.

O wie reinigt sich die christliche Gemeinde und ihre Arbeit, wenn sie vom Heiligen Geist bewegt wird! „Vielleicht“, sagt sie, „leben einige unserer Glieder nicht dem Worte Gottes gemäß, und dadurch werden Menschen in der Sünde verhärtet; diese Übeltäter müssen hinausgetan werden. Unser Glaube ist oft sehr schwach, das mag der Bekehrung von Menschen hinderlich sein. Der Glaube muß gestärkt werden. Vielleicht ist unser Zeugnis von der Wahrheit und die Weise, wie wir sie verkündigen, nicht geeignet, Aufmerksamkeit zu erregen, und wir müssen sie verbessern. Wir müssen die bestmögliche Methode in Anwendung bringen: Wir müssen tatsächlich das ganze Haus fegen."

Ich freue mich, in dem Sündenbekenntnis, in den Gebetsstunden oder durch eine ernste Ansprache ein ernstes Fegen des Hauses zu bemerken und jedes Glied ernstlich darum bemüht zu sehen, seine Gemeinschaft mit Gott durch eine Belebung seiner persönlichen Frömmigkeit zu festigen. Dies sind die Mittel, wodurch die Gemeinde befähigt wird, die Verlorenen zu finden. Außerdem muß die ganze Nachbarschaft – denn das bedeutet der Kreis, in dem sich die Gemeinde bewegt – durchsucht, umgekehrt, mit einem Wort: gefegt werden. Eine Gemeinde, der es mit dem Suchen von verlorenen Menschen wirklich ernst ist, wird bestrebt sein, die Dunkelheit der Armut zu durchdringen und die Häuser der Ruchlosigkeit aufzuscheuchen.

Beachtet sorgfältig, daß dieses Suchen nach dem verlorenen Geldstück mit den passenden Werkzeugen – Besen und Licht – und mit großem Eifer geschah. Die Frau fegte das Haus. Man kann kein Haus fegen, ohne zeitweise Unbequemlichkeit und Verwirrung zu erregen. Wir hören manchmal Leute über gewisse Christen klagen, die zuviel Lärm über ihren Glauben machen. Das Klagen zeigt, daß etwas getan und wahrscheinlich auch Erfolg erzielt wird. Alle, die kein Interesse an der verlorenen Drachme haben, werden durch den Staub belästigt; er gerät ihnen in den Hals, und sie müssen husten.

Kümmere dich aber nicht darum, gute Frau! Fege nur weiter, und laß sie weiter murren!

Ein anderer wird sagen: „Mir gefällt keine religiöse Aufregung; ich bin für eine ruhige und stille Arbeit."

Ich darf wohl annehmen, daß eine gute Nachbarin dieser Frau hereinkam und dann unzufrieden ausrief: „Da ist ja kein Stuhl, auf den ich mich gemütlich setzen könnte! Du bist so hinter der verlorenen Drachme her, daß du mir kaum eine Antwort gibst. Du verbrennst das Licht unnütz und bist in einem fieberhaften Zustand."

„Ja", sagt die Frau vielleicht, „aber ich muß meine Drachme finden; und um sie zu suchen, kann ich ein wenig Staub vertragen. Und das mußt du auch, wenn du hierbleiben willst, während ich suche."

Eine ernste Gemeinde wird gewiß eine Portion Aufregung erfahren, wenn sie Seelen sucht, und vorsichtige, eigensinnige, tadelsüchtige Leute werden sie zu tadeln wissen. Kümmert euch nicht darum, meine Brüder, fegt weiter und laßt sie reden! Laß es dich nicht bekümmern, wenn du Staub machst, wenn du nur die Drachme findest. Wenn Menschen errettet werden, sind Unregelmäßigkeiten und Belästigungen wie Staub zu achten. Wenn Menschen zum Herrn Jesus geführt werden, kümmere dich nicht darum, was Wortklauber sagen! Fege weiter, fege weiter, wenn die Menschen auch sagen: „Diese Leute, welche in der ganzen Welt Unruhe stiften, sind jetzt auch hier."

Wir stellen auch fest, daß die Drachme sehr ernsthaft gesucht wurde. Eine Zeitlang wurde an nichts anderes gedacht als an die verlorene Drachme. Hier ist ein Licht. Die gute Frau las nicht dabei oder besserte Zeug dabei aus, nein, das Licht wurde nur zum Suchen der verlorenen Drachme benutzt. Alles Licht ist für das Suchen bestimmt. Hier ist ein Besen. Es gibt andere Arbeit für den Besen, aber jetzt wird nur damit gefegt, um die Drachme zu finden. Hier sind zwei klare Augen im Kopf der Frau, aber sie sehen nach nichts anderem als nach der verlorenen Drachme. Sie kümmert sich um nichts, was sonst im Hause ist; sie denkt nur an die Drachme und muß sie finden.

Nun setzt sie alles ein – Besen, Licht, Augen, Geist und Körper –, um die verlorene Drachme zu finden. Genauso ist es, wenn der Heilige Geist in einer Gemeinde wirkt. Der Evangelist gibt sein Licht, aber er setzt es ein, um die Sünder zu finden und sie dahin zu bringen, daß sie ihren verlorenen Zustand erkennen. Ob es der Besen des Gesetzes oder das Licht des Evangeliums ist, alles wird für die verlorenen Sünder eingesetzt. Die ganze Weisheit des Heiligen Geistes ist darauf gerichtet, den Sünder zu finden; und alle Fähigkeiten, Mittel und Kräfte der lebendigen Gemeinde werden eingesetzt, damit der Sünder durch irgendein Mittel errettet werde.

Es ist ein schönes Bild; möchte ich es täglich sehen! Wie ernst werden verlorene Menschen gesucht, wenn der Geist Gottes in seiner Gemeinde wirkt!

Nun noch einen Gedanken. Die Frau suchte nach ihrer Drachme „mit Fleiß, bis sie sie findet". Mögen wir als Glieder der Gemeinde Gottes nach den irrenden Menschen suchen, bis wir sie finden. Wir sagen, wir werden entmutigt. Wir beklagen uns, daß die Leute keine Neigung für das Evangelium zu haben scheinen. War die verlorene Drachme in irgendeiner Weise behilflich? Die Frau suchte – und sie suchte allein!

Der Heilige Geist sucht durch dich, mein Bruder, die Errettung von Sündern, und er erwartet nicht, daß ihm die Sünder dabei helfen, denn der Sünder ist dagegen, gefunden zu werden. Wurdest du kürzlich von jemand, dessen geistliches Wohl du suchtest, abgewiesen? Gehe noch einmal hin. Wurde über deine Einladung gelacht? Lade wieder ein. Wurdest du wegen deiner ernsten Aufforderung ausgelacht? Fordere wieder auf. Eine unwillige Aufnahme ist oft nur eine Andeutung, daß der Mensch die Macht der Wahrheit anerkennt, obgleich er nicht den Wunsch hat, sich ihr zu ergeben.

Halte aus, Bruder, bis du den Menschen, den du suchst, findest. Du hast dir soviel Mühe in deiner Sonntagschulklasse gegeben – gebrauche dein Licht weiter und erleuchte den Geist der Kinder. Fege das Haus, bis du gefunden hast, was du suchst. Gib das Kind nicht auf, als bis du es zu Jesus geführt hast. Du in deiner Bibelklasse, der du einen jungen Mann oder ein junges Mädchen zu Jesus führen möchtest, höre nicht auf mit deiner Fürbitte, deinem Ermahnen, bis das Herz der Betreffenden dem Herrn Jesus gehört.

Wer auf der Straße predigt oder mit Traktaten von Haus zu Haus geht – ich verpflichte euch alle, denn ihr könnt alle etwas tun: Gebt nie auf, den Sündern nachzugehen, bis sie sicher in Jesu Armen sind. Sie müssen errettet werden!

Gefunden

Gefunden! Das und nichts weniger war der Zweck des Suchens. Die Frau hörte nicht eher auf, bis die Drachme gefunden wurde.

So ist auch das Suchen des Heiligen Geistes. Er will den Sünder nicht in einen hoffnungsvollen Zustand versetzen, sondern er will ihn wirklich erretten. Der große Auftrag der Gemeinde besteht nicht darin, daß die Leute Hörer oder orthodoxe Bekenner, sondern daß sie wirklich verändert, erneuert und wiedergeboren werden.

Die Frau fand ihre Drachme. Sie kam nicht zufällig zum Vorschein, es war auch keine Nachbarin, die sie fand. Der Geist Gottes selbst findet die Sünder, und die Gemeinde Gottes ist in der Regel das Werkzeug zu ihrer Entdeckung.

Nun beachtet, was die Frau tat, als sie die Drachme gefunden hatte. Sie freute sich. Je größer ihre Mühe beim Suchen, desto größer ihre Freude beim Finden.

Welche Freude ist es für die Gemeinde Gottes, wenn Sünder bekehrt werden! Wir haben unsere hohen Festtage, unsere Freudentage, wenn wir von Menschen hören, die sich von dem Weg des Verderbens abgewandt haben. Wir haben einfach Freude, wenn wir hören, wie die Menschen von der Sklaverei der Sünde befreit und zur herrlichen Freiheit der Kinder Gottes gekommen sind. Die ganze Gemeinde freut sich.

Die Frau rief ihre Freundinnen und Nachbarinnen zusammen, um an ihrer Freude teilzunehmen. Ich fürchte, daß wir unsere Freunde und Nachbarn nicht mit genügender Achtung behandeln oder vergessen, sie einzuladen, an unserer Freude teilzunehmen.

Wer sind die Nachbarn? Ich denke, daß damit die Engel gemeint sind – nicht nur die Engel im Himmel, sondern auch alle, die hier unten dienen. Achtet darauf: Als der Hirte sein Schaf heimbrachte, heißt es: „Also wird Freude sein im Himmel über einen Sünder, der Buße tut." Hier aber wird der Himmel nicht genannt, denn es heißt: „Also, sage ich euch, ist Freude vor den Engeln Gottes über einen Sünder, der Buße tut." Die Gemeinde ist auf der Erde, und der Heilige Geist wirkt auf dieser Erde. Wenn eine Seele gerettet wird, freuen sich die Engel, die hier die Gläubigen bewahren und bewachen, als unsere Nachbarn mit uns.

Wißt ihr nicht, daß Engel in unseren Versammlungen gegenwärtig sind? Aus diesem Grund sagt der Apostel, daß Frauen ihr Haupt in der Versammlung bedecken sollen: „um der Engel willen", denn sie lieben Ordnung und Anstand. Die Engel sind, wo die Heiligen sind; sie sehen unsere Ordnung und nehmen an unserer Freude teil. Wenn wir Bekehrungen sehen, können wir sie bitten, sich auch zu freuen, und sie werden Gott mit uns preisen. Ich glaube aber nicht, daß die Freude hier endet, denn da die Engel zu den Menschen herabkommen und in den Himmel hinaufsteigen, werden sie auch die Botschaft den Scharen droben mitteilen, und im Himmel freut man sich über einen Sünder, der Buße tut.

Die Freude ist gegenwärtige Freude. Es ist eine Freude im Haus, in der Gemeinde; es ist die Freude ihrer Nachbarn hier unten, um sie her. Alle andere Freude scheint vor dieser Freude zu verblassen. Wie die Frau alle anderen Beschäftigungen aufgegeben hatte, um die Drachme zu finden, so ist jetzt auch jede andere Freude unterdrückt, wenn das köstliche Ding gefunden worden ist. Die Gemeinde Gottes hat tausend Freuden: Freude über ihre Heiligen, die in den Himmel gehen; Freude über die Heiligen, die für die Herrlichkeit heranreifen; Freude über solche, die gegen die Sünde streiten und sie überwinden, in der Gnade wachsen und die Verheißung erlangen. Aber die Hauptfreude in der Gemeinde, die alle anderen Freuden übersteigt, ist die Freude über verlorene Menschen, die nach vielem Fegen und Suchen endlich gefunden und errettet worden sind.

Die praktische Lehre für die Unbekehrten ist: Lieber Freund, sieh, welcher Wert dir beigelegt wird. Du denkst, daß sich niemand um dich kümmert! Himmel und Erde kümmern sich um dich! Du sprichst: „Ich bin nichts, nur ein Auswurf und gänzlich wertlos." Nein, du bist für den Heiligen Geist nicht wertlos, und du bist für die Gemeinde nicht wertlos, sondern sie verlangen nach dir und suchen dich!

Wie falsch ist dein Verdacht, daß du nicht willkommen bist, wenn du zu Jesus kommst! Die Gemeinde sucht dich, der Geist Gottes sucht dich; du wirst mehr als willkommen sein. Wie werden sich der Herr Jesus und der Heilige Geist freuen, und mit welcher Freude wird dich die Gemeinde aufnehmen!

Du klagst, daß du nichts getan hast, um dich für die Gnade bereit zu machen. Sprich nicht so. Was hat die verlorene Drachme getan? Was konnte sie tun? Sie war verloren und hilflos. Wer sie suchte, tat alles für sie; und wer dich sucht, wird alles für dich tun. O lieber verlorener Mensch, wenn dir der Herr Jesus befiehlt zu kommen, dann komm! Wenn der Geist dich zieht, dann laß dich retten! Wenn Gott spricht: „Wenn eure Sünden wie Scharlach sind, sollen sie weiß werden wie der Schnee“, dann nimm die Verheißung an! Glaube an den Herrn Jesus.

Gott segne und errette dich um Jesu willen!

7

DAS VERLORENE SCHAF

„Welcher Mensch ist unter euch, der hundert Schafe hat und eins von ihnen verliert, der nicht die neunundneunzig in der Wüste läßt und dem verlornen nachgeht, bis er es findet? Und wenn er es gefunden hat, nimmt er es auf seine Schulter mit Freuden; und wenn er nach Hause kommt, ruft er die Freunde und Nachbarn zusammen und spricht zu ihnen: Freuet euch mit mir; denn ich habe mein Schaf gefunden, das verloren war! Ich sage euch, also wird Freude sein im Himmel über einen Sünder, der Buße tut, mehr als über neunundneunzig Gerechte, die der Buße nicht bedürfen" (Lukas 15,4-7).

Der Herr Jesus war zeit seines Lebens auf der Erde damit beschäftigt, verlorene Menschen zu suchen. Er suchte verlorene Männer und Frauen selbst unter denen, die am verlorensten waren, damit er sie fände. Er bemühte sich, in ihre Gesellschaft zu kommen, und zeigte ein solches Wohlwollen gegen sie, daß sie ihn scharenweise umringten, um ihn zu hören. Ich bin über die Pharisäer gar nicht überrascht, wenn sie diese Versammlungen sahen und spottend sagten: „Er sammelt die verdorbenen Menschen aus unserer Gesellschaft um sich, Menschen, die für die Römer die Steuern einsammeln, und gefallene Mädchen – allen Abschaum der Menschheit. Anstatt sie zurückzuweisen, nimmt er sie an, heißt sie willkommen und blickt auf sie als eine Menschenklasse, zu der er in besonderer Beziehung steht. Er ißt sogar mit ihnen! Ging er nicht in das Haus des Zachäus und des Levi und nahm an dem Fest teil, das ihm diese Zöllner bereitet hatten?"

Wir können nicht alles aufführen, was die Pharisäer

sagten; es würde auch nicht zur Erbauung beitragen; aber wegen der ihn umgebenden Gesellschaft dachten sie so schlecht von dem Herrn, wie sie nur konnten. Und so läßt er sich in diesem Gleichnis herab, sich zu verteidigen - nicht, weil es ihn sehr kümmerte, was sie dachten, sondern damit sie keine Entschuldigung hätten. Er sagt ihnen, daß er die Verlorenen sucht - sollte sich ein Arzt nicht um die Kranken kümmern? Sollte ein Hirte nicht den verlorenen Schafen nachgehen? War er nicht genau in seinem Element, wenn sich ihm „alle Zöllner und Sünder nahten, um ihn zu hören"?

Unser göttlicher Herr verteidigt sich, indem er sagt: „Welcher Mensch ist unter euch, der hundert Schafe hat und eins von ihnen verliert, der nicht die neunundneunzig in der Wüste läßt und dem verlornen nachgeht, bis er es findet?" Kein Beweis wirkt auf die Menschen so mächtig wie einer, der aus ihrem alltäglichen Leben genommen wird. Sie wurden, wenn auch nicht überzeugt, aber doch zum Schweigen gebracht.

Es handelt sich hier um einen besonders starken Beweis, weil es in ihren Augen nur ein Schaf war, dem Jesus nachging. Für Jesus aber war es unendlich mehr, mehr als alle Schafherden, die je auf dem Karmel geweidet hatten, denn es handelte sich um die Seele des Menschen, die er zu erretten suchte. Der Beweis war nicht nur passend, sondern er hatte auch eine ungewöhnliche Überzeugungskraft in sich, die auf jeden ehrlichen Geist wirken mußte.

Jesus könnte das mit anderen Worten auch ausgedrückt haben: „Wenn ihr Menschen schon einem verlorenen Schaf nachgeht und seiner Spur folgt, bis ihr es gefunden habt, wieviel mehr muß ich verlorenen Menschenseelen nachgehen und ihnen auf all ihren Irrwegen folgen, bis ich sie erretten kann?"

Wie der Hirte dem verlorenen Schaf nachgeht, ist ein Teil des Gleichnisses, das sie nach des Herrn Absicht beachten sollten. Der Hirte verfolgt einen Weg, den er nie wählen würde, wenn er ihn nur zu seinem eigenen Vergnügen ginge. Er wählt diesen Weg nicht um seiner selbst willen, sondern um des verlorenen Schafes willen. Er verfolgt die Spur bergauf und bergab, weit in die Wüste oder einen dunklen Wald hinein einfach deshalb, weil das Schaf diese Richtung eingeschlagen hat und er ihm folgen muß, bis er es findet.

Unser Herr Jesus Christus würde sich nie aus Vergnügen unter die Zöllner und Sünder oder unter irgendeine andere Gruppe unseres schuldigen Geschlechts mischen. Hätte er seine eigene Ruhe und Bequemlichkeit gesucht, so hätte er nur mit den reinen, heiligen Engeln und seinem Vater droben Gemeinschaft gehabt, aber er dachte nicht an sich; sein Herz war auf die Verlorenen gerichtet, und deshalb ging er dorthin, wo die verlorenen Schafe waren.

Des Menschen Sohn ist gekommen, zu suchen und zu erretten, was verloren ist. Je aufmerksamer wir dieses Gleichnis betrachten, desto klarer sehen wir, daß die Antwort unseres Herrn vollkommen war. Wir haben nicht nötig, sie heute ausschließlich als eine Antwort an die Pharisäer anzusehen, sondern als eine Lehre für uns.

Möge uns der Heilige Geist lehren, während wir sie betrachten.

Zuerst möchte ich eure Aufmerksamkeit darauf lenken, daß der Hirte, der sein Schaf verloren hatte, seine Gedanken nur auf einen Gegenstand richtete. Dieses zeigt uns die Richtung der Gedanken unseres Herrn Jesu, des guten Hirten, wenn er einen Menschen sieht, der auf Sündenwegen verloren ist.

Als der Hirte seine kleine Herde von hundert Schafen überblickte, konnte er nur 99 feststellen. Er zählt noch einmal und stellt fest, daß ein Schaf fehlt. Vielleicht war es ein weißes Schaf mit einem schwarzen Zeichen am Fuß. Er weiß alles ganz genau, denn „der Herr kennt die Seinen". Der Hirte hat in seinem geistlichen Auge ein klares Bild von dem Irrenden, und nun denkt er nur noch wenig an die 99, die in der Wüste weiden, sondern das eine verlorene Schaf nimmt ihn ganz in Anspruch. Nur das eine beschäftigt seinen Geist. Er kann kein Brot essen, er kann nicht in sein Haus gehen, er kann nicht ruhen, während ein Schaf verirrt ist.

Der Gedanke an ein verlorenes Schaf ist einem zartfühlenden Hirten schmerzlich. Es ist ein Schaf, und es ist äußerst schutzlos, weil es seinen Beschützer verlassen hat. Wenn der Wolf es ausspioniert oder ihm der Bär oder der Löwe auf die Spur kommt, dann ist sein Schicksal besiegelt. Darum fragt der Hirte im Herzen: „Was wird aus meinem Schaf werden? Vielleicht macht sich in diesem Augenblick ein Löwe zum Sprung bereit, und es kann sich selbst nicht helfen."

Ein Schaf ist nicht zum Kampf fähig, selbst für die Flucht hat es nicht die Schnelligkeit seines Feindes. Das macht den Besitzer um so trauriger, und er denkt wieder: Das Schaf ist verloren und in großer Gefahr, eines grausamen Todes zu sterben.

Ein Schaf ist von allen Geschöpfen das Unverständigste. Ein verlorener Hund findet möglicherweise allein nach Hause zurück; auch ein verlorenes Pferd mag zurückkehren, aber ein Schaf wird weiter irren und immer tiefer in die Irre geraten. Es ist ein zu törichtes Geschöpf, um an die Rückkehr an den Ort der Sicherheit zu denken. Ein Schaf ist in einem Land, wo sich die Ebenen grenzenlos ausdehnen, wirklich verloren.

Folgende Gedanken bewegen den Hirten: Mein Schaf ist verloren und wird nicht zurückkehren können. Wohin mag es schon geraten sein? Ermüdet und ermattet muß es verschmachten. Es ist fern von grünen Weiden und muß auf den nackten Felsen oder auf dem dürren Sand vor Hunger umkommen.

Ein Schaf ist hilflos; es kann nicht für sich selbst sorgen. Das Kamel kann das Wasser aus der Ferne riechen, ein Raubvogel kann aus großer Höhe seine Beute erspähen, aber das Schaf kann nichts für sich finden. Von allen Geschöpfen ist das Schaf am schlimmsten dran.

Wenn jetzt jemand auf den Hirten zugekommen wäre und gesagt hätte: „Guter Hirte, was fehlt Ihnen? Sie scheinen großen Kummer zu haben“, so würde er gesagt haben: „Es ist so; denn ein Schaf ist verloren.“

„Aber es ist doch nur eins weg, und Sie haben ja noch neunundneunzig!“

„Halten Sie es für eine Kleinigkeit, eins zu verlieren? Sie sind kein Hirte, sonst würden Sie nicht so kindisch reden. Ich vergesse fast die neunundneunzig und denke nur an das verlorene.“

Woher kommt es, daß dem großen Hirten der Verlust eines einzigen Schafes seiner Herde so zu Herzen geht? Woher kommt es, daß es ihn erregt, wenn er über die Möglichkeit nachdenkt, daß er eines verliert?

Ich denke, es kommt daher, weil es sein Eigentum ist. Das Gleichnis spricht nicht von einem Mietling, sondern von einem Hirten, dem die Schafe gehören: „Welcher Mensch ist unter euch, der hundert Schafe hat und eins von ihnen verliert.“ Jesus spricht an anderer Stelle von einem Mietling, dem die Schafe nicht zu eigen sind und der daher flieht, wenn der Wolf kommt. Es ist der Hirte selbst, der sein Leben für die Schafe läßt. Es ist nicht nur ein Schaf, ein verlorenes Schaf, sondern eins von seinen eigenen Schafen, um die sich der Hirte sorgt.

Das Gleichnis spricht nicht nur von der verlorenen Menschheit im allgemeinen, sondern es bezieht sich auf Christi eigene Schafe – ebenso wie sich das zweite Gleichnis auf das eigene Geld der Frau bezieht und sich das dritte nicht auf irgendeinen verlorenen jungen Menschen, sondern auf den Sohn des Vaters bezieht.

Der Herr Jesus hat seine eigenen Schafe, und viele von diesen sind verloren. Ja, einmal waren alle verloren, denn „wir gingen alle in der Irre wie Schafe, ein jeder wandte sich auf seinen Weg". Das Gleichnis bezieht sich auf den Unbekehrten, den der Herr Jesus mit seinem kostbaren Blute erlöst und den zu suchen und selig zu machen er gekommen ist. Denn so spricht der Herr: „Siehe, ich selbst will meinen Schafen nachforschen und sie suchen!"

Die Schafe Christi sind sein, lange bevor sie es selbst wissen – sogar während sie noch umherirren und durch das erfolgreiche Werk seiner Gnade in die Herde gebracht werden, wird offenbar, daß sie der Erwählung nach schon von jeher dazu gehört haben. Die Schafe sind Christi Eigentum, weil er sie vor Grundlegung der Welt erwählt hat. „Nicht ihr habt mich erwählt, sondern ich habe euch erwählt."

Sie sind ferner die Seinen, weil der Vater sie ihm gegeben hat. Wie beschäftigt er sich mit dieser Tatsache in seinem Gebet! „Sie waren dein, und du hast sie mir gegeben ... Vater, ich will, daß, wo ich bin, auch die bei mir seien, die du mir gegeben hast."

Wir sind des Herrn Jesu Herde, weil er uns erkauft hat. Er sagt: „Ich lasse mein Leben für die Schafe." Es sind über 19 Jahrhunderte vergangen, seitdem er den Kaufpreis bezahlt und uns zu seinem Eigentum erkauft hat, und wir werden immer die Seinen sein, denn dieser Kaufpreis ist nicht umsonst bezahlt worden.

Der Heiland blickt auf die Hände und sieht die Zeichen seines Lösegeldes; er blickt auf seine Seite und sieht das Mal der erfolgreichen Erlösung seiner Erwählten durch das Vergießen seines Blutes. Deshalb drängt sich ihm der Gedanke auf: Eines meiner Schafe ist verloren.

Es ist eine wunderbare Aussage in diesem Gleichnis enthalten: „... und eins von ihnen verliert." Was? Eins von denen verlieren, die er geliebt hat, ehe die Welt war? Es mag eine Zeitlang irren, aber es soll nicht für immer verloren sein – das kann er nicht ertragen. Eines verlieren von denen, die ihm der Vater gegeben, eines von denen verlieren, die er mit seinem Blut erkauft hat? Er kann den Gedanken nicht ertragen. Das Wort „und eins von ihnen verliert“ setzt seine Seele in Flammen. Das soll nicht geschehen.

Ihr wißt, wie hoch der Herr ein jedes seiner Erwählten geschätzt hat, indem er sein Leben für seine Erlösung dahingab. Ihr wißt, wie innig er jedes einzelne seines Volkes liebt. Wie er die Seinen geliebt hatte, so liebt er sie bis ans Ende. Von Ewigkeit her besteht diese Liebe und muß alle Zeiten überdauern, denn er ändert sich nicht. Wird er eines von den so teuer Erkauften verlieren? Nie! Er hat sie durch den, der sie ihm gegeben hat, zum ewigen Eigentum erhalten. Dies ist, was seine Seele bewegt, daß er an nichts anderes denkt als an die Tatsache: Eines meiner Schafe ist verloren!

Zweitens hat er noch einen anderen Grund für diesen alles beherrschenden Gedanken, nämlich sein großes Erbarmen mit seinen verlorenen Schafen. Das Abirren einer Seele verursacht Jesus tiefen Schmerz; er kann den Gedanken an ihr Verderben nicht ertragen. So stark ist die Liebe seines Herzens, daß er den Gedanken nicht ertragen kann, daß eines der Seinen in Gefahr ist. Er hat keine Ruhe, solange eine Seele, für die er sein Blut vergossen hat, noch unter der Herrschaft des Satans und unter der Macht der Sünde bleibt. Deshalb vergißt der große Hirte sein Schaf weder Tag noch Nacht. Er muß seine Herde erretten und gönnt sich keine Ruhe, bis er es ausgeführt hat.

Der Herr hat tiefes Mitleid mit jedem verirrten Herzen. Er kennt die Schmerzen, die die Sünde bringt. Darum trauert der teilnehmende Erlöser über jedes verlorene Schaf, denn er kennt das Elend, das in der Tatsache liegt, verloren zu sein.

Wenn du schon in einem Haus gewesen bist, wo Vater, Mutter, Sohn und Tochter waren, und ein Kleines ist verloren, so wirst du die Erregung eines jeden Gliedes der Familie nie vergessen. Sieh den Vater, wie er zur Polizeistation eilt und überall sucht, denn er muß sein Kind finden, oder sein Herz wird brechen. Sieh die bittere Angst der Mutter; sie ist ganz verwirrt, als sie die Nachricht über ihren Liebling erhält. Ihr könnt nun verstehen, was der Herr Jesus für einen empfindet, den er liebt, den er in seine Hände gezeichnet hat, auf den er im voraus gesehen hat, als er sein Leben am Kreuz gab.

Es läßt dem Herrn keine Ruhe, bis er das Geliebte gefunden hat. Er hat göttliches Erbarmen, das alles Mitleid von Eltern und Geschwistern in den Schatten stellt. Das unendliche Erbarmen seines Herzens fließt über zu einem Ozean der Liebe. Ein einziger Gedanke bewegt das Erbarmen des Herrn: wenn er eines verliert.

Der Mann im Gleichnis stand außerdem in einer dritten Beziehung zu dem Schaf, denn er war sein Hirte. Es war sein eigenes Schaf; aus dem Grunde war er sein Hirte geworden, und er sagte zu sich selbst: „Wenn ich eins von ihnen verliere, so habe ich mein Hirtenamt schlecht verwaltet."

Welche Unehre für einen Hirten, ein Schaf zu verlieren! Es muß entweder aus Mangel an Aufsicht oder aus Mangel an Aufmerksamkeit oder aus Mangel an Wachsamkeit geschehen sein. Aber nichts davon kann bei dem guten Hirten vorkommen. Von unserem Herrn Jesus Christus wird man nie sagen können, daß er eins von seinem Volk verloren hat, denn er rühmt sich, alle bewahrt zu haben: „Die du mir gegeben hast, habe ich behütet, und keiner von ihnen ist verloren gegangen, als nur der Sohn des Verderbens, auf daß die Schrift erfüllt würde." Der Teufel soll nie sagen, daß der Herr eins von denen, die ihm der Vater gegeben hat, verloren gehen ließ. Sein Werk der Liebe kann in keiner Weise mißlingen. Sollte sein Tod vergebens sein? Nein, das ist unmöglich. Den Zweck, den er durch seine Leiden und seinen Tod erfüllen wollte, wird er erfüllen, denn er ist der Ewige, der Unendliche, der Allmächtige; und wer wird seine Hand zurückhalten und seine Absicht vereiteln? Er läßt das nicht geschehen.

„... und eins von ihnen verliert", sagt der Text. Denkt euch die Folgen! Welchen Spott würde der Satan anheben! Welchen Hohn würde er über den Hirten ausgießen! Wie würde die Hölle die Nachricht ausposaunen: „Er hat eines von ihnen verloren!"

Angenommen, es sei das Schwächste gewesen, so würden sie schreien: „Die Starken, die sich selbst halten konnten, die hat er wohl bewahrt." Angenommen, es sei das Stärkste gewesen, dann würde man schreien: „Er konnte nicht einmal eins der Stärksten halten und mußte es verlorengehen lassen."

Dies ist ein guter Beweis, denn Mose flehte vor Gott: „Was werden die Ägypter sagen?" Es ist nicht der Wille eures Vaters, daß eins von diesen Kleinen verlorengehen soll, noch dient es zur Ehre Christi, daß eins seiner Schafe auf ewig verloren geht.

Ihr seht die Gründe, weshalb das Herz des Herrn von dem einen brennenden Gedanken zur Rettung erfüllt ist: Erstens ist das Schaf sein eigen, zweitens ist er voll Erbarmen, und schließlich ist es seine Aufgabe, die Herde zu weiden und zu beschützen.

Während dieser ganzen Zeit denkt das Schaf nicht an den Hirten und kümmert sich nicht im geringsten um ihn. Manche von euch denken ganz und gar nicht an den Herrn Jesus. Ihr habt weder den Wunsch noch den Willen, ihn zu fürchten. Ach, wie ist es zu bedauern, daß sich das große Herz des Herrn heute nach euch sehnt und nicht ruht, weil ihr in Gefahr seid; und ihr selbst, die ihr den größten Verlust dabei habt, scherzt mit der Sünde und seid fröhlich in eurem Verderben. Ach, wie weit seid ihr abgeirrt! Wie hoffnungslos wäre eure Sache, wenn kein allmächtiger Hirte da wäre, der an euch denkt.

Dieses Schaf liegt dem Hirten auf dem Herzen, und er muß sogleich hingehen, es zu suchen. Er läßt die 99 in der Wüste und geht dem verlorenen nach, bis er es findet.

Beachtet hier, daß es ein bestimmtes Suchen ist. Der Hirte geht dem Schaf nach und nichts anderem und hat es nur auf das eine, besondere Schaf abgesehen. Man könnte durch die Weise, in der dieser Text behandelt wurde, auf den Gedanken kommen, daß Christus, der Hirte, in die Wüste gegangen ist, um irgendein Schaf zu fangen, das zu finden war. Viele liefen umher, und er habe sich damit begnügt, das erstbeste zu ergreifen oder vielmehr das, das ihm zuerst nachgelaufen wäre. So ist der im Gleichnis beschriebene Fall nicht geschildert. Es ist vielmehr sein eigenes Schaf, das er sucht, und diesem einen geht er entschieden nach. Es ist sein Schaf, das verloren ist, ein wohlbekanntes Schaf, nicht nur ihm selbst wohlbekannt, sondern auch seinen Freunden und Nachbarn; denn er redet zu diesen wie über ein ihnen völlig bekanntes Schaf, das zu retten er ausgegangen ist. Jesus weiß alles über seine Erlösten und geht bestimmt jeder einzelnen Seele nach.

Wenn ich im Namen des Herrn predige, so freut mich der Gedanke, daß ich mit der Gnadenbotschaft zu jedem einzelnen gesandt worden bin. Ich schieße meinen Pfeil nicht auf gut Glück ab, denn die göttliche Hand legt sich auf die meine, und der Herr gibt ihm die Richtung, so daß kein Pfeil sein Ziel verfehlt und das Wort seinen Weg mitten ins Herz findet.

Jesus ruft einzelne Menschen, und sie kommen. Er sagt: „Maria!“ Und die Antwort ist: „Rabbuni.“

Ich sagte, daß der Mensch im Gleichnis ein bestimmtes Schaf suchte und nicht ruhte, bis er es gefunden hatte. So geht auch der Herr Jesus auf den Wegen seiner

Liebe nicht ins Ungewisse. Er tappt nicht blind umher, zu fangen, wen er kann, sondern er sucht und errettet das eine irrende Schaf, auf das er seine besondere Aufmerksamkeit gerichtet hat. Jesus weiß, was er tun will, und wird es zur Ehre des Vaters ausführen.

Beachtet, daß der Hirte mit ganzer Hingabe sucht. Er denkt an nichts anderes als an sein verlorenes Schaf. Die 99 werden in Sicherheit zurückgelassen.

Wenn wir lesen, daß er sie in der Wüste läßt, so sind wir geneigt, an einen dürren Ort zu denken. Das ist hier jedoch nicht gemeint. Wüste bedeutet einfach die offene Weide, die Steppe. Er verließ sie wohlversorgt, verließ sie, weil er sie verlassen konnte. Augenblicklich ist er ganz von dem einen Gedanken hingenommen, daß er das Verlorene suchen und erretten muß; daher läßt er die 99 auf der Weide.

„Hirte, der Weg ist voller Felsen." Es scheint ihn nicht zu kümmern, wie der Weg bestellt ist. Sein Herz ist bei seinem verlorenen Schaf. „Hirte, es ist schwer, den Berg zu erklimmen!" Er achtet nicht auf die Mühe. Seine Sorge verleiht ihm die Füße der Gemse. Er späht nach seinem Schaf umher und scheint weder Klippen noch Klüfte zu sehen. „Hirte, es ist ein gefährlicher Pfad, auf dem du in das dunkle Tal hinabsteigen mußt." Ihm ist es nicht gefährlich. Seine einzige Furcht ist, daß sein Schaf verlorengeht. Er hat nur diese Furcht und kennt keine andere. Er stürzt sich in Gefahren und entgeht ihnen nur durch den starken Drang zu retten, der ihn immer weiterträgt.

Es ist etwas Großartiges, sich den Herrn Jesus vorzustellen, wie sein Herz unbeirrbar auf die Rettung eines Menschen gerichtet ist, der ihm in diesem Augenblick als verloren gilt.

Es ist auch ein tätiges Suchen, denn der Hirte sucht das Verlorene, bis er es gefunden hat. Er sucht es persönlich. Er sagt nicht zu einem seiner Untergebenen:

„Eile dem verlorenen Schaf nach und bringe es zurück!“ Nein, er tut es selbst.

Wenn je eine Seele von der Sünde zur Gnade gebracht wird, so ist es nicht das Werk von uns armen Predigern, sondern es geschieht durch den Herrn selbst, der seinem eigenen Schaf nachgeht. Es ist herrlich, daran zu denken, wie er persönlich dem Sünder nachspürt. Wenn sie auch in verzweifelter Torheit vor ihm fliehen, werden sie doch von ihm verfolgt, verfolgt vom Sohne Gottes, bis er sie findet.

Beachtet das ausdauernde Suchen: bis er es findet. Er hält nicht ein, bis die Suche erfolgreich ist. Wie lange sollen wir einem verlorenen Menschen nachgehen? Nun, bis wir ihn finden; denn das ist das Beispiel, das uns der Herr hier gibt. Das Gleichnis sagt nichts vom Nichtfinden, und wir können es uns auch nicht vorstellen, daß er ein Schaf, das ihm gehört, nicht finden sollte.

O Brüder, es gibt eine große Schar von Schafen, die ihr und ich nie finden würden. Wenn aber der Herr Jesus seinen Verlorenen nachgeht, so könnt ihr euch darauf verlassen, daß er so geschickt ist, so klar sieht und so wirksam auftritt, daß er sie sicherlich zurückbringen wird. Einen überwundenen Christus kann ich mir nicht vorstellen. Es ist ein persönliches, ausdauerndes und ein erfolgreiches Suchen; er sucht, bis er es findet. Laßt uns seinen Namen dafür loben und preisen.

Bemerkt, daß das Gleichnis eine bestimmte Andeutung gibt, wo es davon erzählt, daß der Hirte das Schaf gefunden hat. Sie wird nicht so leicht bemerkt. Anscheinend brachte er es nicht in die Herde zurück. Ich vermute, daß er es getan hat; aber zunächst hielt er es wohl mehr bei sich als bei der Herde. In der nächsten Szene ist der Hirte nämlich daheim mit dem Ruf: „Freuet euch mit mir; denn ich habe mein Schaf gefunden, das verloren war!“ Es scheint, daß Jesus nicht so sehr für die Gemeinde als für sich selbst einen Menschen errettet. Wenn auch die Erretteten in der Hürde sind, so liegt die größte Freude doch darin, daß das Schaf bei dem Hirten ist.

Dies zeigt auch, wie völlig sich Christus dem Werk, sein Volk zu erretten, hingibt. Es gibt bei ihm keine Hindernisse, keine wankenden Entschlüsse, die ihn zögern lassen. Wir verwenden wohl einen Teil unserer Kräfte auf das Erreichen eines Zieles, Jesus aber bietet seine ganze Macht zum Suchen und Seligmachen der Menschen auf.

Der ganze Christus sucht nach jedem Sünder, und wenn er ihn gefunden hat, gibt er sich diesem einen Menschen so hin, als ob er nur diesen zu segnen hätte. Wie bewundert mein Herz diese Hingabe des Herrn in seinem Suchen nach jedem Schaf seiner Herde!

Wenn das Suchen beendet ist, folgt die Errettung. Und wenn er es gefunden hat, „nimmt er es auf seine Schulter mit Freuden“. Wie schön stellt das Gleichnis das ganze Heilswerk dar! Einige alte Schriftforscher stellen es gern in folgender Weise dar: „In seiner Fleischwerdung kam Jesus zu dem verlorenen Schaf; mit seinem Leben fuhr er fort, es zu suchen. In seinem Tod legt er es auf seine Achseln; in seiner Auferstehung trug er es auf dem Weg, und in seiner Himmelfahrt brachte er es mit Freuden heim.“ Unseres Herrn Lebensziel ist es, Menschen zu retten. Sein Leben ist für sein Volk da, und mit ihm hängt das ganze Heilswerk zusammen.

Aber nun seht: Der Hirte findet das Schaf und legt es auf seine Schultern. Es ist, als ob er das Schaf so, wie er es fand, ohne ein Wort des Tadels und ohne Zögern und Bedenken, aufnahm und es aus dem Sumpf oder aus den Dornen an einen Ort der Sicherheit brachte.

Erinnert ihr euch nicht daran, wie euch der Herr aus dem Abgrund des Verderbens erhoben hat, wie er von oben kam, euch erlöste und eure Stärke wurde? Ich werde diesen Tag nicht vergessen. Welch ein wunderbarer Tag war es, als mich der große Hirte zu einem neuen Leben erhob!

Der Herr sagt von Israel: „Ihr habt gesehen, wie ich euch auf Adlers Flügeln getragen habe." Aber es ist ein noch lieblicheres Bild, auf den Schultern des Herrn Jesu getragen zu werden.

Er schien zu sagen: „Du bist mein Schaf, darum lege ich dich auf meine Schultern." Er machte seine Ansprüche nicht mit vielen Worten geltend, sondern bewies sie vielmehr durch eine Tat. Keiner würde je ein Schaf forttragen, wenn er kein Recht dazu hätte; dann wäre er ein Dieb. Der Herr Jesus ist aber der Eigentümer des Schafes. Er hält das Schaf an allen vier Beinen fest, so daß es sich nicht rühren kann, und legt es so auf seine eigenen Schultern, denn es ist jetzt ganz sein eigen. Er scheint zu sagen: „Ich bin weit von zu Hause entfernt und in einer ermüdenden Wüste, aber ich habe mein Schaf gefunden, und diese Hände werden es halten."

Es sind des Herrn eigene Worte: „Ich gebe ihnen ewiges Leben, und sie werden in Ewigkeit nicht umkommen, und niemand wird sie aus meiner Hand reißen." Hände von solcher Macht wie die Hände Jesu werden das Gefundene festhalten. Schultern von solcher Kraft wie die Schultern Jesu werden das Gefundene sicher heimtragen. Es wird alles wohl mit dem Schaf, denn es ist ganz und gar des Hirten Eigentum, wie es nach dem ewigen Ratschluß des Vaters stets sein Eigentum gewesen ist. Erinnerst du dich daran, als der Herr Jesus zu dir sprach: „Du bist mein!"?

Noch herablassender ist diese Tat, wenn wir sie von einer anderen Seite ansehen. Das Schaf liegt oben, das Gewicht ruht auf dem Hirten. Das Schaf ruht, der Hirte ist der Lastträger. Das Schaf ruht, der Hirte arbeitet. „Ich aber bin mitten unter euch wie der Diener", spricht der Herr. „... sondern sich selbst entäußerte, die Gestalt eines Knechtes annahm... sich selbst erniedrigte und gehorsam wurde bis zum Tod, ja bis zum Kreuzestod." Am Kreuz trug er uns und die Last unserer Sünde. Gelobt sei sein Name! „Der Herr warf unser aller Schuld auf ihn." Und er hat auch uns auf ihn gelegt, und er trägt uns. Erinnert euch an die tröstliche Schriftstelle: „Aus Liebe und Mitleid hat er sie erlöst, er nahm sie auf und trug sie alle Tage der Vorzeit." Ein herzbewegender Gedanke: Der Sohn Gottes wird den Menschenkindern dienstbar! Der Schöpfer Himmels und der Erde beugt die Schultern, um die Last der Sünder zu tragen.

Mit dieser Tat gab der Hirte dem Schaf Ruhe, das nicht mehr weiter konnte und ermattet war. Welch eine Ruhe gibt uns die Gewißheit, daß wir von der ewigen Macht und Gottheit des Herrn Jesus Christus getragen werden! Christus trägt uns heute, und wir bedürfen keiner eigenen Stärke; weil er uns trägt, ist unsere Schwäche kein Hindernis.

Hat nicht der Herr gesagt: „Ich will euch heben, tragen und erretten!"? Wir werden nicht einmal straucheln, viel weniger ins Verderben fallen. Die Füße des Hirten werden den ganzen Weg in Sicherheit zurücklegen. Kein Teil des zurückgelegten Weges sollte uns Furcht verursachen, denn der Hirte ist fähig, uns in seine Heimat droben zu tragen.

Welch ein schönes Wort steht im fünften Buch Mose: „Wie dich der Herr, dein Gott, getragen hat, wie ein Mann seinen Sohn trägt, auf allen Wegen, die ihr zurückgelegt habt, bis ihr an diesen Ort gekommen seid." Wunderbare Ruhe des Glaubens, dich gänzlich seinen Händen und Schultern anzuvertrauen, um dich bis ans Ende halten und tragen zu lassen! Laßt uns den Herrn loben und preisen! Der Hirte hat nichts anderes auf seinen Schultern als sein Schaf.

Der Herr Jesus scheint keine andere Bürde zu tragen als sein Volk. Er bietet zur Errettung seiner Erwählten seine ganze Allmacht auf. O die herrliche Gnade unseres treuen Heilandes, der sich zu unserer Erlösung hingegeben hat!

„Und wenn er es gefunden hat, nimmt er es auf seine Schulter mit Freuden." – „Das ist aber eine große Last für dich, Hirte." Freudig gibt er die Antwort: „Ich freue mich, diese Last auf meine Schultern zu nehmen."

Die Mutter sagt nicht, wenn sie ihr verlorenes Kind wiedergefunden hat, daß es für sie eine schwere Last sei, nein, sie drückt es an ihre Brust. Sie denkt nicht daran, wie schwer die Last ist, o nein, es ist ihr eine liebe Last! Sie freut sich, es wieder tragen zu dürfen.

„... nimmt er es auf seine Schulter mit Freuden." Denke an das Schriftwort: „... welcher für die vor ihm liegende Freude das Kreuz erduldete, die Schande nicht achtete ... " Ein tiefer Schmerz kam auf Jesus Christus, als die Last auf ihn gelegt wurde, aber eine große Freude kam bei dem Gedanken in sein Herz, daß wir aus unserem verlorenen Zustand errettet werden sollten. Er sagte sich: „Ich habe sie auf meine Schultern genommen, und niemand kann sie jetzt verletzen, niemand kann sie jetzt ins Verderben führen. Ich trage ihre Sünden, und sie werden nie in die Verdammnis kommen. Die Strafe ihrer Schuld ist auf mich gelegt, damit sie nie auf sie gelegt werde. Ich trage den gerechten Zorn Gottes, damit sie denselben nie zu tragen haben."

Seine Liebe zu den Seinen machte jeden Geißelhieb zu einer Freude; seine Liebe zu ihnen ließ es ihn ertragen, daß die Nägel seine Hände und Füße durchbohrten und sein Herz durch das Verlassensein von Gott geängstigt wurde.

Selbst in dem Ausruf „Eli, Eli, lama sabachthani!", der die ganze Tiefe seines Wehs ausdrückte, sind Perlen der Freude verborgen. Kein Jauchzen des Triumphes kann diesem Angstruf gleichkommen, weil unser Herr sich freute, für die Sünde seiner Erwählten, für die, die er geliebt hatte, ehe die Welt gegründet war, sogar das Verlassensein von Gott zu erdulden. Oh, wir können nicht einmal einen Bruchteil davon verstehen!

Laßt uns versuchen, ein kleines Bild dazu zu finden. Ein Sohn ist in der Ferne am Fieber erkrankt; den Eltern wird es durch ein Telegramm mitgeteilt. Die Mutter sagt: „Wir müssen hinreisen und ihn pflegen" und ist ganz unglücklich, bis sie abreisen kann. Der Sohn befindet sich an einem traurigen Ort, aber nun ist ihr dieser Ort der teuerste Platz auf der Erde; sie freut sich, die Bequemlichkeiten ihres Hauses zu verlassen und aus Liebe zu ihrem Sohn unter Fremden zu wohnen. Und es ist ihr eine Freude, sich für ihn aufzuopfern, und sie weicht nicht von seinem Krankenlager und will ihren Sohn nicht verlassen. Sie wacht bei ihm Tag und Nacht und schläft nur wenig. Es war eine große, tiefe, ernste Freude für sie, nur da zu sein, wo sie ihrem Sohn dienen konnte.

O Mensch, vergiß es nicht, daß deine Rettung dem Herrn Jesus große Freude gemacht hat. Er war immer beim Vater, ewig glückselig, unendlich herrlich, Gott über alles, und dennoch mußte er aus grenzenloser Liebe herabkommen und an unserer Stelle leiden, um uns zur Herrlichkeit und zu Gott zu bringen.

„... nimmt er es auf seine Schulter mit Freuden." An diesem Tag kannte der Hirte nur eine Freude: Er hatte das Schaf gefunden; und selbst der Druck auf seinen Schultern machte sein Herz leicht, war es ihm doch ein Zeichen, daß der Gegenstand seiner Liebe sicher ruhte.

Nun geht er damit heim, und seine Freude ist so groß, daß sein Herz überfließt. Das Gleichnis erwähnt nichts von seiner Freude darüber, daß er wieder zu Hause ist. Nein, die Freude, sein Schaf wiedergefunden zu haben, überstrahlt alle anderen Freuden und stellt das Licht der

Heimat und der Freundschaft in den Schatten. Er wendet sich an die Freunde und Nachbarn und fordert sie auf, an seiner Freude teilzunehmen. Er ruft: „Freuet euch mit mir; denn ich habe mein Schaf gefunden, das verloren war!“

Ein Sünder hat Buße getan, und der ganze Himmel muß deshalb einen Festtag haben. O Brüder, in dem Herzen Christi ist Freude genug über seine Geretteten, um den ganzen Himmel mit Wonne zu überfluten. Laßt uns dasselbe tun. Wir sind Freunde, auch wenn wir keine Nachbarn sind. Er läßt uns heute kommen. Wir sollen unsere Herzen als leere irdene Gefäße bringen, damit er sie mit seiner Freude erfülle und unsere Freude vollkommen werde.

Als ich versuchte, über diesen Text nachzudenken, freute ich mich mit dem Herrn über das Zurückbringen jedes einzelnen seiner Schafe, denn ein jedes vermehrt die Freude im Himmel. Jesus würde keine Freude haben, wenn er ein einziges Schaf verlieren würde; es sieht so aus, als würde dadurch alles verdorben. Wenn auch nur in einem einzigen Fall der Gnadenzweck vereitelt würde, so wäre das eine traurige Niederlage für den großen Heiland.

Aber sein Gnadenrat wird ausgeführt werden. „An der Arbeit seiner Seele wird er sich satt sehen.“ Er wird nicht entmutigt werden oder erliegen. Er wird den Willen des Vaters hinausführen und den vollen Lohn seiner Leiden erhalten. Laßt uns heute fröhlich sein und uns mit ihm freuen!

Aber der Text sagt uns, daß mehr Freude über das eine verlorene Schaf war als über die 99, die nicht abgeirrt waren. Wer sind diese Gerechten, die der Buße nicht bedurften?

Nun, man sollte ein Gleichnis nicht so auszulegen versuchen, daß es unbedingt auf vier Beinen gehen muß, wenn es nur auf zweien gehen sollte. Es mag sein, daß es solche Personen gar nicht gibt; und doch ist das Gleichnis genau. Wenn wir alle solche gewesen wären, die der Buße nicht bedurft hätten, so würden wir dem Herzen Christi nicht soviel Freude gemacht haben wie ein Sünder, der Buße tut.

Aber angenommen, wir, ihr und ich, sind gemeint, wir, die wir vor langer Zeit Buße getan haben und in gewissem Sinn jetzt der Buße nicht bedürfen, weil wir gerecht gemacht sind, so machen wir dem Herzen Gottes jetzt nicht soviel Freude wie ein Sünder, wenn er sich zu Gott wendet. Nicht, als sei es etwas Gutes, in die Irre zu gehen, oder etwas Schlechtes, bewahrt zu bleiben. Ihr versteht es, wenn in einer Familie mit sieben Kindern sechs gesund sind und eins so ernstlich krank wird, daß es dem Tode nahe ist. Es wird wiederhergestellt, sein Leben ist verschont geblieben. Wundert ihr euch, daß es jetzt der ganzen Familie mehr zur Freude gereicht als alle anderen, die gesund geblieben sind? Die Freude über das genesene Kind ist größer als über all die anderen, die gar nicht krank gewesen sind.

Das beweist natürlich nicht, daß es gut ist, krank zu sein. Keineswegs. Wir reden nur von der Freude über die Wiederherstellung von der Krankheit.

Nehmt einen anderen Fall: Du hast einen Sohn, der lange in einem fernen Land gewesen ist, und einen anderen Sohn zu Hause. Du liebst beide gleich, aber wenn der abwesende Sohn heimkommt, so steht er eine Zeitlang doch im Vordergrund deiner Gedanken. Ist das nicht ganz natürlich? Die zu Hause sind, machen uns fortwährend Freude, wenn aber durch die Abwesenheit eines Sohnes die Freude lange Zeit eingedämmt war, wird sie bei seiner Rückkehr zu einer Freudenflut. Dann haben wir einen großen Tag, einen Feiertag.

Es gibt bei der Buße und Bekehrung besondere Umstände, die die Freude über einen zurückgekehrten Wanderer verursachen. Es waren vorher Sorgen da;

durch ihr Verschwinden wird die Freude nur um so größer. Der Hirte war vorher so sehr von Mitleid für das Verlorene erfüllt, daß die Traurigkeit nun unvermeidlich in Freude umgeschlagen ist. Er befand sich in einer traurigen Ungewißheit; das ist etwas Tötendes und wirkt wie Säure auf die Seele. Die Ungewißheit, die die Frage hervorruft: „Wo ist mein Schaf?", durchbohrt das Herz. All die ermüdenden Stunden des Suchens und Nachforschens sind für das Herz schmerzhaft. Wenn diese Ungewißheit beendet ist, wandelt sie sich natürlich in Freude.

Ihr wißt natürlich, daß die Freude über einen bußfertigen Sünder selbstlos ist. Die ihr durch die Gnade Gottes so viele Jahre bei der Herde gehalten wurdet, seid nicht betrübt, daß da über einen Sünder, der Buße tut, mehr Freude ist als über euch selbst. Nein, ihr sagt euch bestimmt: „Es ist Ursache zur Freude vorhanden. Ich bin selbst unter denen, die sich freuen."

Und denke auch daran, daß sich fromme Menschen sehr über dich gefreut haben, als du zuerst zu Jesus gekommen bist. Du wirst doch nicht wie der ältere Bruder handeln und sagen, daß du an der Freude des Vaters nicht teilnehmen willst, sondern du wirst herzlich an der Freude teilnehmen, wenn Sünder von der Hölle errettet werden.

Ich möchte schließen, indem ich andeute, wie sich unser gnädiger Herr für seine Erlösten ganz hinzugeben scheint. Wie völlig und vollkommen ist jeder Gedanke seines Herzens, jede Tat seiner Macht auf den bedürftigen, schuldigen, verlorenen Menschen gerichtet! Er setzt alles dran, seine Verlorenen zu finden und zu retten. Für die Menschen, die an ihn glauben, stellt er seine ganze Macht zur Verfügung. Gepriesen sei sein Name!

Nun laßt unsere Herzen ihm in Liebe entgegenschlagen, der sein Leben zu unserer Erlösung hingegeben hat! Laßt uns ihn lieben. Wir können ihn zwar nicht in dem Maße lieben, wie er uns geliebt hat, aber laßt es uns in derselben Weise tun! Laßt uns ihn von ganzem Herzen und von ganzer Seele lieben. Laßt uns die Überzeugung haben, daß wir nichts sind und nichts wissen und nichts lieben als allein Jesus Christus, den Gekreuzigten!

O Sünder, willst du dich nicht dem guten Hirten ausliefern? Willst du nicht still stehen, wenn er sich dir naht? Willst du dich nicht seiner mächtigen Gnade unterwerfen? Wisse, daß deine Errettung von Sünde und Tod nur durch ihn, durch ihn allein geschehen kann! Rufe ihn im Gebet an: „Komm, Herr, ich warte auf dein Heil! Errette mich, denn ich vertraue auf dich!" Wenn du so betest, hast du das Zeichen der Schafe Christi an dir, denn er hat gesagt: „Die Schafe folgen ihm nach, denn sie kennen seine Stimme." Komm zu ihm, denn er kommt zu dir! Blicke auf ihn, denn er blickt auf dich!

8

DIE ANNAHME DES SÜNDERS

„Aber der Vater sprach zu seinen Knechten: Bringet eilends das beste Feierkleid her und ziehet es ihm an, und gebet ihm einen Ring an die Hand und Schuhe an die Füße; und bringet das gemästete Kalb her und schlachtet es; lasset uns essen und fröhlich sein!" (Lukas 15,22-23).

Wir sprechen heute über die Annahme des Sünders, und das ist nach unserem Text ein frohmachendes Thema, denn es wird in Gottes Wort als ein Freudenfest beschrieben, das mit Musik und Reigen verbunden ist. Wir reden oft von der Reue über die Sünde, die die Bekehrung begleitet, und wir können gar nicht oft genug darüber reden. Andererseits dürfen wir aber auch die heiligen und besonderen Freuden nicht übersehen, die die Rückkehr eines Menschen zu Gott begleiten. Es ist ein weit verbreiteter Irrtum, daß der Mensch eine Zeit der Schrecken des Geistes durchzumachen habe, ehe er Frieden mit Gott finden könne. In diesem Gleichnis ist der Vater entschlossen, diese Zeit abzukürzen. Er unterbricht seinen Sohn mitten in seinem Bekenntnis. Ehe er noch die Bitte aussprechen kann, zum Tagelöhner gemacht zu werden, ist seine Traurigkeit in Freude verwandelt. Der Vater ist ihm um den Hals gefallen und hat ihn durch seine Umarmung und seinen Kuß zur Ruhe gebracht.

Es ist nicht nach Gottes Gedanken, daß der Sünder zu lange über seine Sünden nachdenken soll. Gott nimmt teil an der Wonne des Sünders und freut sich über seine Freude. Es ist Gottes Wille, daß der reuige

Sünder sofort an Jesus glaubt, sofort völlige Vergebung findet und sofort zur Ruhe eingeht.

Wer von euch ohne eine trübe Zeit des Schreckens zu Jesus gekommen ist, den bitte ich, nicht zu glauben, seine Bekehrung sei zweifelhaft. Sie ist gerade deshalb echt und nicht zweifelhaft, weil sie die Zeichen des Evangeliums und nicht des Gesetzes aufweist. Die Traurigkeit des Petrus, die in wenigen Tagen in Freude verkehrt wurde, ist viel besser als der Schrecken des Judas, der mit Selbstmord endete. Die Bekehrungen, von denen in der Heiligen Schrift berichtet werden, gingen meistens äußerst schnell vor sich. Das Wort am Pfingstfest drang ihnen durchs Herz, und am gleichen Tage wurden sie noch getauft und der Gemeinde hinzugetan, weil sie Frieden mit Gott durch Jesus Christus gefunden hatten. Paulus wurde, von seiner Sünde überführt, niedergeworfen und kam sofort zum Glauben.

Nachdem ich euch vorgestellt habe, daß der reuige Sünder nach Gottes Willen sehr schnell zur Freude kommen soll, möchte ich jetzt die Freude beschreiben, die dem Sünder durch die Sündenvergebung zuteil wird. Diese Freude ist eine dreifache: erstens die Freude Gottes über Sünder; zweitens die Freude der Sünder in Gott und drittens die Freude der Diener, die sich auch freuten, denn der Vater sagte: „Lasset uns essen und fröhlich sein!“

Wie bei dem wiedergefundenen Schaf der Hirte seine Freunde und Nachbarn zur Teilnahme herbeiruft, und wie bei dem wiedergefundenen Groschen die Frau ihre Nachbarn zur Mitfreude auffordert, so sollen auch in diesem Fall andere an der Freude teilnehmen, die hauptsächlich der liebende Vater und der heimgekehrte Sohn empfinden.

Die Freude Gottes

Es ist immer schwer, über Gott geziemend zu sprechen, wenn wir von seinen Gemütsbewegungen zu sprechen haben. Ich bitte deshalb besonders um die Leitung des Heiligen Geistes, wenn ich etwas darüber sage. Wir sind in der Vorstellung erzogen worden, daß Gott über Gemütsbewegungen – ob Sorgen oder Vergnügen – erhaben ist. Es ist zum Beispiel stets als eine selbstverständliche Sache angesehen worden, daß Gott nicht leiden kann. Ist das wirklich so gewiß? Kann er nicht irgend etwas tun oder ertragen, was er will? Was bedeutet die Aussage der Heiligen Schrift, daß die Sünde der Menschheit vor der Flut Gott dahin brachte, daß er es bereute, Menschen geschaffen zu haben? „... es bekümmerte ihn in seinem Herzen." Oder hat es keine Bedeutung, wenn es heißt: „Und ertrug sie etwa vierzig Jahre lang in der Wüste!"?

Es ist uns doch auch verboten, den Heiligen Geist zu betrüben. Steht nicht geschrieben, daß Gott von gottlosen Menschen betrübt wurde? Gott kann also betrübt werden; und diese Schriftstellen können nicht ganz bedeutungslos sein. Ich freue mich jedenfalls, daß ich einen lebendigen Gott anbeten darf, der sich grämt und sich freut. Welch eine furchtbare Vorstellung wäre es, wenn wir annehmen müßten, daß Gott ohne Sorgen um uns im Himmel sitzt, weil er unfähig dazu ist und gar kein Interesse an uns hat. Wenn wir uns Gott als gänzlich unfähig zu irgendeiner Gemütsbewegung vorstellen, dann ehrt das Gott meiner Meinung nach nicht, sondern erniedrigt ihn vielmehr. Denn dann hätte er Ähnlichkeit mit den Göttern von Holz und Stein, die ihren Anbetern keine Teilnahme zeigen können.

Nein, Gott ist nicht gefühllos. Er ist der lebendige Gott, und alles, was mit einem reinen, vollkommenen, heiligen Leben verbunden ist, ist in ihm zu finden. Jedoch dürfen wir von ihm nur vorsichtig und in heiliger Scheu sprechen. Wir sind nach dem Bilde Gottes geschaffen, und das beste Bild Gottes war ohne Zweifel der Mensch, als er aus seines Schöpfers Hand hervorging; aber selbst in seiner Vollkommenheit war der Mensch nur ein sehr schwaches Bild von Gott. Jetzt, da der Mensch gesündigt hat, ist dieses Bild völlig befleckt und verwischt. Das Endliche kann nicht völlig den Unendlichen widerspiegeln, und die großartigen, herrlichen Eigenschaften Gottes können nie seinen Geschöpfen mitgeteilt werden; sie werden auf ewig Gott allein gehören.

Gott wird wiederholt als einer dargestellt, der Freude zeigt. Mose erklärt dem sündigen Volk Israel, daß sich der Herr über sie freuen würde, wenn sie sich bekehrten und der Stimme des Herrn gehorchten, so wie er sich über ihre Väter gefreut habe. An einer anderen Stelle heißt es, daß Gott Wohlgefallen an seinen Werken habe. Warum sollten wir also daran zweifeln? Viele Schriftstellen sprechen sehr ausdrucksvoll von der Freude Gottes über sein Volk. Zephanja sagt es mit starker Betonung: „Er wird sich über dich freuen mit Wonne, er wird über dir jubelnd frohlocken."

Unser Gott ist immer glückselig; wir können ihn uns nicht anders vorstellen als glückselig. Und doch finden wir in der Heiligen Schrift, daß Gott bei besonderen Gelegenheiten auch besondere Freude zeigt. Ich glaube nicht, daß es nur ein Gleichnis ist, sondern wirkliche Tatsache, daß sich der Herr über umkehrende, reuige Sünder freut.

Jedes Wesen zeigt seine Freude gemäß seiner Art. So ist es auch bei den Menschen. Wenn die alten Römer einen Triumph feiern wollten, weil ein siegreicher General aus Afrika, Griechenland oder Asien mit großer Beute zurückgekehrt war, dann drückten sie ihre wilde Freude gemäß ihrer Veranlagung aus. Im Kolosseum versammelten sich die Menschenmengen aus Rom, um zu sehen, wie nicht nur Tiere, sondern auch Menschen hingeschlachtet wurden. Durch Zerstörungslust drückten sie die Freude ihrer grausamen Herzen aus.

Oder sehen wir uns den genußsüchtigen Menschen an. Er hat ein günstiges Geschäft abgeschlossen, oder ein freudiges Wiedersehen hat ihn heiter gestimmt. Was tut er, um seine Freude zum Ausdruck zu bringen? Beugt er seine Knie in Dankbarkeit vor Gott, oder stimmt er ein Loblied an? Nein! Er veranstaltet ein Trinkgelage. Wenn seine Genossen dann vom Wein betrunken sind, hat seine Freude ihren Ausdruck gefunden.

Die sinnlichen Menschen drücken ihre Freude durch Sinnlichkeit aus, Gott, dessen Name hochgelobt und dessen Wesen die Liebe ist, drückt seine Freude durch Barmherzigkeit, Güte und Gnade aus. Die Freude des Vaters zeigt sich in dem vorliegenden Gleichnis in der versöhnenden Vergebung, in dem Kuß der Liebe, in der Gabe des besten Kleides, des Ringes und der Schuhe und in dem Freudenfest, das das ganze Haus mit Fröhlichkeit erfüllt. Jeder drückt seine Freude seiner Natur gemäß aus. Die unendliche Liebe offenbart ihre Freude daher in Werken der Liebe.

Der Ausdruck der Freude Gottes und seine Gabe an uns sind unvergleichlich. Und doch besteht zwischen der Art, wie Gott seine Freude ausdrückt und wie wir Menschen das tun, eine Ähnlichkeit. Es ist daher wichtig, das zu beachten. Wie geben wir gewöhnlich unserer Freude Ausdruck? Wir tun es oft durch einen Liebesbeweis. Die Freude wird auch durch Gastfreundschaft ausgedrückt. Zur Weihnachtszeit, zum Hochzeitsfest oder in der Ernte drücken die Menschen ihre Freude gewöhnlich durch Geschenke aus. So zeigt der Vater in diesem wunderbaren Gleichnis den äußersten Großmut und belehrt uns über seine grenzenlose Freigebigkeit gegen den reuigen Sünder dadurch, daß er ihn selbst bewirtet.

Das beste Kleid, der Ring, die Schuhe und das Wort „Lasset uns essen und fröhlich sein“, alles das zeigt, daß Gott erfreut ist; und das Fest der Gnade ist das Festmahl des Herrn. So unübertroffen sind die Gaben seiner gnädigen Hand, daß die Empfänger seiner Gunstbezeugungen erstaunt ausrufen: „Niemand ist wie der Herr, unser Gott!“

Liebe Freunde, denkt doch bitte eine Weile über die Freigebigkeit des Herrn gegen umkehrende Sünder nach. Er tilgt ihre Sünde wie eine Wolke und ihre Übertretungen wie den Nebel. Er macht sie gerecht durch Jesus Christus, gibt ihnen den Heiligen Geist, erneuert, tröstet und erleuchtet sie; reinigt, stärkt, führt und beschützt sie; gibt ihnen aus seiner Fülle und macht ihren Mund fröhlich und krönt sie mit Gnade und Barmherzigkeit. Ich sehe in der Großmut Gottes, mit der er den umkehrenden Sünder annimmt, einen starken Beweis dafür, daß sich sein Innerstes über die Errettung von Menschen freut.

Wir lesen hier im Gleichnis: „Bringet eilends das beste Feierkleid her.“ Dadurch wird doch angedeutet, daß es für diese Gelegenheit aufbewahrt gewesen war. Für das Festmahl ist Fleisch nötig. Ein Kalb muß aber geschlachtet werden. Welches soll es sein? Irgendeins aus der Herde? Nein, das gemästete Kalb, das gut gefüttert und gerade für dieses Fest aufbewahrt worden ist.

Liebe Freunde, wenn Gott einen Sünder begnadigt, zeigt er seine Freude dadurch, daß er ihm seine Gnadengaben gibt. Er gibt dem Sünder das Allerbeste, was er hat: Er gibt ihm Jesus Christus und den Heiligen Geist.

Ich wünschte von Herzen, daß die Sünder kämen und die Gastfreundschaft Gottes auf die Probe stellten. Sie würden seine Tafel reich beladen finden. Wenn sie nur kommen wollten, so würden sich selbst die unter ihnen verwundern, die sehr viel erwartet haben.

Wir zeigen unsere Freude auch dadurch, daß wir unsere Gedanken auf den Gegenstand der Freude richten. Wenn jemand von Freude erfüllt ist, vergißt er alles andere und gibt sich dieser Freude ganz hin. Als David die Bundeslade holte, war er so freudig, daß er vor dem Herrn tanzte. Er legte seine Staatskleider ab und dachte so wenig an seine Würde, daß Michal ihn verspottete. Er war so von der Freude erfaßt, daß er jede Rücksicht auf seine Stellung vergaß.

Achtet in dem Gleichnis darauf, daß der Vater sagt: „Bringet eilends das beste Feierkleid her und ziehet es ihm an, und gebet ihm einen Ring an die Hand und Schuhe an die Füße; und bringet das gemästete Kalb her und schlachtet es; lasset uns essen und fröhlich sein! Denn dieser mein Sohn war tot und ist wieder lebendig geworden."

Der Vater hat nur Augen für den Sohn; das ganze Haus muß sich danach richten. An nichts anderes wird gedacht als an den lange verloren gewesenen Sohn. Er ist die Hauptperson in der Garderobe, im Juwelenzimmer, auf dem Hof, in der Küche und im Speisesaal. Daß der verlorene und tote Sohn lebt und wiedergefunden ist, nimmt des Vaters Herz ganz in Anspruch.

Es ist wunderbar, wie Gott alle seine Gedanken auf dich richtet nach seiner Verheißung: „So will ich über sie wachen, um aufzubauen und zu pflanzen, spricht der Herr." Der Herr denkt an die Armen und Bedürftigen; sein Auge blickt auf sie, und seine Ohren hören auf ihr Schreien. Er denkt an jeden reumütigen Sünder, als sei er das einzige Wesen im ganzen Weltall. Er möchte ihn heimbringen. Für ihn werden die Evangelisten ausgebildet, damit sie wissen, wie sie sein Herz erreichen können. Für ihn wird ihnen die Gabe des Heiligen Geistes gegeben, damit sie mächtig auf sein Gewissen einwirken können. Ja, für ihn bittet Gottes Sohn, der einst am Kreuz blutete und nun auf dem Himmelsthron sitzt.

Ich sah einmal in Amsterdam beim Diamantschleifen zu. Ich sah mächtige Maschinen mit großen Rädern in Betrieb. Alle Kraft wurde auf einen kleinen Stein verwandt, der nicht größer als der Nagel meines kleinen Fingers war. Alle diese Maschinen wurden für den kleinen Stein eingesetzt, weil er so kostbar war!

So sehe ich auch euch arme, unglückliche Sünder, die sich gegen Gott empört haben, wie ihr zum Hause des Vaters umkehrt. Das Weltall ist voller Räder, und alle Räder arbeiten für euer Bestes; sie werden eingesetzt, um Juwelen aus euch zu machen, damit ihr einmal in der Krone des Erlösers glänzen sollt.

Gott bricht die ewige Stille und ruft: „Mein Sohn ist gefunden!"

Als ein Forscher der Natur ein Geheimnis entlockt hatte, lief er durch die Straßen und schrie: „Ich habe es gefunden! Ich habe es gefunden!" Genauso bleibt der Vater bei dem Wort: „Mein Sohn war tot und ist wieder lebendig geworden; er war verloren und ist wiedergefunden worden." Die ganze Heilige Schrift zielt auf die Umkehr des Verlorenen. Dafür verläßt der Erlöser die Herrlichkeit, dafür fegt die Gemeinde ihr Haus und zündet ihr Licht an. Wenn das Werk gelungen ist, tritt alle andere Freude vor der unendlichen Freude des Herrn zurück, wenn er seine Erlösten auffordert, an seiner Freude teilzunehmen, indem er sagt: „Gehe ein zu deines Herrn Freude!"

Wir zeigen unsere Freude auch durch eine heitere Gemütsbewegung. Ich habe David schon angeführt. Es war auch bei ihm so: Er tanzte vor der Bundeslade. Ich könnte mir David nicht vorstellen, wie er langsam vor der Bundeslade hergeht oder wie ein Trauernder bei einer Beerdigung kriechend nachfolgt.

Wenn jemand freudig erregt ist, zeigt er es gewiß

durch den Schwung in seinen Bewegungen. Horcht auf den Vater. Er sagt: „Bringet eilends das beste Feierkleid her und ziehet es ihm an, und gebet ihm einen Ring an die Hand und Schuhe an die Füße; und bringet das gemästete Kalb her und schlachtet es; lasset uns essen und fröhlich sein!" Ohne Zögern spricht er einen Satz nach dem andern aus. Es gibt keine Pause zwischen den Befehlen. Hätte er nicht sagen können: „Bringet das beste Kleid hervor und zieht es ihm an. Dann wollen wir uns daran machen und ihn für den nächsten Schritt vorbereiten. Nach einer Stunde oder morgen wollen wir ihm einen Ring an den Finger stecken, und dann werden wir auch noch Schuhe für ihn finden. Im Augenblick ist es vielleicht gut, wenn er noch keine Schuhe hat, denn wenn er Schuhe hätte, würde er vielleicht wieder fortlaufen. Wenn wir dann sehen, daß seine Reue echt ist, werden wir ein Festmahl für ihn zurichten!"? Nein, nein, des Vaters Herz ist froh gestimmt. Er muß seinen Sohn sofort segnen, ihn mit seiner Gunst überhäufen und mit den Zeichen seiner Liebe überschütten.

Wenn Gott einen Sünder annimmt, läuft er ihm gleichsam entgegen, fällt ihm um den Hals, küßt ihn, vergibt ihm, rechtfertigt ihn, heiligt ihn, macht ihn zu seinem Kind, öffnet ihm die Schätze seiner Gnade – und das alles in schneller Aufeinanderfolge. In wenigen Minuten ist der umkehrende Sünder von der Sünde gereinigt, bekleidet, geschmückt und zum Dienst beschuht.

Der sterbende Heiland sagte zum Schächer: „Heute wirst du mit mir im Paradiese sein!" Er wollte ihn nicht in seinen Schmerzen am Kreuz schmachten lassen, sondern ihn in zwei oder drei Stunden ins Paradies bringen. Liebe und Freude sind stets schnell in ihrem Handeln. Gott ist langsam zum Zorn, aber er ist schnell in seiner Gnade, die wie ein Strom alles überflutet.

Die Freude des Vaters kam offen zum Ausdruck. Es

ist einem vergnügten Menschen schwer zu schweigen. Wenn man sehr glücklich ist, muß man es jemandem erzählen. So macht es hier auch der Vater. Er spricht seine Freude aus, und der Ausdruck ist sehr einfach: „Dieser mein Sohn war tot und ist wieder lebendig geworden; er war verloren und ist wiedergefunden worden."

Bei aller Einfachheit ist das wahre Poesie. Die Poesie der Hebräer bestand in der Wiederholung des Sinnes oder eines Teiles der Worte. Hier sind zwei Reihen, die sich verbinden und einen Vers in der hebräischen Poesie bilden. Der Vater hätte doch damit zufrieden sein können zu sagen: „Mein Sohn war tot und ist wieder lebendig geworden." Nein, die Tatsache ist so überwältigend, daß er sie wiederholen muß: „Er war verloren und ist wiedergefunden worden."

Wenn wir angenehm berührt worden sind, lassen wir unsere Freude hören. Wir können nicht anders. So freut sich Gott über den Sünder und teilt seine Freude in der Heiligen Schrift in verschiedenen Bildern mit. Obgleich diese Schriftstellen einfach im Stil sind, enthalten sie doch echte Poesie. Die Sänger der Bibel stehen im ersten Rang unter den Söhnen des Gesanges. Gott selbst läßt sich herab, die Poesie zu benutzen, um seine Freude auszudrücken, weil die Prosa zu kalt und ruhig ist. Höre, wie Gott es wiedergibt: „Wie sich ein Bräutigam seiner Braut freut, so wird sich dein Gott über dich freuen."

Gott hätte uns über seine Freude im Dunkeln lassen können. Es hätte uns kurz mitgeteilt werden können, daß Gott Sünder errettet, und wir hätten nicht gewußt, daß Gott auch Freude daran findet. Aber die Freude Gottes war zu groß; sie durfte nicht verborgen bleiben. Der große Gott konnte sich nicht zurückhalten; er mußte es dem Weltall mitteilen, welche Freude ihm die Ausübung der Gnade macht.

So, meine Freunde, habe ich in Schwachheit von der

Freude Gottes gesprochen, und ich möchte euch auch noch darauf aufmerksam machen, daß an dieser Freude jede andere Eigenschaft Gottes ihren Anteil hat, wie wir es in unserem Gleichnis sehen: Herablassende Gnade lief dem Sohn entgegen, die Liebe fiel ihm um den Hals, die Gnade küßte ihn, die Weisheit kleidete ihn, die Treue gab ihm den Ring, der Friede gab ihm die Schuhe an die Füße, die Weisheit besorgte das Fest, und die Macht bereitete es.

Keine Eigenschaft Gottes richtet sich gegen die Vergebung von Sünden und gegen die Errettung von Sündern. Seine Kraft stärkt den Schwachen, seine Barmherzigkeit verbindet den Verwundeten, seine Gerechtigkeit blickt freundlich lächelnd auf den gerechtfertigten Sünder, denn sie ist durch das versöhnende Blut Jesu befriedigt. Seine Treue legt Hand an, damit die Gnadenverheißung erfüllt werde, seine Unveränderlichkeit bestätigt, was getan worden ist, und seine Allwissenheit sorgt dafür, daß nichts ungetan bleibt. Die ganze Gottheit ist in Tätigkeit, um einen armen Wurm des Staubes in einen neuen Stand zu erheben und ihn zu einem Erben Gottes und Miterben Christi zu machen. Die Freude Gottes nimmt sein ganzes Wesen in Anspruch, so daß wir wohl sagen können: „Lobe den Herrn, meine Seele, und alles, was in mir ist, seinen heiligen Namen!“ Denn alles, was in ihm ist, ist tätig, seine Heiligen zu segnen.

Diese Freude des Herrn sollte jedem Sünder großes Vertrauen verleihen, durch Jesus Christus zu Gott zu kommen. Für den Sünder bedeutet es große Freude, errettet zu werden, und für Gott, zu erretten. Wenn du den Wunsch hast zu sagen: „Ich habe gesündigt!“, so möchte er dir sagen, daß deine Sünden vergeben sind. Wenn du dich danach sehnst, Kind in seinem Haus zu sein, so ist die Tür offen, und er selbst wartet auf dich. Komm, und sei willkommen! Komm, und sei willkommen, und säume nicht länger!

Die Freude des Sünders

Der Sohn freute sich. Er drückte es nicht in Worten aus, aber er fühlte es um so mehr. Zuweilen wird uns die Unfähigkeit, unsere Gemütsbewegung zu äußern, sehr deutlich, aber auch sehr peinlich bewußt. Das war der Fall beim verlorenen Sohn. Das Herz des Sohnes war zu voll, um sich in Worten aussprechen zu können, aber er hatte sprechende Augen, als er seinen lieben Vater anblickte. Als sie ihm das Kleid und die Schuhe anzogen und den Ring an den Finger steckten, war er zu erstaunt, um sprechen zu können. Er weinte heftig; aber die Tränen waren keine Tränen des Kummers, es waren Tränen der Freude und des Glücks.

Was glaubt ihr, was den Sohn so freudig stimmte? Es war seines Vaters Liebe, seines Vaters Vergebung, die Wiederherstellung seiner früheren Stellung beim Vater. Das war der Punkt. Da diente jede Gabe des Vaters als ein Zeichen dieser Liebe und machte die Freude überfließend. Das Kleid, das ihm angezogen wurde, war das Kleid eines Sohnes, eines geliebten und angenommenen Sohnes.

Habt ihr beachtet, wie das Kleid zu seinem Bekenntnis paßte? Die Sätze verbanden sich so: „Vater, ich habe gesündigt!" – „Bringet eilends das beste Feierkleid her." Bedecke alle seine Sünden mit Christi Gerechtigkeit; nimm seine Sünden weg, und rechne ihm die Gerechtigkeit des Herrn Jesus Christus zu.

Das Kleid paßte auch für seine Verhältnisse. Er kam in Lumpen, darum „bringet eilends das beste Feierkleid her und ziehet es ihm an" – dann werdet ihr nichts mehr von seinen Lumpen sehen.

Es war auch notwendig, daß er so bekleidet wurde, denn das war das Zeichen seiner Wiederherstellung. Da er wieder in die Rechte eines Sohnes eingesetzt wurde, sollte er nicht in zerrissenen Kleidern gehen, sondern ein Gewand tragen, das zu seiner Stellung paßte. Es sollte ja auch ein Fest beginnen; dazu mußte er ein festliches Gewand tragen. Es wäre nicht angemessen gewesen, sich auf diesem Fest in Lumpen zu vergnügen. Zieht ihm das beste Kleid an, damit er vorbereitet ist, seinen Platz am Festmahl einzunehmen.

So ist es, wenn der reuige Sünder zu Gott kommt. Er wird nicht nur mit dem Mantel der Gerechtigkeit Jesu Christi bedeckt, was die Vergangenheit anbetrifft, sondern er wird für zukünftige Segnungen vorbereitet, die für die Begnadigten bereit sind. Ja, er wird in einen Stand versetzt, sofort der Freude Raum zu geben.

Dann bekam er den Ring. Dadurch wurde gezeigt, daß er nun als Sohn auch alle Ehren der Verwandtschaft wieder erlangt hatte. Der Siegelring verlieh in früheren Zeiten im Osten große Vorrechte. In damaliger Zeit unterzeichneten die Menschen nicht mit ihrem Namen, sondern siegelten ein Schriftstück mit ihrem Siegel. So verlieh ein Ring Vollmacht über das Eigentum dessen, der den Ring gegeben hatte. Der Vater gab dem Sohn einen Ring, und wie wunderbar beantwortet diese Gabe eine andere Bemerkung seines Bekenntnisses! Ich werde die beiden Sätze zusammen lesen: „Ich bin nicht mehr wert, dein Sohn zu heißen!" – „Gebet ihm einen Ring an die Hand." Die Gabe trifft genau mit dem Bekenntnis zusammen.

Sie paßte auch zu der veränderten Stellung des Sohnes. Dieselbe Hand, die die Schweine gefüttert hatte, durfte nun einen Ring tragen. Er hatte keinen Ring an den Händen, als er am Schweinetrog arbeitete, das kann ich euch versichern. Aber jetzt war er kein Schweinehirt mehr, sondern der geehrte Sohn eines reichen Vaters. Sklaven tragen keine Ringe. Der Ring bezeichnet die Freiheit des Zurückgekehrten von der Sünde und seine Freude über die Vorrechte des Vaterhauses.

Liebe Freunde, der Herr will euch froh machen, wenn

ihr zu ihm kommt, indem er euch das Siegel des Heiligen Geistes aufdrückt, das den Wert des göttlichen Erbes bezeichnet. Du sollst ein gewisses und ehrendes Zeichen haben, und du sollst wissen, daß alles dein ist, es sei das Gegenwärtige oder das Zukünftige. Dieser Ring an deinem Finger wird deine enge Verbindung mit Jesus Christus zeigen. Er wird die ewige Liebe offenbaren, die der Vater gegen dich hat, und wird das bleibende Pfand für das Wirken des Heiligen Geistes sein.

Dann zogen sie Schuhe an seine Füße. Der Herr und die Söhne trugen Sandalen, aber nicht die Diener, so daß dieser Befehl eine Antwort auf den letzten Teil des Gebetes des Bittenden war: „Mache mich zu einem deiner Tagelöhner!" Aber der Vater sagt: „Nein, sondern ziehet ihm Schuhe an die Füße!" Der Begnadigte hat nicht länger am Sinai zu zittern, sondern er soll zum Berge Zion kommen und innige Gemeinschaft mit Gott haben. In dieser Weise wurde der verlorene Sohn für den Dienst als Sohn beschuht. Er konnte seinem Vater Wege besorgen oder auf des Vaters Feld arbeiten. Er hatte jetzt alles, was er wünschen konnte: das Kleid, das ihn bedeckte, den Ring, der ihn schmückte, und die Schuhe, die ihn zum Wandel und zur Arbeit bereit machten.

Nun, ihr erweckten und ängstlichen Leser, die ihr ein Verlangen habt, euch Gott zu nahen, ich möchte, daß diese Beschreibung der Freude des Verlorenen Sohnes euch reizt, sogleich zu kommen. Kommt alle, und er wird sagen: „Bringet eilends das beste Feierkleid her!" Kommt alle, die ihr eure natürlichen Gebrechen durch die Sünde erkennt; er wird euch mit dem Ring der Schönheit schmücken. Kommt alle, die ihr meint, ihr könntet nicht kommen, denn ihr habt blutende und ermattete Füße, und er wird euch mit den Sandalen seiner Gnade beschuhen. Kommt nur, und ihr werdet eine nie geahnte Freude in eurem Herzen erfahren.

Die Freude der Diener

Nun wollen wir uns mit der Freude der Diener beschäftigen. Sie sollten fröhlich sein; und sie waren fröhlich, denn die Musik und der Reigen, die draußen zu hören waren, mußten von vielen Menschen ausgehen, und wer sollte das anders gewesen sein als die Diener, die der Vater beauftragt hatte? Sie aßen, sie tranken, sie machten Musik, und sie tanzten.

Wenn ein Sünder bekehrt wird, haben wir Anteil an der Freude. Wir haben zuerst Freude an des Vaters Freude. Sie waren so freudig, weil ihr Herr erfreut war. Für gute Diener ist es immer angenehm, wenn sie ihren Herrn von großer Freude bewegt sehen. Der Diener, der zu dem älteren Bruder hinausging, zeigt durch seine Sprache, daß er an der Freude des Herrn teilnahm.

Wenn du mit Gott in Übereinstimmung bist, mein lieber Bruder, meine liebe Schwester, so wirst und mußt du dich mit Gott freuen, wenn er dich erleben läßt, daß verlorene Sünder errettet werden. Es wird dir mehr wert sein als eine Börse voll Gold oder ein Gewinn in deinem Geschäft; ja, nichts in der Welt kann dir mehr Freude geben, als wenn du siehst, daß sich einer deiner Brüder oder deiner Kinder in Jesus Christus freuen kann.

Eine Mutter sagte es einmal sehr schön und treffend: „Ich erinnere mich noch der neuen und besonderen Gefühle, die mich bewegten, als mir mein erster Sohn zum erstenmal ans Herz gelegt wurde. Aber als mein Sohn neugeboren, als „eine neue Kreatur in Christus Jesus", zu mir kam als mein geistliches Kind, mein Sohn im Evangelium, begnadigt, gerechtfertigt, angenommen von Gott, auf ewig gerettet, das war eine tiefe Freude, eine unaussprechliche Freude! Mein Kind war ein Kind Gottes! Die Gebete, die seiner Geburt vorangegangen waren, die seine Kindheit und seine Jugend begleitet hatten, waren erhört worden. Mein Sohn war Jesu Eigentum. Die ermüdende Wachsamkeit, die heißen Wünsche, die zitternde Hoffnung – alles war nun zur Ruhe gekommen. Unser erstgeborener Sohn erkannte sich als des Herrn Eigentum."

Möchte doch jeder Vater und jede Mutter solche Freude kennen, die aus diesem Erlebnis erwächst!

Ich bin gewiß, die Diener freuten sich, daß der Sohn zurückgekehrt war, denn gewöhnlich haben selbst schlechte Söhne die Zuneigung guter Diener. Wenn junge Männer fortgehen und ihren Vätern großen Kummer bereiten, haben die Diener oft ein Interesse für sie. Sie pflegen zu sagen: „Johann war sehr rücksichtslos und lustig und ärgerte seinen Vater sehr, aber ich möchte den armen Jungen doch wieder zurückkehren sehen."

Oft kommt das bei den alten Dienern vor, die schon im Haus waren, als der Knabe geboren wurde. Sie vergessen ihn nie. Ihr werdet finden, daß Gottes alte Diener immer erfreut sind, wenn sie sehen, daß verlorene Kinder umkehren. Sünder, wir lieben euch mit all euren Fehlern und eurer Herzenshärtigkeit. Wie groß würde unsere Freude um euretwillen sein, wenn wir sähen, daß ihr vom ewigen Verderben und vom Zorn Gottes, der noch über euch ist, befreit werdet und damit zur Freude der Sündenvergebung und der Annahme durch Jesus Christus gekommen seid.

Wir sollen uns natürlich um des Sünders willen freuen, aber ich denke, die Diener freuten sich am meisten darüber, daß sie Werkzeuge in des Vaters Hand waren. Der Vater sagte zu den Dienern: „Bringet eilends das beste Feierkleid her." Er hätte selbst zur Garderobe gehen, den Schrank aufschließen und das beste Kleid herausnehmen können, aber er machte den Dienern das Vergnügen, das zu tun. Dann sagte er: „Und ziehet es ihm an!"

Wenn uns der Herr die Gnade erweist, das zu tun,

dann gibt es noch mehr Freude. Wie oft habe ich das beste Kleid hervorgebracht und konnte es euch doch nicht anziehen. Ich habe es in die Höhe gehalten, seine Vorzüglichkeit beschrieben und es mit euren Lumpen verglichen. Ich habe gesagt, wie schön es wäre, wenn ich es euch anlegen könnte, aber ich konnte es nicht. Ich war zu schwach dazu. Wenn mich aber der himmlische Vater durch seine göttliche Gnade und die Kraft des Heiligen Geistes als Werkzeug gebraucht, diese Schätze in den Besitz armer Sünder zu bringen, welch eine Freude ist das! Ich würde mich freuen, den Ring der Versiegelung des Heiligen Geistes und die Schuhe für die Verbreitung des Evangeliums des Friedens zu bringen, denn es ist eine Freude, diese Segnungen zu zeigen, und eine noch größere Freude, sie dem armen, umkehrenden Wanderer anzulegen.

Gott sei Dank, daß er seinen Dienern eine solche schöne Aufgabe gegeben hat! Ich würde es nicht gewagt haben, von den Dienern zu berichten, daß sie dem Verlorenen das Kleid, den Ring und die Schuhe angelegt haben, aber da er es selbst gesagt hat, freue ich mich, des Heiligen Geistes eigene Sprache zu gebrauchen.

Wie schön war der Befehl: „Ziehet es ihm an!“ Ja, zieht es dem armen, zitternden, zerlumpten Sünder an. Zieht es ihm an, obgleich er kaum glauben kann, daß solche Gnade möglich ist.

„Zieht es *ihm* an?“ Ja, ihm. „Er, der ein Trunkenbold, ein Flucher, ein Ehebrecher war?“ Ja, zieht es ihm an, denn er zeigt Reue.

Welche Freude ist es, wenn wir durch Gottes Auftrag befähigt werden, den herrlichen Mantel der göttlichen Gerechtigkeit über einen großen Sünder zu werfen! Und den Ring, steckt ihn an seinen Finger! Und die Schuhe, zieht sie ihm an! Daß sie für den Sünder bestimmt sind, ist der Kern unserer Freude – besonders wenn ein solcher Sünder einer unserer Hausgenossen ist.

Es war sehr freundlich von dem Vater, die Liebesarbeit zu teilen. Einer zog ihm das Kleid an, ein anderer steckte ihm den Ring an den Finger, und ein dritter zog ihm die Schuhe an. Einige meiner Brüder können Jesus Christus in seiner Gerechtigkeit vorzüglich predigen; diese bringen das beste Kleid herbei. Einige haben die Gabe, besonders über das Werk des Heiligen Geistes zu predigen; diese bringen den Ring. Andere wieder sind praktische Lehrer; sie bringen die Schuhe. Mir persönlich ist es gleich, was ich zu tun habe, wenn ich nur daran teilnehmen darf, dem armen Sünder diese unvergleichlichen Gnadengaben zu bringen, die der Herr für alle, die zu ihm umkehren, bereit hat.

Wie freudig die waren, die beim Ankleiden halfen, kann man nicht beschreiben. Während dieser Zeit ging ein anderer Diener hinaus und holte das gemästete Kalb, und zwei oder drei waren beim Schlachten und Zubereiten beteiligt, während ein anderer das Feuer in der Küche betreute und den Bratspieß drehte. Einer deckte den Tisch, und ein anderer lief in den Garten und holte Blumen, um Kränze für den Festsaal zu binden. Alle waren glücklich, alle bereit, an der Musik und dem Reigen teilzunehmen.

Wer zum Besten der Sünder arbeitet, ist immer am freudigsten, wenn Sünder errettet werden. Wer für sie betet, wer belehrt, wer ihnen predigt, wer sie für Jesus gewinnt – jeder soll an ihrer Fröhlichkeit teilnehmen.

Nun, liebe Brüder, wird uns erzählt, daß sie „anfingen, fröhlich zu sein"; und nach der Beschreibung scheint es, daß sie wirklich fröhlich waren, und ich sehe keine Andeutung, daß sie wieder damit aufhörten.

Da die Fröhlichkeit grenzenlos zunehmen kann, wenn sie einmal einen Anfang genommen hat, kann niemand wissen, wohin sie bis jetzt gekommen sind. Die Heiligen fangen jetzt an, fröhlich zu sein, und sie werden nie wieder aufhören, sondern sich immer mehr freuen. Auf der Erde ist alle Freude nur der Anfang des Fröhlichseins, aber droben im Himmel wird es erst richtig anfangen. Unsere Freude auf der Erde ist kaum mehr als der niedrigste Wasserstand bei Ebbe, aber im Himmel rauscht die Freude wie eine volle Springflut. Laßt uns heute anfangen, fröhlich zu sein!

Wir können es natürlich nicht, wenn wir nicht mit ganzem Einsatz für die Errettung anderer arbeiten. Wenn wir das tun und getan haben, laßt uns den Herrn rühmen und preisen und uns mit den Gefundenen freuen! Laßt uns das Fest feiern, wie Jesus es gefeiert haben will. Ich hoffe, daß keiner der älteren Brüder hier ist, der in seinem Zorn nicht hereinkommen will. Laßt uns fortfahren, fröhlich zu sein, solange wir leben, weil die Verlorenen gefunden und die Toten lebendig gemacht worden sind!

Gott verleihe euch aus diesem Grunde, ohne Ende fröhlich zu sein!

9

JESUS WUSSTE WOHL, WAS ER TUN WOLLTE

„Das sagte er aber, um ihn auf die Probe zu stellen, denn er selbst wußte wohl, was er tun wollte“ (Johannes 6,6).

Wir lernen aus diesem Text, ehe wir tiefer auf ihn eingehen, daß unser Herr stets für alles, was er tut, einen Grund hat. Sogar der Grund, weshalb er eine Frage stellt, kann ausfindig gemacht werden, wenn wir ihn auch nicht gleich entdecken können. Wir dürfen ganz gewiß sein, daß immer ein Grund vorhanden ist.

Nun, wenn ein Grund da ist für alles, was der Herr Jesus fragt, so ist noch viel mehr ein Grund da für alles, was er tut. Wir können nicht den Grund der Erwählung sagen, warum dieser Mann erwählt ist oder jener, aber es ist ein Grund da, weil Gott niemals grundlos handelt, auch wenn seine Gründe nicht immer offenbar sind. Seine Machtvollkommenheit ist absolut, aber niemals absurd. Es ist stets eine Ursache da, die eine Rechtfertigung für alles ist, was Gott im Reich der Gnade tut.

Bei deinen gegenwärtigen Leiden und Nöten hast du, lieber Freund, vielleicht versucht, die Absicht des Allmächtigen herauszubuchstabieren, aber ohne Erfolg. Weißt du nicht, daß seine Wege unausforschlich sind? Aller Wahrscheinlichkeit nach wirst du diesseits der Ewigkeit nicht die Absichten Gottes bei deinem gegenwärtigen Leiden herausfinden, aber daß er eine bestimmte Absicht hat, ist gewiß. Wenn du diese Sache wie Gott beurteilen könntest, würdest du dich nicht beunruhigen und ebenso handeln, wie Gott es tut; gegenwärtig gehen deine Gedanken in eine ganz andere Richtung als Gottes Gedanken, und deshalb irrst du, wenn du versuchst, seine Wege zu messen. Hast du wegen eines Todesfalles oder einer Krankheit Hader mit deinem himmlischen Vater, so beende ihn sogleich in aller Demut. Unterwirf dich dem Vater und lebe. Glaube an deinen Herrn und sei ruhig. Jesus weiß, was er tut, und warum er es tut. Für den Verlust deiner Gesundheit ist ein Grund da. Für die körperlichen Schmerzen, für die Niedergeschlagenheit des Geistes, für den Mangel an Erfolg im Geschäft, sogar für die Wunden, die eine grausame Zunge der Verleumdung dir schlagen durfte, ist ein Grund vorhanden.

Möglicherweise liegt der Grund in den Worten unseres Textes: „Das sagte er aber, um ihn auf die Probe zu stellen." Du mußt erprobt werden. Gott gibt nicht Glauben oder Liebe oder irgendeine Hoffnung, ohne die Absicht, sie zu prüfen. Wenn jemand eine Straße macht, dann doch deswegen, damit Fahrzeuge darauf fahren können. Als die Pfeiler, die jetzt diese Galerien tragen, gegossen wurden, wurden sie zu dem Zweck gemacht, ein großes Gewicht zu tragen, und diese zwanzig Jahre hindurch haben sie tapfer den Druck ausgehalten. Es wäre müßig gewesen, sie zu errichten und kein Gewicht auf sie zu legen. Als Gott dich, mein Bruder, stark in dem Herrn machte, da beabsichtigte er, jedes Gramm dieser Stärke zu prüfen; denn das, was Gott macht, hat einen Zweck, und er wird es erproben, ob es seiner Absicht entspricht.

Ich denke, daß ein jedes Körnlein Glauben im Feuer geprüft wird. Alles Gold muß in den Schmelztiegel, um erprobt zu werden. Wenn keine andere Erklärung einer göttlichen Führung gefunden werden kann, so mögt ihr immer wieder auf den Glauben zurückkommen, daß er dies sagte und dies tat, um euch zu versuchen.

Laßt uns nun zu dem Text kommen, der viel Trost enthält. Möge uns der Heilige Geist hineinleiten!

Eine Frage an Philippus

Jesus richtet diese Frage mit der Absicht an Philippus, ihn in mehreren Punkten zu prüfen. Er wollte damit seinen Glauben prüfen. Der Meister sagt: „Woher kaufen wir Brot, daß diese essen können?“ Was wird Philippus sagen?

Wenn er starken Glauben hat, wird er antworten: „Großer Meister, es ist nicht nötig, Brot zu kaufen; du bist größer als Mose, und bei Mose wurde das Volk in der Wüste mit Manna gespeist. Du brauchst nur das Wort zu sprechen, so wird es Brot für die Menschenmenge regnen, und alle werden gesättigt werden.“

Hätte Philippus großen Glauben gehabt, so hätte er vielleicht geantwortet: „Du bist größer als Elisa. Elisa nahm ein paar Gerstenbrote und Kornähren und speiste damit die Söhne der Propheten. Du, Herr, kannst das gleiche tun.“

Wenn Philippus noch größeren Glauben gehabt hätte, so hätte er sagen können:„Herr, ich weiß nicht, wo Brot zu kaufen ist, aber es steht geschrieben: 'Der Mensch lebt nicht vom Brot allein.' Du kannst diese Menschenmenge ohne sichtbares Brot erquicken. Du kannst ihren Hunger stillen und sie völlig sättigen, ohne daß sie einen einzigen Bissen essen. Sprich du ein Wort, so werden sie sogleich erquickt werden.“

Diese Frage wurde also gestellt, um den Glauben des Philippus zu erproben. Sie erprobte ihn und erwies ihn als sehr klein, denn er begann, seine Pfennige zu zählen: „Eins, zwei, drei, vier.“ Nein, ich will nicht bis zweihundert zählen, aber das ist es, was Philippus tat. Er begann Pfennige zu zählen, anstatt auf den Allmächtigen zu blicken.

Handeltest du ebenso, gläubiger Freund, als du versucht wurdest? Rechnetest und zähltest du Kupferstükke zusammen, anstatt auf den ewigen Gott zu blicken und ihm zu vertrauen? Ich fürchte, wenige von uns können sich von diesem Fehler freisprechen, da sogar Mose einst in ungläubiges Rechnen verfiel, als Gott dem Volk Fleisch geben wollte. Erinnert euch an die Antwort, die Gott seinem ängstlichen Knecht gab: „Ist denn die Hand des Herrn verkürzt?“ Ebenso sollten wir die Treue Gottes sehen. Aber wenn wir ungläubig sind, werden wir sie auf eine Weise zu sehen bekommen, die uns schmerzlich die Sünde des Mißtrauens gegen unseren Herrn empfinden lassen wird.

Die Frage sollte ohne Zweifel auch die Liebe des Philippus erproben, und er konnte diese Prüfung besser bestehen als die anderen; denn er liebte Jesus, obwohl er trägen Herzens war, zu glauben. In vielen aufrichtigen Herzen ist mehr ruhige Liebe als tätiger Glaube. Es tut mir leid, daß wenig Glaube da ist, aber ich bin doch dankbar, daß sich Liebe findet.

Der Heiland schien zu sagen: „Philippus, ich will diese Leute speisen. Willst du mir helfen? Wo kaufen wir Brot? Komm her. Wie sollen wir die Arbeit ausführen?“

Philippus liebt seinen Meister und ist deshalb durchaus bereit, die Sache zu erwägen und wenigstens den Beistand seiner Rechenkunst zu gewähren. Er sagt: „Für zweihundert Denare Brot reicht nicht hin für sie.“

Sein Meister fragt ihn nicht, was nicht genug sein würde, sondern was genug sein würde. Aber Philippus fängt an, die verneinende Frage zu berechnen, welche Frage ihr und ich, wie ich befürchte, auch oft berechnet haben.

Einem jeden in der Menge auch nur ein wenig zu geben, könnte nicht unter zweihundert Denare getan werden. Damit ist klar, daß unsere Hilfsquellen unzureichend sind. Das ist stets eine niederschlagende Feststellung. Der arme Philippus rechnet zusammen, was nicht genug für alle sein würde, und läßt den allgenugsamen Herrn aus der Rechnung weg.

Aber selbst in der Berechnung zeigt er seine Liebe zu seinem Meister. Wäre er nicht voller Liebe und Achtung gewesen, so hätte er gesprochen: „Herr, es ist unnütz, daran zu denken. Wir sind eine arme Gesellschaft, uns wird dann und wann ein wenig Geld gegeben, und ich weiß nicht genau, wieviel wir haben. Vielleicht weiß Judas das; aber ich bin überzeugt, daß nicht genug in dem Beutel ist, diese Menge zu speisen, selbst wenn Bäckerläden in der Nähe wären, wo wir Brot kaufen könnten." Aber Philippus antwortet nicht so. Nein, dazu hatte er zuviel Ehrfurcht und Liebe zu dem Herrn. Es mangelte an Glauben, aber es fehlte nicht an Liebe.

Es wird gut für uns sein, unseren Herrn so sehr zu lieben, daß wir niemals von seinen gnädigen Plänen als schwärmerisch sprechen oder sie für unmöglich halten.

Die Frage prüfte auch das Mitgefühl des Philippus. Der Herr Jesus bewegte dadurch sein Herz, sich um das Volk zu kümmern. Die anderen Jünger sprachen: „Entlasse sie, damit sie in die Gehöfte und Dörfer ringsumher gehen und sich Brot kaufen." Jesus nahm vielleicht in Philippus ein wenig mehr Mitgefühl wahr als in den anderen, und sagte zu ihm: „Woher kaufen wir Brot?"

Er erwies Philippus eine große Ehre, sich mit ihm zu vergesellschaften, aber vielleicht sah er in ihm eine mitfühlende Seele, und Christus liebte es, durch mitfühlende Werkzeuge zu wirken. Eins stelle ich jedenfalls fest: daß Gott selten einen Mann gebraucht, der ein hartes oder kaltes Herz hat. Wärme in uns kann allein Wärme in anderen erzeugen. Ein Mann muß die Menschen lieben, sonst kann er sie nicht erretten.

Ein Prediger muß den heißen Wunsch haben, daß seine Zuhörer errettet werden, und muß in dieser Sache wie der Herr Jesus fühlen, sonst wird ihn der Herr nicht gebrauchen. Deshalb suchte unser Herr das Mitgefühl des Philippus anzuregen. „Komm, Philippus, was sollen wir tun? Wo kaufen wir für diese Leute Brot?"

Ich glaube nicht, daß Philippus hier ganz und gar versagte. Er hatte nicht soviel Mitgefühl mit seinem Herrn, wie er es hätte haben sollen, aber er hatte doch wenigstens etwas.

Laßt uns keinen Mangel haben, weder an Glauben noch an Liebe noch an Mitgefühl. Gott gebe, daß wir dies alles reichlich durch die Wirksamkeit seines Heiligen Geistes haben. Dann sind wir tauglich, seine Mitarbeiter zu sein.

Aber warum richtete der Herr diese Frage an Philippus? Warum wird einem von euch eine besondere Frage vorgelegt oder ein eigentümliches Leiden gesandt? Diese Frage wurde dem Philippus gestellt, um ihn zu versuchen. Aber warum sollte Philippus versucht werden?

Nun, ich denke, der Heiland sprach zu Philippus, weil dieser aus Bethsaida war. Sie waren in der Nähe von Bethsaida, und deshalb sprach Jesus zu Philippus: „Woher kaufen wir Brot?" Philippus sollte zunächst an den Ort denken, an dem er wohnte.

Ich möchte, daß Jesus zu einigen von euch spräche: „Was sollen wir für Berlin oder Frankfurt tun?", weil viele von euch Berliner oder Frankfurter sind. Ihr gehört zu den vielen Millionen dieser großen Städte, und es ist eine ernste Verantwortung, Bürger einer der großen Städte zu sein.

Wenn der Herr Jesus einigen Berlin oder Hamburg oder Frankfurt aufs Herz legt, so wird er es natürlich bei denen tun, die darin wohnen, gerade wie er zu Philippus sagte: „Woher kaufen wir Brot?" Wenn er jemanden zur Evangelisation eines Dorfes oder einer Stadt sucht, so wird es zunächst jemand sein, der entweder dort geboren ist oder dort wohnt. Das alte Sprichwort sagt zwar, daß des Schuhmachers Frau barfuß geht, und zuweilen sorgt sich ein Mann um Leute, die Tausende von Kilometern entfernt wohnen, jedoch nicht um sein Haus und seine Nachbarschaft; aber das sollte nicht so sein.

Hier ist es Philippus, der Mann von Bethsaida, zu dem die Botschaft kommt und an den die Frage gerichtet wird. Das geschah, um ihn zu versuchen.

Dir, lieber Bruder, werden Fragen im Blick auf deine Heimatstadt gestellt, die dich versuchen.

Es war wahrscheinlich die Aufgabe des Philippus, für die kleine Gesellschaft der Zwölf und ihren Führer zu sorgen. Judas war der Schatzmeister, und wenn wir uns nicht sehr irren, besorgte Philippus die Einkäufe. Es war seine Aufgabe, darauf zu sehen, daß sie Brot in der Reisetasche hatten, und seine Aufgabe, Vorrat zu beschaffen, wenn die Jüngerschar in die Wüste ging.

Auch hier sind Brüder gegenwärtig, deren Aufgabe es ist, für Menschenseelen zu sorgen. Wenn der Herr nicht zu anderen spricht: „Was sollen wir für Hamburg tun?", so sagt er es zu uns. Die Frage wird uns gestellt, um uns zu versuchen, ob wir für unsere Aufgabe tauglich sind, oder ob wir eine Stellung eingenommen haben, für die wir uns nicht eignen, weil wir kein Herz dafür haben.

Christus fragt uns besonders, aber ich denke, er fragt auch alle die, die er zu Priestern und Königen vor Gott gemacht hat: „Woher sollen wir Brot kaufen? Wie sollen wir diese große Stadt speisen?" Die Frage kommt, um uns zu versuchen, weil wir es sind, auf welche diese Last gelegt werden soll.

Vielleicht erging sie an Philippus, weil er in der Gnadenschule nicht so weit fortgeschritten war wie einige andere. Philippus machte keine weise Bemerkung, als er sprach: „Herr, zeige uns den Vater, so genügt es uns!" Denn unser Herr antwortete: „So lange Zeit bin ich bei euch, und du kennst mich noch nicht?" Philippus war offensichtlich langsam im Lernen. Ich denke nicht, daß er der Einfältigste unter den Zwölfen war, aber ich bin gewiß, daß er nicht der Einsichtsvollste war. Jakobus, Johannes und Petrus waren die ersten drei. Andreas und Thomas folgten hinter ihnen; wahrscheinlich kam Philippus gleich nach diesen. Vielleicht war er Nummer sechs, ich weiß es nicht, aber sicherlich wählte ihn der Heiland nicht aus den Ersten und nicht aus den Letzten in der Klasse, als er zu ihm sprach: „Woher kaufen wir Brot?"

Christen, die noch in den Kinderschuhen stecken, sind so schwach, daß sie kaum eine Prüfung ertragen können. Sie bedürfen mehr der Ermutigung, als daß man sie auf die Probe stellt; darum werden ihnen schwierige Fragen nicht vorgelegt. Andererseits bedürfen reife Christen nicht so sehr der Prüfung. Die von der mittleren Sorte benötigen die Erprobung am ehesten, und sie machen nach meiner Erfahrung die große Masse der Soldaten im Heere Gottes aus. Wie viele gibt es, die man halb unterrichtet, halb erleuchtet nennen kann; und diesen stellt der Herr die Frage: „Woher kaufen wir Brot?"

Dies sagt er, um sie zu erproben.

Beachtet auch, daß die Frage, welche der Heiland dem Philippus stellt, ihrem Zweck entsprach. Sie stellte ihn auf die Probe. Wie sie das tat, habe ich euch schon gezeigt. Sie erfüllte ihren Zweck, weil sie seine Unfähigkeit offenbarte.

„Woher kaufen wir Brot?" Philippus gibt es auf. Er hat von dem, was nicht genügen würde, um jedem auch nur eine kleine Erquickung zu geben, eine Berechnung gemacht, und das ist sein ganzer Beitrag zu dem Werk. Er hat nicht einmal ein Brot oder einen Fisch vorzuzeigen, um damit den Anfang zu machen. Philippus unterliegt. „O guter Meister", scheint er zu sagen, „die Leute können nicht von uns gespeist werden. Wir können kein Brot kaufen – wir, nicht einmal du und ich. Du bist der Herr, du kannst große Dinge tun; doch ist mein Glaube nicht stark genug, um zu glauben, daß wir für alle diese Tausende von Menschen genügend Brot kaufen können!"

So entsprach die Frage ihrem Zweck: Sie versuchte den Glauben des Philippus, und sein Glaube erwies sich als sehr schwach, sehr schwankend, sehr ungenügend.

Ist es gut, dies festzustellen? Ja, Brüder, es ist gut, unsere geistliche Armut zu erkennen. Viele von uns haben eine große Portion Glauben, wie wir meinen, aber wenn der Herr ihn erproben wollte, dann müßte er ihn nicht in das Feuer stellen, um ihn zu schmelzen. Es genügte schon, wenn er ihn auf das Feuer setzte; das meiste davon würde sofort verdunsten.

Unter den gewöhnlichen Prüfungen verschwindet viel Glaube wie der Morgentau, wenn die Sonne darauf scheint. Wieviel Glauben hat ein Mann, wenn er gesund ist! Aber dreht nur einmal die Schraube an und laßt ihn leiden. Seht, wieviel von seinem Glauben bleiben wird. Wie viele Menschen haben Glauben, wenn sie ein vortreffliches, regelmäßiges Einkommen haben, aber wenn sie zu fragen hätten: „Wo soll die nächste Mahlzeit herkommen?", hätten sie dann Glauben? Ach, sie würden ängstlich und sorgenvoll in die Zukunft blicken!

Es ist eine heilsame Sache, wenn uns gezeigt wird, was für Schwächlinge wir sind, denn wenn wir feststellen, daß vieles von unserem Glauben nicht echt ist, so treibt uns das an, mehr wahren Glauben zu suchen. Wir rufen dann eher: „Herr, stärke uns den Glauben!"

Philippus wurde in seinen Herrn hineingezogen, und es ist etwas Großes, wenn wir ganz aus uns selbst hinausgetrieben werden zu unserem Herrn hin, so daß wir spüren: „Herr, ich kann es nicht tun, aber mich verlangt danach zu sehen, wie du deinen Plan ausführen wirst. Ich kann nicht einmal an dich glauben, wie ich glauben sollte, wenn du mir nicht Glauben gibst. Ich muß zu dir kommen, schon wenn ich nur mehr Glauben haben will. Ganz mit leeren Händen muß ich kommen und alles borgen." Dann erst werden wir voll und stark werden.

Ihr werdet den Philippus bald das Brot brechen und

die Menge speisen sehen, weil Christus seine Hände geleert hat. Bevor er unsere Hände nicht leer gemacht hat, kann er sie nicht füllen, sonst könnten wir meinen, daß wir etwas zu dem Vorrat beigetragen hätten.

„Das sagte er aber, um ihn auf die Probe zu stellen", ihn seine eigene Schwachheit sehen zu lassen. Denn danach sollte er mit des Meisters Kraft erfüllt werden.

Diese Frage war notwendig, denn es war von Jesus nicht nur beabsichtigt, den Philippus zu versuchen, sondern auch die anderen Jünger. Deshalb kamen sie auch zusammen und sprachen über diese Sache. Jedenfalls ist hier ein Komitee von zweien: Philippus und Andreas. Philippus sprach: „Für zweihundert Denare Brot reicht nicht hin für sie, daß jeder von ihnen auch nur ein wenig nehme!" Und Andreas sagt: „Nein, so geht es nicht, aber es ist ein Knabe hier, der hat fünf Gerstenbrote und zwei Fische."

Ich liebe diese brüderliche Beratung williger Menschen und sehe gern, wie verschieden sie in ihren Gedanken sind. Philippus ist willig zu beginnen, wenn er etwas Großes zur Verfügung hat; er muß wenigstens für zweihundert Denare Brot sehen, dann ist er bereit, darüber nachzudenken. Andreas dagegen ist willig, mit einem kleinen Vorrat anzufangen; ein paar Brote und Fische sind für ihn schon ein Anfang. Aber er bemerkt: „Aber was ist das unter so viele?"

Wenn die Heiligen zusammen beraten, so helfen sie sich gegenseitig, und was der eine nicht wahrnimmt, sieht vielleicht der andere. Philippus zählte die unmöglichen Pfennige und konnte darüber die möglichen Brote nicht sehen. Aber Andreas konnte etwas sehen, was Philippus übersah. Er sah den Knaben mit jenem Korb, der voll Brot und Fisch war. Es war nicht viel; Andreas hatte nicht Glauben genug, Speise für Tausende in diesem kleinen Korb zu sehen, aber dennoch sah er, was er sah, und sagte es dem Meister. So machen sie einen Anfang durch eine gemeinsame Beratung. Vielleicht würden wir auch einen Anlauf nehmen, wenn wir miteinander berieten.

Ganz recht, Philippus, es freut mich, daß du dich ausgesprochen und die Schwierigkeiten der Aufgabe gezeigt hast.

Und dann höre ich gern, wenn Andreas sagt: „Es ist eine sehr schwierige Aufgabe, aber wir müssen doch tun, was wir können; und da wir diese fünf Brote und zwei Fische haben, so müssen wir sie wenigstens vor den Herrn bringen und es ihm überlassen, was zu tun ist." All dies ist besser, als die Frage ganz und gar vermeiden und die Menge verhungern zu lassen.

Alle Fähigkeiten des Philippus wurden geübt. Christus prüfte seine Rechenkunst, prüfte seine Sehkraft, prüfte seinen Sinn und Geist und bereitete ihn vor, hinzugehen und bei der Riesenmahlzeit zu helfen, die folgte.

Ein Mensch tut eine Sache nie gut, wenn er nicht darüber nachgedacht hat. Und wenn Philippus nicht darüber nachgedacht hätte, wie diese Menge zu speisen sei, dann wäre er nicht geeignet gewesen, für die Speisung ausgesucht zu werden.

Dieses Nachdenken bereitete ihn auch darauf vor, seinen Meister nach der Speisung anzubeten. Als das Mahl vorüber war, wird er sich gesagt haben: „Der Meister fragte mich, wie es zu tun sei, aber ich konnte es ihm nicht sagen, und jetzt soll und muß er alle Ehre haben, obwohl ich mit dabei helfen durfte. Er vervielfältigte die Fische und vermehrte die Brote. Mein armseliger Glaube kann sich keine Ehre beilegen. Christus tat es, und er tat es ganz."

Vielleicht kommt dir, mein Bruder, im Blick auf das Werk Gottes eine Frage: Wie kann es getan werden? Wie kann unser Land evangelisiert werden? Wie können die Massen erreicht werden? Wie kann die Welt dahin gebracht werden, das Evangelium zu hören?

Wie immer die dir vorgelegte Frage lautet, es ist eine Frage, die zu dem Zweck gestellt ist, dir gutzutun und dich dahin zu bringen, den Herrn um so mehr zu erheben, wenn sein Gnadenwunder getan ist.

Für den Herrn bestand keine Frage, er „wußte"

Laßt uns diese Worte nehmen und sie einen Augenblick zerlegen. Er weiß immer. „Ach", sagt einer, „ich weiß gar nicht, was ich tun soll."

Lieber Freund, du hast doch um Rat gefragt, nicht wahr? Das ist ein vortreffliches Mittel, dich verwirrt zu machen. Ich höre dich in Verzweiflung ausrufen: „Ich weiß nicht. Ich bin zu jedermann gegangen, aber ich weiß nicht, was ich tun soll."

Das ist unser chronischer Zustand, wenn wir unseren eigenen armen Kopf über etwas zerbrechen. Jesus wußte, was er tun wollte. Das ist ein großer Trost: Jesus weiß. Er weiß stets alles. Er wußte, wie viele Leute da waren. Er wußte, wieviel Brot dazu gehörte. Er wußte, wieviel Fische er gebrauchen würde und wie er die Menge speisen wollte und wie er sie alle erquickt hinweg senden würde. Er wußte alles, ehe es geschah.

Versuchter Bruder, Jesus kennt die Lage, in der du dich befindest, und weiß, wie er dich hindurchbringen will. Denke nicht, daß du ihn über irgend etwas benachrichtigen müßtest. „Denn euer Vater weiß, was ihr bedürft, ehe ihr ihn bittet." Das Gebet soll nicht dazu dienen, den Herrn von irgend etwas in Kenntnis zu setzen. Die Frage wird euch nicht gestellt, damit ihr ihn belehrt, sondern damit er euch belehrt. Er machte den Himmel und die Erde ohne euch. Mit wem beratschlagte er sich? Wer unterwies ihn? Und er wird euch durch euer jetziges Leid hindurchbringen, ohne daß er es nötig hat, eure armselige Weisheit seinem unbeschränkten Wissen hinzuzufügen. Er weiß!

Jesus wußte, was er tun wollte. Er beabsichtigte, etwas zu tun; er war ganz bereit, es zu tun, und er wußte, was er tun wollte. Wir bringen uns in Verlegenheit, indem wir sagen: „Es muß etwas getan werden, aber ich weiß nicht, wer es tun soll." Der Herr wußte, daß etwas getan werden mußte, und er wußte, daß er selbst es tun wollte. Er hatte keine Eile. Unser treuer Herr hat Zeit, weil er immer pünktlich ist; unpünktliche Leute sind immer in Eile, aber er, der sich nie verspätet, eilt nie. Er tut alles ruhig und gelassen, weil er weiß, was er tun will.

Jesus weiß, lieber Freund, nicht nur das, was du tun willst, sondern was er tun will. Das ist der Punkt, und er beabsichtigt, etwas Großes für dich zu tun, um dir zu helfen. Er beabsichtigt auch, unsere Stadt und unser Volk dazu zu bringen, daß sie seine Botschaft hören. Er will, daß sich jedes Knie vor ihm beugen und daß die ganze Erde seiner Herrlichkeit voll werden soll. Er weiß immer, was er tun will.

Er wußte außerdem, wie er es tun wollte. Er wußte genau die Art und Weise, in der er verfahren wollte. Er bemerkte lange, ehe Andreas es ihm sagte, daß in der Menge ein Knabe mit fünf Gerstenbroten war. Als der Knabe an dem Morgen ausging, da weiß ich nicht, was ihn veranlaßt hat, gerade fünf Gerstenbrote und zwei Fische mitzunehmen, es sei denn, daß der Meister es ihm ins Herz gegeben hatte: „Nimm ein gutes Mahl mit auf den Weg. Lege diese Brote in den Korb und vergiß nicht die Fische."

Es war ein hungriger, im Wachsen begriffener Knabe, mit gutem Appetit. Er wollte sich gut versorgen; aber war ihm je der Gedanke gekommen, daß sich diese durch solch eine eigentümliche Fügung mitgenommenen Brote so vervielfältigen würden, daß eine große Menge Leute damit gespeist werden konnte? Wo ist der Mann, der der große Lieferant sein soll? Wo ist der Proviantmeister? Es ist jener Knabe, und das ist sein ganzer Vorrat. Er trägt einen kleinen Vorrat von Lebensmitteln auf seinem Rücken – in jenem Korbe.

Der Heiland wußte das. Und er weiß genau, lieber Freund, woher die Hilfe kommen soll. Du weißt es nicht, aber er weiß es. Er weiß, woher die Prediger kommen sollen, die unsere Stadt aufwecken werden; und er weiß, in welcher Art und Weise sie kommen und wie sie die Menschen erreichen werden. Wenn jeder andere unterlegen ist und nicht weiter kann, so ist er völlig vorbereitet.

Er wußte, daß diese Brote und Fische zur rechten Zeit kommen würden, um der Ausgangspunkt einer großen Mahlzeit zu sein. Er wußte, daß er sie segnen, sie brechen, sie vermehren und sie den Jüngern geben und die Jünger der Menge austeilen würden. Alles war in seinem Geist geordnet und so fest bestimmt wie der Aufgang der Sonne.

Er tat es wie einer, der wußte, was er tun wollte. Wie handelt ein Mann, wenn er weiß, was er tun will? Nun, er handelt gewöhnlich in der natürlichsten Weise. Könnt ihr euch ein Wunder vorstellen, das auf eine natürlichere Art getan wird? Wäre dies ein römisches Wunder gewesen, so hätten sie die Brote in die Luft geworfen, und sie wären auf geheimnisvolle Weise verwandelt und millionenfach vervielfältigt wieder herabgekommen. Alle römischen Wunder haben, wenn ihr darauf achtet, sehr viel Theatralisches an sich. Sie unterscheiden sich völlig von den Wundern Christi.

Jesus tut dieses Wunder auf die natürlichste Weise der Welt, weil es der Kraft nach dasselbe Wunder ist, das er jedes Jahr wirkt. Wir nehmen eine Anzahl Weizen und legen ihn in den Boden, und im Laufe der Zeit wird er so vervielfältigt, daß viel Brot daraus entsteht. Gewisse Fische sind im Meer, und sie vermehren sich zu großen Schwärmen. Der gesäte Weizen erlebt Verwandlungen in der Erde; in denselben Händen – in Gottes Händen – aber wird er zuletzt zu Brot, und das ist genau das, was unser Herr durch sein Tun bewirkte. Er nahm ein wenig in seine Hände, brach es und fuhr fort, es in seinen Händen zu vervielfältigen, bis alle satt waren. Er wußte, was er tun wollte, und darum tat er es auf eine natürliche Weise und in guter Ordnung.

Das ist nicht so, als wenn ein Mensch nicht weiß, für wen er zu sorgen hat. Wir haben eine große Versammlung, und wir haben für Tee gesorgt; aber es kommen dreimal so viel Menschen, als wir erwartet haben. Welch eine Hast! Welch ein Hin- und Herrennen! Jesus führt seine Sache nie in dieser Weise. Er wußte, was er tun wollte, und deshalb gebot er den Leuten, sich auf das grüne Gras zu lagern; und sie lagerten sich gleich Kindern. Markus sagt uns, daß sie sich in Gruppen setzten, zu hundert und zu fünfzig. Sie wurden geordnet, als wenn jeder besonders vor seinen Teller gesetzt worden wäre und seinen Namen darauf gefunden hätte. Außerdem war viel Gras an dem Ort, so daß der Saal einen Teppich hatte, wie keine Firma ihn hätte anfertigen können. Das Fest war so gut organisiert, als wenn es sieben Tage vorher angekündigt worden wäre. Nichts hätte auf eine bessere Weise getan werden können; und alles, weil der Herr Jesus wußte, was er tun wollte.

Der Herr nahm das Brot und segnete es. Ich hätte gern sein Gesicht gesehen, als er diese armen, halbverhungerten Leute speiste. Darum gab er so reichlich, denn er wußte, was er tun wollte. Er gab nicht knapp, daß ein jeder nur ein wenig hatte. Nein, er wußte, was er tun wollte, und er maß ihren Appetit genau. Eine schwierige Sache, wenn ihr eine Anzahl hungriger Leute zu speisen habt. Er sorgte für alles, was sie brauchten, und nachher war noch Vorrat da für die Jünger, so daß jeder einen Korb voll für sich bekam; denn sie sammelten die Brocken und füllten zwölf Körbe.

Wenn wir das Ende des großen Festes der Barmherzigkeit sehen, so werden wir sagen: „Gelobt sei der Herr! Denn wir waren in großen Ängsten, wir waren in großer Not, aber unser Herr hat es leicht und gründlich getan. Da war keine Verwirrung, kein Drängen, kein Übergehen. Gelobt sei sein Name! Er hat es nicht zufällig und mit Hilfe glücklicher Umstände getan, sondern er wußte, was er tun wollte. Und er hat alles von Anfang bis zu Ende so geplant, daß die Fürstentümer und Gewalten im Himmel auf ewig von der Gnade, Liebe, Weisheit, Macht und Vorsorge singen werden, die er so reichlich seinem Volk erwiesen hat."

O, wenn wir das Ende wie den Anfang sehen könnten, so würden wir schon jetzt beginnen, den Namen Jesu, unseres Heilandes, zu erheben, der sein ganzes Werk vorher weiß und nie von seinem Plan abweicht.

Es sollte bei uns keine zweifelnden Fragen geben

Ich möchte drei Fragen nennen, dann bin ich fertig. Die erste Frage, die sehr viele Leute beunruhigt, lautet: „Wie soll ich meine jetzige Last tragen? Wie soll ich dieses Leiden erdulden? Wie soll ich mein Brot erwerben?" Diese Frage wird dir gestellt, um dich zu prüfen, aber denke daran, daß es für Christus keine Frage ist, wie er dich durchbringen will, denn „wie deine Tage, so sei deine Kraft", und er wird seine Heiligen bewahren bis ans Ende. Darum laß es keine Frage sein, denn der Herr Jesus selbst weiß, was er tun will.

Du bist heute vielleicht sehr unglücklich und sagst: „Ich wünschte, ich bekäme ein Wort, das mir sagte, was ich tun soll." Du wirst kein halbes Wort im Blick auf das bekommen, was du tun sollst, aber du wirst ein anderes Wort hören. Der Herr Jesus weiß, was er tun will; und was er tun will, ist unendlich viel besser als alles, was du tun kannst. Deine Stärke, mein Freund, ist, stillzusitzen. Wirf deine Last auf den Herrn. Tue das wenige, was du tun kannst, und überlaß das übrige deinem himmlischen Vater. Dies ist die Antwort für dich: Jesus weiß, was er tun will.

Jetzt ist die andere Frage da, die ich schon erörtert habe: „Was ist mit dieser großen Stadt zu tun?"

Ich hatte das große Vorrecht, am letzten Nachmittag in einer östlichen Vorstadt von London zu predigen. Ich verließ mein Haus früh am Morgen und fuhr mit der Eisenbahn und mußte dann noch umsteigen, so daß ich glaube, ich bin zweieinhalb Stunden gereist, bevor ich von einem Ende der Stadt zum andern gelangte. Es scheint, als wenn es keine grüne Wiese mehr gäbe, die die Bauarbeiter nicht in häßliche Straßen verwandeln. „Füllet die Erde!" Sie ist gefüllt. Die tote Erde ist unter den Wohnungen lebendiger Menschen begraben – und welch eine Menschenmenge! Und dann, wenn ihr mit einem Bruder des Weges geht, sagt er vielleicht: „Hier ist ein Versammlungshaus nötig." Oder: „Da ist eine kleine Kapelle, aber nicht einer von fünfzig kommt in die Zusammenkünfte." Dann kommt ihr zu einer anderen Vorstadt, und euer Führer sagt: „Hier möchten die Leute gerne das Evangelium hören, aber es ist niemand da, der es ihnen bringt."

Ich ging durch die Straßen mit einer schweren Last auf dem Herzen und fragte mich: „Was sollen wir tun?" Ich sagte mir, daß es besser wäre, diese Frage nicht zu erwägen, denn ich kann nicht viel dazu tun, sie zu beantworten, und sie quält mich nur. Aber ich konnte diese Frage nicht loswerden: „Wer soll für diese Menge Brot kaufen?" Mein Herr und Meister sagte: „Wir." In meinem Herzen wünschte ich, daß er mich davon ausschlösse, aber er wollte nicht. Er hätte nie fragen können: „Woher soll *ich* Brot kaufen?", weil er das weiß. Aber er fragte mich, und ich spürte, daß ich ein Hindernis sei und daß er mir die Frage um meinetwillen vorlegte.

Viele von euch müssen die ungeheure Größe unserer Stadt als eine Bürde fühlen. Aber ach, wie klein ist sie, verglichen mit der ganzen Welt, die im Bösen liegt. Wie soll diese Welt erleuchtet werden? Das ist keine Frage bei Jesus; deshalb sollte es keine ungläubige Frage bei uns sein: „Können diese Gebeine wieder lebendig werden?“ Laßt uns antworten: „Herr, du weißt es. Dir wollen wir es überlassen.“ Er kann überschwenglich tun über alles, was wir erbitten oder verstehen, und wir können darauf vertrauen; wenn er bei sich selbst geschworen hat, daß sich ihm jedes Knie beugen und ihn jede Zunge bekennen soll, so wird es so werden, und er wird die Ehre davon haben.

Ich möchte noch eine andere Frage erwähnen. Es ist diese: Hat der Herr in das Herz irgendeines unbekehrten Lesers die Frage gelegt: „Was muß ich tun, um gerettet zu werden?“

Beunruhigt diese Frage einen von euch? Ich freue mich, wenn es so ist, aber ich hoffe, du wirst dich wegen einer Antwort an die rechte Stelle wenden. Ich hoffe, du fragst: „Herr, was willst du, das ich tun soll?“

Weißt du, warum dir diese Frage gestellt wird? Sie wird dir vorgelegt, um dich zu versuchen, um dich zu demütigen. Die Absicht dabei ist, dir zu zeigen, daß es unmöglich ist, dich durch deine eigenen Werke zu retten. Du sollst dich vielmehr der Gerechtigkeit Gottes unterwerfen und durch den Glauben an Jesus Christus errettet werden.

In der Tat, diese Frage ist entschieden. Als er am Kreuz für dich starb? Nein, lange vorher! Sie wurde entschieden, ehe der Morgenstern seine Stätte kannte und die Planeten in ihrer Bahn kreisten. Gott hatte damals seinen Sohn als das Lamm Gottes geschaut; und bis auf diesen Tag steht das Wort fest: „Siehe, das

Lamm Gottes, welches die Sünde der Welt hinwegnimmt!“ Blickt auf ihn, so werdet ihr errettet. Die Frage in eurem Herzen: „Was muß ich tun, um gerettet zu werden?“ wird gestellt, um euch zu prüfen. Aber der Herr Jesus selbst weiß, was er tun will.

Welch ein wunderbares Wort! Er weiß, wie er euch begnadigen, trösten, unterweisen und führen will. Er weiß, wie er euch durch seine unveränderliche Gnade bis ans Ende bewahren will. Er weiß, wie er euch heiligen und gebrauchen und seinen Namen durch euch verherrlichen will, so daß alle Engel staunen und anbeten werden, wenn sie sehen, was er tun wird.

Gott segne euch um Jesu willen!

10

DER VERRAT

„Während er aber noch redete, siehe, da kam eine Schar, und der, welcher Judas hieß, einer der Zwölf, ging vor ihnen her und näherte sich Jesus, um ihn zu küssen. Jesus aber sprach zu ihm: Judas, mit einem Kuß verrätst du des Menschen Sohn?" (Lukas 22,47-48).

Nachdem Satan im Garten Gethsemane völlig geschlagen wurde, erschien der menschliche Teufel, Judas, auf dem Schauplatz. Wie sich der Perser bei seiner Flucht umwendet, um den tödlichen Pfeil zu schießen, so zielt der Erzfeind seinen Speer auf Jesus ab, indem er den Verräter, in den er gefahren war, gebrauchte. Judas war des Teufels Stellvertreter und ein sehr treues und dienstfertiges Werkzeug. Der Böse hatte das Herz des Abtrünnigen völlig in Besitz genommen, und wie mit den von den Teufeln besessenen Schweinen ging es mit ihm rasch abwärts. Die höllische Bosheit hatte den Freund des Heilands zu seinem treulosen Verräter ersehen, denn dadurch wurde der Dolch so recht in die Mitte seines blutenden Herzens gestoßen.

Doch wie Gott in allen Dingen weiser ist als Satan und der Herr der Güte dem Fürsten des Bösen überlegen ist, so wurde durch diesen feigen Verrat eine Weissagung erfüllt und Christus um so sicherer als der verheißene Messias bestätigt. War Joseph nicht ein Vorbild des Herrn Jesus? Gleich diesem Jüngling wurde Jesus von seinen eigenen Brüdern verkauft. War Jesus nicht ein anderer Simson, durch dessen Kraft die Pforten der Hölle aus ihren Pfosten gerissen werden sollten? Siehe, gleich Simson wird Jesus von seinen Landsleuten gebunden und dem Feind überliefert. Wißt ihr nicht, daß er auch ein Gegenbild von David war? Und wurde nicht David von Ahitophel, seinem treuen Freund und Rat, verlassen?

Freunde und Brüder, enthalten nicht die Worte des Psalmisten eine buchstäbliche Erfüllung im Blick auf den Verrat unseres Herrn? Welche Weissagung kann genauer stimmen als die Sprache des 41. und 55. Psalmes?

In dem ersten lesen wir: „Auch mein Freund, dem ich vertraute, der mein Brot aß, hat die Ferse wider mich erhoben." Und im 55. Psalm ist der Psalmist noch klarer: „Denn es ist nicht mein Feind, der mich schmäht – das könnte ich ertragen –; nicht mein Hasser erhebt sich wider mich – vor dem wollte ich mich verbergen; aber du bist es, ein Mensch meinesgleichen, mein Freund und mein Vertrauter! Wir haben einst zusammen süßen Umgang gepflogen, sind ins Gotteshaus gegangen unter der Menge."

Sogar eine dunkle Stelle in einem der kleinen Propheten muß seine buchstäbliche Erfüllung haben, und für die dreißig Silberlinge, den Preis eines niedrigen Sklaven, muß der Heiland von seinem Freund verraten werden.

Ach, du böser Feind, du wirst zuletzt feststellen, daß deine Weisheit nur große Torheit ist. Der Herr wird über die Anschläge und Pläne deiner List lachen. Im Grunde bist du nur, ohne es zu wissen, der Sklave dessen, den du verabscheust. In allem schwarzen Werk, das du so eifrig tust, bist du nichts Besseres als ein niedriger Küchenjunge in der königlichen Küche des Königs aller Könige.

Laßt uns zu unserem Thema, dem Verrat unseres Herrn, übergehen. Richtet zuerst alle eure Gedanken auf den Herrn Jesus, den Verratenen, und wenn ihr hier eine Zeitlang verweilt habt, so schaut ernst in das schurkische Gesicht des Judas, des Verräters; er mag sich uns als ein Zeichen erweisen, welches vor der Sünde warnt.

Unser Herr wird undankbar und feige verraten

Es ist bestimmt, daß er sterben muß, aber wie soll er in die Hände seiner Gegner fallen? Sollen sie ihn im Kampf gefangennehmen? Das darf nicht sein, sonst würde er nicht als ein „williges Opfer" erscheinen. Soll er vor seinen Feinden fliehen, bis er sich nicht mehr länger verbergen kann? Das geziemt sich nicht, daß ein Opfer zu Tode gehetzt wird. Soll er sich den Gegnern selbst ausliefern? Das hieße, seine Mörder entschuldigen und sich zum Teilhaber ihrer Verbrechen zu machen. Soll er zufällig oder unvermuteterweise gefangengenommen werden? Das würde von seinem Kelch die notwendige Bitterkeit wegnehmen. Nein, er mußte von seinem Freund verraten werden, damit er die äußersten Tiefen der Leiden zu erdulden hätte und damit auch in diesem besonderen Umstand ein Quell des Schmerzes sei.

Ein Grund, weshalb ihm der Verrat bestimmt war, lag darin, daß die menschliche Sünde ihren Gipfelpunkt mit seinem Tod erreichen sollte. Gott, der große Eigentümer des Weinbergs, hatte viele Knechte gesandt, und die Weingärtner hatten den einen gesteinigt und den anderen geschlagen. Zuletzt sandte er seinen Sohn zu ihnen und sprach: „Sie werden sich vor meinem Sohne scheuen." Als sie den Erben töteten, um das Erbgut an sich zu bringen, da hatte ihr Aufruhr den Höhepunkt erreicht. Der Mord an unserem treuen Herrn war der Höhepunkt menschlicher Schuld; er enthüllte den tödlichen Haß gegen Gott, der im Menschenherzen lauert.

Als der Mensch der Mörder des Sohnes Gottes wurde, hatte die Sünde ihr höchstes Ausmaß erreicht. In der schwarzen Tat des Mannes, durch den der Herr verraten wurde, hat sich die Fülle der Sünde völlig entfaltet. Wäre Judas nicht gewesen, hätten wir nicht gewußt, wie schwarz, wie verrottet die menschliche Natur sein kann.

Ich verachte die Menschen, die versuchen, den Verrat dieses Mannes, dieses Sohnes des Verderbens, dieses niedrigen Abtrünnigen zu entschuldigen. Ich würde mich selbst für einen Schurken halten, wenn ich versuchte, ihn zu schützen, und mir schaudert vor den Menschen, die versuchen, sein Verbrechen zu beschönigen.

Meine Brüder, wir sollten eine tiefe Abscheu vor diesem Meister der Bosheit verspüren; er ist an seinen Ort gegangen, und das Anathema Davids, das Petrus zitiert, ist über ihn gekommen. Gewiß, wie dem Teufel in ungewöhnlicher Weise erlaubt war, die Körper von Menschen zu quälen, ebenso war er losgelassen worden, um von Judas Besitz zu nehmen, damit wir sehen, wie niedrig, wie verzweifelt böse das menschliche Herz ist. Über jeden Zweifel hinaus war der Hauptgrund für das alles, daß Christus eine vollkommene Sühne für die Sünde darbringen sollte. Wir können gewöhnlich die Furchtbarkeit der Sünde in der Höhe der Strafe erkennen. Der Mensch verriet seinen Gott. Er war nicht treu gegen seinen Schöpfer, er duldete die Andeutung, die er mit Verachtung hätte zurückweisen sollen. Deshalb mußte Jesus einen Verräter unter den Menschen haben. In den Leiden, die er litt, mußte das Gegenstück der Sünde sein. Ihr und ich haben Jesus verraten. Wir haben, wenn wir versucht wurden, das Böse gewählt und das Gute verlassen. Wir haben die Geschenke der Hölle angenommen und sind Jesus nicht nachgefolgt.

Es schien also sehr passend, daß der, der die Strafe der Sünde tragen sollte, durch das, was er litt, an ihre Undankbarkeit und Verräterei erinnert wurde. Außerdem, Brüder, muß der Kelch, der dem Zorn Gottes entsprechen soll, bis zum höchsten Grad bitter sein. Es darf nichts Tröstliches darin liegen. „Der mein Brot aß, hat die Ferse wider mich erhoben." Das war notwendig, um die Bitterkeit zu verstärken.

Außerdem erkennen wir daraus, daß unser Herr durch diese furchtbaren Leiden gehen mußte, daß er mitfühlen kann, wenn wir dieselbe Trübsal zu erdulden haben. Da Verleumdung und Undankbarkeit gewöhnliche Plagen sind, so können wir in voller Glaubenszuversicht zum Herrn Jesus kommen. Er kennt diese schweren Versuchungen, denn er hat sie im schlimmsten Grade erlebt. Wir können jede Sorge und jeden Schmerz auf ihn werfen, denn er sorgt für uns, weil er mit uns gelitten hat.

So wurde also durch den Verrat an unserem Herrn die Schrift erfüllt, die Sünde entwickelt, und wir erkennen an den Leiden unseres Herrn, daß unser großer Hoherpriester in allen Trübsalen mit uns fühlen kann.

Laßt uns nun auf den Verrat selbst blicken. Judas war ein Diener Christi. Er hatte teil an dem apostolischen Amt und an der Ehre der Wundergaben. Er wurde sehr freundlich und nachsichtig behandelt. Er hatte teil an den Gütern seines Meisters. In der Tat, er war besser daran als sein Herr, denn der Mann der Schmerzen nahm stets den Löwenanteil aller Mühen der Armut und der Schmach sowie der Verleumdung auf sich.

Dem Judas wurden Nahrung und Kleidung aus der gemeinsamen Kasse gegeben; der Meister scheint ihn sehr nachsichtig behandelt zu haben. Die alte Überlieferung sagt, daß er nächst dem Apostel Petrus der war, mit dem der Heiland am meisten verkehrte. Wir denken, daß hier ein Irrtum vorliegt, denn sicher stand Johannes dem Heiland näher. Aber Judas wurde als Diener mit dem äußersten Vertrauen behandelt.

Ihr wißt, Brüder, wie schwer der Schlag ist, der von einem Diener kommt, in den wir unbegrenztes Vertrauen gesetzt haben. Aber Judas war mehr als dies, er war ein Freund, dem Vertrauen geschenkt wurde. Jener kleine Beutel, in den freigebige Frauen ihre kleinen Beträge einlegten, war wohlweislich in seine Hand gegeben, denn er besaß die finanzielle Ader. Seine Haupttugend war Sparsamkeit – eine sehr nötige Eigenschaft bei einem Kassenführer. Da er kluge Vorsorge für die kleine Gesellschaft traf, die Ausgaben sorgfältig überwachte, war er, soweit Menschen urteilen konnten, der rechte Mann am rechten Platz. Ihm wurde vollständiges Vertrauen geschenkt.

Ich lese nirgends, daß eine jährliche Rechnungsablage stattfand. Ich stelle nicht fest, daß ihn der Meister wegen der Ausgaben seiner Privatbörse zur Rechenschaft zog. Alles wurde ihm gegeben, und er gab nach Anweisung des Meisters den Armen; aber Rechenschaft wurde nicht gefordert.

Es ist in der Tat schändlich, solch eine Stellung zu haben – ein Kassenführer des Königs aller Könige zu sein – und sich dann zur Seite zu wenden und den Heiland zu verkaufen. Das ist Verrat im höchsten Grade.

Erinnert euch daran, daß die Welt den Judas als Gefährten unseres Heilandes ansah. Im allgemeinen war der Name Judas mit dem Namen Christi verbunden. Wenn Petrus, Jakobus oder Johannes irgendein Versehen begingen, so schoben tadelnde Zungen alles auf ihren Meister. Die Zwölfe gehörten nun einmal zu Jesus von Nazareth. Das Volk im großen und ganzen identifizierte jeden Apostel mit dem Führer der Schar. Wenn in einer solchen Gruppe Verrat vorkommt, dann ist das genauso, als wenn unser Arm Verrat gegen unseren Kopf beginge oder als wenn unser Fuß den Körper im Stich ließe.

Dies war in der Tat ein Dolchstoß! Vielleicht, liebe Brüder, sah unser Herr in der Person des Judas ein Vorbild für alle die, die in späteren Jahrhunderten sein Verbrechen nachahmten. Vielleicht sah der Herr Jesus in Ischariot all die Judasse, die die Wahrheit, die Tugend und das Kreuz verraten. Sah er schon damals die große Menge, von der wir sagen können, daß sie die Nachfolger des Judas waren? Hymenäus, Alexander, Hermogenes, Philetus und andere desselben Stammes standen ihm alle vor Augen, als er diesen Mann, seinen Genossen, seinen Bekannten, ihn für dreißig Silberlinge verschachern sah.

Liebe Freunde, die Stellung des Judas muß sehr dazu beigetragen haben, seinen Verrat zu erschweren. Sogar die Heiden haben uns gelehrt, daß Undankbarkeit das Schlimmste aller Laster ist. Viele alte griechische und römische Geschichten könnten wir anführen, um die Abscheu zu zeigen, die die Heiden vor der Undankbarkeit und dem Verrat fühlten. Auch einige ihrer Dichter, Sophokles zum Beispiel, haben bittere Worte über trügerische Freunde ausgeschüttet. Aber wir haben keine Zeit, um den Beweis zu führen, daß nichts grausamer und qualvoller sein kann, als von seinem eigenen Freund verkauft zu werden.

Laßt uns beachten, liebe Freunde, wie unser Heiland dieses Leid aufnahm. Er war viel im Gebet gewesen; das Gebet hatte seine furchtbare Erregung überwunden. Er war sehr ruhig. Es ist auch nötig, sehr ruhig zu sein, wenn wir von einem Freund verlassen werden.

Beobachtet seine Sanftmut. Das erste Wort, das er zu Judas sprach, als der Verräter seine Wange mit einem Kuß verunreinigte, war dieses: „Mein Freund!" Mein Freund! Nicht: „Du hassenswerter Bösewicht!", sondern: „Mein Freund, wozu bist du gekommen?"

Wenn irgend etwas Gutes in Judas gewesen wäre, so wäre es jetzt zum Vorschein gekommen. Wenn er nicht ein völlig unverbesserlicher Verräter gewesen wäre, so hätte sein Geiz in diesem Augenblick seine Macht verlieren müssen, und er hätte gerufen: „Mein Meister! Ich kam, um dich zu verraten, aber dieses Wort hat meine Seele überwunden! Wenn du gebunden wirst, so will ich mit dir gebunden werden! Ich lege ein volles Bekenntnis meiner Schändlichkeit ab!"

Unser Herr fügt noch Worte hinzu. Es ist ein Vorwurf in ihnen, aber beachtet, wie freundlich sie noch sind, viel zu gut für einen solchen Schurken: „Judas, mit einem Kuß verrätst du des Menschen Sohn?“ Ich kann mir vorstellen, daß die Tränen aus seinen Augen strömten, daß seine Stimme bebte, als er seinen vertrauten Freund und Bekannten so anredete: „Verrätst du, mein Judas, mein Schatzmeister, verrätst du des Menschen Sohn, deinen leidenden, trauernden Freund, den du arm und ohne Platz, wo er sein Haupt hinlegen konnte, gesehen hast? Verrätst du des Menschen Sohn und entweihst das herrlichste aller Liebeszeichen, den Kuß? Soll das Sinnbild der Treue gegen den König das Wahrzeichen deines Verrates sein? Verrätst du des Menschen Sohn mit einem Kuß?“

Wäre Judas nicht der Verstockung dahingegeben und vollständig vom Heiligen Geist verlassen gewesen, gewiß, dieser Sohn des Verderbens wäre auf sein Antlitz gefallen, er hätte seine ganze Seele ausgeweint und gerufen: „Nein, ich kann dich nicht verraten, du leidender Sohn des Menschen, vergib, vergib! Schone dich, entfliehe dieser blutdürstigen Schar, und verzeihe deinem verräterischen Diener!“

Aber nein, kein Wort der Zerknirschung, solange das Silber auf dem Spiel steht! Später kam die Traurigkeit, die den Tod wirkte, die ihn wie Ahitophel soweit trieb, den Galgen zu wählen, um den Gewissensbissen zu entgehen.

Dies muß das Weh unseres treuen Herrn vermehrt haben, als er die Unbußfertigkeit des Verräters sah und das furchtbare Urteil des Mannes las, von dem er einst gesagt hatte, es wäre ihm besser, wenn er niemals geboren wäre.

Geliebte, ich möchte, daß ihr in euren stillen Betrachtungen die Augen auf euren Herrn richtet, wie er so verachtet und verworfen vor den Menschen war, ein Mann der Schmerzen und mit Leiden vertraut. Nun umgürtet die Lenden eures Gemütes und haltet es nicht für etwas Seltsames, wenn dieses schwere Leiden auch über euch kommen sollte. Seid fest entschlossen, daß ihr durch seine Gnade in Schande und Leiden fest an ihm hängen und ihm folgen wollt, wenn es sein muß bis zum Tod.

Gott gebe uns Gnade, Jesu angenagelte Hände und Füße zu schauen. Und wenn wir uns daran erinnern, daß all das durch den Verrat eines Freundes kam, so wollen wir alle Vorsicht gebrauchen, daß wir nicht den Herrn von neuem kreuzigen und ihm Schande bringen, indem wir ihn in unserem Verhalten oder unseren Worten und Gedanken verraten.

Judas, der Verräter

Ich möchte eure Aufmerksamkeit nun auf die Stellung und die öffentliche Tätigkeit des Verräters lenken. Judas war ein Prediger; er war sogar ein Apostel. Er war nicht einfach einer der siebzig Jünger, er war von dem Herrn selbst als Apostel erwählt worden. Ohne Zweifel hatte er das Evangelium so gepredigt, daß viele durch seine Botschaft froh gemacht wurden. Es waren ihm Wunderkräfte verliehen, so daß auf sein Wort Kranke geheilt wurden, ja, es ist kein Zweifel daran, daß er, der den Teufel nicht aus sich selbst heraushalten konnte, Teufel aus anderen herausgetrieben hat.

Dieser Judas, der wie ein Prophet inmitten des Volkes gestanden und mit der Zunge der Gelehrten gesprochen hatte, dessen Wort und Wunder bewiesen, daß er mit Jesus gewesen war und von ihm gelernt hatte, er verrät seinen Meister.

Lernt daraus, meine Brüder, daß uns keine Gaben die Gnade sichern können, daß keine ehrenvolle und nützliche Stellung in der Gemeinde beweist, daß wir unserem Herrn und Meister treu sind. Ohne Zweifel gibt es

Bischöfe in der Hölle und Scharen von solchen, die einst auf der Kanzel standen; sie sind nun dazu verurteilt, auf ewig ihre Heuchelei zu bejammern.

Ihr, die ihr Führer der Gemeinde seid, zieht nicht den Schluß, daß die Gnade Gottes ganz sicher in euch sei, weil ihr das Vertrauen der Gemeinde besitzt. Vielleicht ist es die gefährlichste aller Stellungen, wenn einer in der religiösen Welt sehr bekannt ist und hochgeachtet wird und doch im innersten Kern faul ist. Da zu stehen, wo andere unsere Fehler bemerken können, ist etwas Gesundes, wenn auch Schmerzliches. Wenn wir aber mit treuen Freunden zusammen leben, die es nicht für möglich halten, daß wir unrecht tun könnten, und die, wenn sie uns irren sähen, Entschuldigungen für uns vorbringen würden, dann ist es fast unmöglich für uns, je aufgeweckt zu werden, wenn unser Herz nicht richtig zu Gott steht. Einen guten Ruf zu haben und ein falsches Herz, das bedeutet, am Rand der Hölle zu stehen.

Judas nahm einen hohen Rang ein. Er hatte die ausgezeichnete Ehre, mit des Herrn finanziellen Angelegenheiten betraut zu werden, und dies war im Grunde keine Kleinigkeit. Der Herr, der alle Arten von Gaben zu gebrauchen weiß, wußte, welche Gabe dieser Mann hatte. Er wußte, daß der gedankenlose Eifer des Petrus den Geldbeutel bald leeren und die Jüngerschaft in große Verlegenheit bringen würde. Hätte er die Kasse dem Johannes anvertraut, so hätte sich dessen liebevolles Gemüt bald zu unweiser Wohltätigkeit durch Bettler mit salbungsvoller Zunge hinreißen lassen. Er hätte vielleicht sogar das bißchen Geld angewandt, um Alabasterflaschen zu kaufen, um kostbare Narde auf des Meisters Haupt auszugießen. Er gab den Beutel dem Judas, und der gebrauchte ihn vorsichtig und klug. Ohne Zweifel war er der verständigste und am besten geeignet, den Posten auszufüllen.

Aber, liebe Freunde, wenn der Meister einige von

uns, die Prediger sind, auserwählt und uns eine sehr ausgezeichnete Stellung anvertraut, so daß selbst unsere Brüder mit Achtung auf uns blicken und uns unsere Mitdiener als Väter in Israel betrachten, wir aber doch nicht wiedergeboren sind, wir als falsch erfunden werden, wie verdammenswert wird dann unser Ende sein! Welch einen Stoß werden wir dem Herzen der Gemeinde geben, welcher Hohn wird in der Hölle sein!

Ihr werdet erkennen, daß der Charakter des Judas äußerlich sehr vortrefflich war. Ich stelle nicht fest, daß er sich in irgendeiner Weise bloßgestellt hätte. Nicht der geringste Fleck verunreinigte seinen sittlichen Charakter, soweit andere das feststellen konnten. Er war kein Prahler wie Petrus; er war frei von der Übereilung, die ruft: „Wenn sich auch alle an dir ärgern, so werde doch ich mich niemals ärgern!" Er bittet um keinen Platz zur Rechten des Thrones; sein Ehrgeiz ist anderer Art. Er stellt keine müßigen Fragen. Der Judas, welcher Fragen stellt, ist nicht der Ischariot. Thomas und Philippus verlangen oft in tiefe Geheimnisse hineinzusehen, aber Judas nicht. Er nimmt die Wahrheit an, wie sie gelehrt wird; wenn sich andere ärgern und nicht mehr mit Jesus gehen, so hängt er ihm treu an, da er goldene Gründe dafür hat. Er gibt sich nicht der Lust des Fleisches oder dem hoffärtigen Leben hin. Keiner der Jünger hatte ihn im Verdacht der Heuchelei; sie sprachen bei dem Mahl: „Herr, bin ich's?" Sie sagten nie: „Herr, ist es Judas?"

Es ist wahr, Judas hatte seit Monaten gestohlen; aber er versteckte die Abzüge so gut, daß er nicht Gefahr lief, von den ehrlichen, arglosen Fischern, mit denen er verbunden war, entdeckt zu werden. Gleich einigen Kaufleuten und Händlern, von denen wir gehört haben, konnte er anständige Prozente abziehen und doch die Abrechnung genau stimmend machen.

Die Herren, die von Judas gelernt haben, bringen es zuwege, ihre Rechnungen ganz vortrefflich für die Aktionäre vorzubereiten, doch so, daß für sie selbst ein fetter Bissen abfällt, auf den sie sogar noch den göttlichen Segen herabflehen.

Judas war in dem, was von seinem Leben bekannt war, ein trefflicher Mann. Er würde ohne Zweifel Senator geworden sein, und da er sehr fromm und reich begabt war, würde seine Ankunft in Kirchen und Kapellen große Befriedigung ausgelöst haben. „Was für ein verständiger und einflußreicher Mann!" sagen die Gemeindevorsteher. „Ja", erwidert der Prediger, „was für ein Gewinn für unsere Beratungen! Wenn wir ihn für ein Amt wählen könnten, würde er von großem Nutzen in der Gemeinde sein."

Ich glaube, der Meister wählte ihn zum Apostel, damit wir nicht staunen sollten, wenn wir einen solchen Mann als Prediger auf der Kanzel sehen. Dies sind sehr ernste Angelegenheiten, meine Brüder, laßt uns sie zu Herzen nehmen. Wenn einige von uns einen guten Namen unter den Menschen haben, so mögen sie sich diese Frage aufs Herz legen: „Herr, bin ich's?" Vielleicht ist der, der zuletzt diese Frage stellt, gerade der, der sie zuerst hätte stellen sollen.

Und nun lenke ich eure Aufmerksamkeit auf die wirkliche Natur und Sünde des Judas. Er war ein Mann mit einem Gewissen. Er war kein Sadduzäer, der die Religion über Bord werfen konnte; er hatte starke, religiöse Neigungen. Er war kein ausschweifender Mann; er gab nie in seinem Leben zwei Groschen für Laster aus – nicht, weil er das Laster weniger liebte, sondern weil er die zwei Groschen mehr liebte. Gelegentlich war er freigebig, aber dann war er es mit dem Geld anderer Leute.

Judas hatte ein Gewissen, denn es war sein Gewissen, das ihn trieb, sich zu erhängen. Aber es war ein Gewissen, das nicht regelmäßig funktionierte; es herrschte nur dann und wann, ruckweise. Das Gewissen war nicht das leitende Element. Der Geiz hatte die Oberhand über das Gewissen. Er wollte Geld gewinnen. Wenn es auf ehrliche Art ging, dann war ihm das am liebsten; aber wenn er es nicht auf ehrliche Art erlangen konnte, dann eben auf andere Weise.

Judas war nur ein kleiner Händler; seine Gewinne waren nicht bedeutend, sonst hätte er Christus nicht für eine so geringfügige Summe verkauft. Dreißig Silberlinge waren ein armseliger Preis für den Meister, aber die kleine Summe war für ihn schon groß. Er war arm, er hatte sich an Christus angeschlossen in dem Gedanken, daß dieser bald zum König der Juden proklamiert werden würde und daß er dann ein Edelmann werden und reich sein würde. Da er aber dann feststellte, daß es noch sehr lange dauerte, bis Christus zu seinem Königreich kommen würde, hatte er nach und nach etwas aus der Kasse genommen und für sich zurückgelegt. Als er jetzt fürchtet, daß er sich in all seinen Träumereien getäuscht hat, zieht er sich aus dem, was er für einen groben Irrtum hält, so gut er kann heraus und macht dadurch Geld, daß er seinen Herrn verrät.

Brüder, ich glaube vollen Ernstes, daß es für die Heuchler am wenigsten Hoffnung gibt, deren Gott das Geld ist. Ihr könnt einen Trinker bessern, Gott sei Dank; wir haben viele Beispiele dafür gesehen. Aber ich fürchte, daß die Zahl derer, die vom Krebs des Geizes angefressen und errettet wurden, so gering ist, daß man sie auf den Nagel eines Fingers schreiben könnte. Gott weiß es, welchen Donner ich schon gegen Menschen geschleudert habe, die ganz für die Welt sind und doch vorgeben, Nachfolger Christi zu sein. Was ich nackten Geiz nennen würde, das nennen sie Klugheit, Vorsicht und Wirtschaftlichkeit. Handlungen, die ich verachten würde, begehen sie und halten ihre Hände für ganz rein und sitzen immer noch dort, wo Kinder Gottes sitzen, und denken, daß sie in den Himmel kommen werden.

O ihr Menschen, hütet euch vor der Geldgier! Es ist nicht Geld, noch der Mangel an Geld, sondern die Liebe zum Geld die Wurzel alles Übels. Nicht das ist schlimm, daß ihr es erwerbt, nicht einmal das ist schlimm, daß ihr es behaltet. Schlimm ist, daß ihr es liebt, daß ihr es zu eurem Gott macht, daß ihr es als die Hauptsache betrachtet und nicht die Sache Christi, nicht die Wahrheit Christi, noch ein heiliges Leben mit Christus, sondern daß ihr bereit seid, um des Gewinnes willen alles zu opfern. Solche Menschen werden Riesen in der Sünde. Sie werden auf ewig als Zielscheibe höllischen Gelächters dienen; ihre Verdammnis wird sicher und gerecht sein.

Judas läuft nicht ungewarnt ins Verderben

Was tat der Meister an dem Abend, bevor Judas ihn verkaufte? Er wusch seine Füße! Welche Herablassung! Welche Liebe! Welches Vertrauen! Er nahm eine Schürze und umgürtete sich und wusch die Füße des Judas! Und doch brachten diese Füße den Judas zu denen, die Jesus gefangennahmen!

Erinnert ihr euch, was Jesus sagte, als er Judas Füße gewaschen hatte? „Ihr seid rein, aber nicht alle." Welch eine Warnung für Judas! Was konnte deutlicher sein? Dann, als das Mahl kam und sie miteinander aßen und tranken, sprach der Herr: „Einer unter euch wird mich verraten!" Das war wieder deutlich; und ein wenig später sagt er ausdrücklich: „Der ist's, dem ich den Bissen eintauchen und geben werde." Welch eine Gelegenheit zur Buße!

Judas kann nicht sagen, daß er etwa keinen treuen Prediger gehabt hätte. Was hätte persönlicher sein können? Wenn er jetzt nicht bereut, was ist dann zu tun? Außerdem sah Judas den tiefen Schmerz auf dem Antlitz Jesu, denn es war bald, nachdem er „im Geiste erregt“ worden war, daß Judas das Mahl verließ und hinausging, um seinen Meister zu verkaufen. Dieses Antlitz, so voll Kummer, müßte ihn umgewandelt haben. Welche Sprache hätte donnernder sein können als die Worte Jesu: „Wehe dem Menschen, durch welchen des Menschen Sohn verraten wird! Es wäre diesem Menschen besser, daß er nicht geboren wäre.“ Er hatte gesprochen: „Habe ich nicht euch Zwölf erwählt? Und einer von euch ist ein Teufel!“ Nun, wenn dieser Mann nicht aufgeweckt wurde, als diese Donner über seinem Haupte rollten und die zuckenden Blitze auf seine Person deuteten, was für eine Hölle von teuflischer Hartnäckigkeit und Schuld muß in seinem Herzen gewesen sein!

Wenn einige von euch Christus verkaufen, um ihren Laden am Sonntag offenzuhalten, wenn ihr Christus für einen Extralohn verkauft, den ihr durch Betrug verdienen könnt, wenn ihr Christus um der zweitausend Mark willen verkauft, die ihr durch einen schurkischen Vertrag gewinnen könnt - wenn ihr das tut, so kommt ihr nicht ungewarnt um.

Ich gehe nicht auf meine Kanzel, um irgendeinem unter euch zu gefallen. Gott weiß es: Wenn ich mehr von euren Torheiten wüßte, so solltet ihr noch deutlicher darauf hingewiesen werden. Wenn ich mehr von den Kniffen im Geschäftsleben kennen würde, so würde ich mich nicht scheuen, davon zu sprechen! Aber, o Mann, ich bitte dich, wende dich - wenn ein solcher hier ist -, wende dich von diesem Bösen, damit deine Sünde vielleicht noch ausgetilgt werde.

Laßt uns nun die Handlung selbst betrachten. Judas ging bewußt in die Versuchung hinein. Er wartete nicht, bis der Teufel zu ihm kam, er ging dem Teufel entgegen. Er ging zu den Hohenpriestern und sagte: „Was wollt ihr mir geben?“

Einer der alten puritanischen Theologen sagt dazu:

„Was konnten sie ihm geben? Was brauchte dieser Mann? Er brauchte nicht Nahrung, nicht Kleidung; er hatte es so gut wie sein Meister und die anderen Jünger: Er hatte genug. Er hatte alles, was er brauchte. Aber er sagt: 'Was wollt ihr mir geben?'"

Die Religion mancher Leute ist auf diese eine Frage begründet: „Was wollt ihr mir geben?" – „Ja, wir würden zur Kirche gehen, wenn dort irgendwelche Almosen verteilt würden." Aber wenn mehr dadurch zu erhalten wäre, daß sie nicht hingingen, so würden sie auch das tun.

Einige von diesen Leuten sind nicht einmal so weise wie Judas. Ach, dort drüben ist ein Mann, der würde den Herrn schon für fünf Mark verkaufen. Es gibt einige, die Christus für das kleinste Silberstück, das bei uns im Umlauf ist, verkaufen würden. Sie sind in Versuchung, den Herrn zu verleugnen, in Versuchung, auf unheilige Art zu handeln, auch wenn der Gewinn so gering ist, daß er nicht viel einbringen würde.

Diese Versuchung tritt an jeden von uns heran. Leugnet es nicht! Wir alle lieben es, Gewinn zu machen; es ist nur natürlich, daß wir es tun. Die Neigung zum Erwerben ist in jedem Herz, und unter den richtigen Beschränkungen ist es keine böse Neigung; aber wenn sie in Streit mit der Treue gegen unseren Meister kommt – und in einer Welt wie dieser wird sie das oft –, dann müssen wir sie überwinden, oder wir werden zugrunde gehen.

Es kommen Gelegenheiten für einige von euch oftmals in der Woche, bei denen man wählen muß: Gott oder Gewinn, Christus oder dreißig Silberlinge. Und deshalb schärfe ich euch ein: Verlaßt nicht euren Meister, ich bitte euch, wenn auch die Welt ihr Höchstes bieten würde, wenn sie auch Annehmlichkeiten auf Annehmlichkeiten häufen und Ruhm, Ehre und Achtung hinzufügen würde. Es hat schon oft solche Fälle gegeben. Menschen, die hierher zu kommen pflegten, fanden, daß sie im Geschäft nicht vorankamen, weil Sonntag der beste Tag dafür war. Sie hatten einige gute Gefühle, einige gute Eindrücke damals, aber sie haben diese jetzt verloren. Sie haben sich dem Geschäft zugewandt.

Wir haben andere gekannt, die sprachen: „Ja, ich meinte früher, daß ich den Herrn liebhätte, aber mein Geschäft ging solange schlecht, wie ich das Haus des Herrn besuchte, darum gab ich meine Besuche auf.“ Judas! Judas! Laß mich dich bei deinem Namen nennen, denn ein solcher bist du. Das ist die Sünde des Abtrünnigen. Gott helfe dir, sie zu bereuen und nicht zu einem Priester, sondern zu Christus zu gehen, um ein Bekenntnis abzulegen, damit du noch errettet werden kannst.

Ihr könnt feststellen, daß Judas in dem Verkaufen Christi seinem Meister treu war.

„Seinem Meister treu?“ fragt ihr. Ja, sein Meister war der Teufel. Nachdem er ein Abkommen mit ihm getroffen hatte, führte er es ehrlich aus. Einige Leute sind immer sehr ehrlich gegen den Teufel. Wenn sie gesagt haben, daß sie etwas Unrechtes tun wollen, dann sagen sie, daß sie es tun müßten, weil sie es versprochen hätten, als wenn ein Eid für einen Menschen verbindlich sein könnte, wenn es sich um etwas Unrechtes handelt.

„Ich will nie wieder in dieses Haus gehen!“ haben einige gesagt, und nachher haben sie gesprochen: „Ich wünschte, ich hätte das nicht gesagt.“ War es etwas Unrechtes? Was ist euer Eid dann wert? Es war ein Eid, der dem Teufel geschworen wurde. Was war das törichte Versprechen anders als ein dem Satan gegebenes Versprechen? Wollt ihr ihm treu sein?

Ach, wollte Gott, ihr wärt dem Herrn Jesus treu! Möchten wir Christus so treu sein, wie Satans Diener es ihrem Herrn sind!

Judas verriet seinen Meister mit einem Kuß. Das ist

so, wie die meisten Abtrünnigen es tun: Sie verraten immer mit einem Kuß. Habt ihr je ein gottloses Buch gelesen, das nicht mit einem tiefen Respekt vor der Wahrheit begann? Ich nie. Selbst die neueren, von Theologen geschriebenen beginnen so. Sie verraten den Sohn des Menschen mit einem Kuß. Die am frömmsten aussehenden Leute sind oft die Scheinheiligsten der Welt.

Wir schließen mit der Reue des Judas. Er bereute, aber es war die Reue, die den Tod bewirkt. Er legte ein Bekenntnis ab, aber nicht mit Rücksicht auf die Tat selbst, sondern nur im Blick auf ihre Folgen. Es tat ihm sehr leid, daß Christus verurteilt wurde. Etwas schlummernde Liebe, die er einst für seinen Meister hatte, wachte auf, als er sah, daß er verurteilt wurde. Er hatte vielleicht nicht gedacht, daß es dahin kommen würde; er mag die Hoffnung gehabt haben, daß er ihnen entgehen würde, und dann hätte er seine dreißig Silberlinge behalten und ihn nochmals verkaufen können.

Vielleicht dachte Judas auch, daß sich Jesus durch irgendeine wunderbare Machtentfaltung aus ihren Händen befreien oder das Königtum proklamieren würde, und dann hätte er selbst nur dieses sehr gesegnete Ergebnis beschleunigt.

Freunde, jeder, der Folgen bereut, bereut nichts. Der Spitzbube bereut den Galgen, aber nicht den Mord. Das ist keine Reue. Das menschliche Gesetz muß natürlich die Strafe nach den Folgen der Sünde bemessen, aber Gottes Gesetz tut das nicht.

Stellen wir uns einen Bahnwärter an einer Eisenbahnstrecke vor, der seine Pflicht vernachlässigt. Es passiert ein Zugunglück, und Menschen werden getötet. Nun, dieser Mann ist wegen seiner Sorglosigkeit schuldig. Aber dieser Wärter hat vielleicht häufig schon seine Pflicht vernachlässigt; kein Unglück ist daraus entstanden, und er ist nach Hause gegangen und hat gesagt: „O, ich habe kein Unrecht getan.“ Nun, das Unrecht ist niemals nach dem Unfall zu bemessen, sondern nach der Sache selbst, und wenn du eine Sünde begangen hast und unentdeckt davongekommen bist, so ist das ebenso schändlich in Gottes Augen. Wenn du Unrecht getan hast, und die Vorsehung hat die natürliche Folge des Unrechts verhütet, so hat Gott die Ehre davon, aber du bist so schuldig, als wenn deine Sünde von all ihren Folgen begleitet gewesen wäre und die ganze Welt in Flammen gesetzt hätte. Meßt niemals die Sünde nach ihren Folgen, sondern bereut sie nach dem, was sie in sich selbst ist.

Obwohl Judas nur um der Folgen willen traurig war, geriet er doch in Gewissensangst. Er suchte einen Baum, befestigte einen Strick daran und erhängte sich. Aber in seiner Hast erhängte er sich so schlecht, daß der Strick zerriß. Er fiel in einen Abgrund, und wir lesen, daß dort seine Eingeweide ausgeschüttet wurden. Er lag da als eine verstümmelte Leiche am Fuß einer Klippe, ein Grauen für jeden Vorübergehenden.

Wer ein Gewerbe aus der Gottseligkeit macht – wenn so jemand dies liest –, der mag vielleicht nicht wie Judas enden, aber er nehme diese Lehre zu Herzen.

Keach, mein ehrwürdiger Vorgänger, erzählt in einem seiner Predigtbände von dem Tod eines John Child. Dieser war ein Prediger in einer Freikirche. Um des Gewinnes willen und um eine Stelle zu bekommen, handelte er wider sein Gewissen und trat zur bischöflichen Kirche über. Er handelte weiter wider sein Gewissen, indem er Kinder besprengte und all die anderen Zeremonien der Kirche ausführte. Zuletzt überfielen ihn wegen seiner Handlungen solche Schrecken, daß er seine Stelle aufgab und krank wurde; und seine Schwüre, Lästerungen und Flüche auf dem Sterbebett waren etwas so Schreckliches, daß sich alle darüber verwunderten.

Keach schrieb einen ausführlichen Bericht darüber, und viele gingen hin und versuchten, den Mann zu trösten. Aber er sagte immer wieder: „Geht fort! Geht fort! Es nützt nichts, ich habe Christus verkauft!"

Ihr kennt auch den furchtbaren Tod von Franz Spira. In der ganzen Literatur gibt es nichts so Schrekliches wie den Tod von Spira. Der Mann hatte die Wahrheit gekannt; er stand gut unter den Reformatoren; er war ein Gelehrter und allem Anschein nach in gewissem Maß ein treuer Mann. Aber er ging zur römischen Kirche zurück; er wurde abtrünnig. Und dann, als sein Gewissen erweckt war, floh er nicht zu Christus, sondern sah auf die Folgen anstatt auf die Sünden. Als er sah, daß die Folgen nicht geändert werden konnten, vergaß er, daß Sünden vergeben werden können, und starb in der furchtbarsten Angst.

Möge der Herr jetzt Erbarmen mit uns haben und unsere Herzen erforschen! Alle, die da sagen: „Wir brauchen diese Predigt nicht", sind wahrscheinlich solche, die sie am nötigsten haben. Wer sagen wird: „Gut, wir haben keinen Judas unter ist", ist wahrscheinlich selbst ein Judas. Erforscht euer Herz; kehrt jede Falte ans Licht, seht in jedem Winkel eurer Seelen nach, ob euer Glaube an Christus, an seine Wahrheit und an Gott echt ist oder ob er ein Bekenntnis ist, das ihr aufrecht haltet, weil es euch aufrecht hält. Der Herr erforsche und prüfe uns und lasse uns unseren Weg erkennen!

Und nun zum Schluß: Es ist ein Heiland da, und dieser Heiland ist willig, uns jetzt anzunehmen. Wenn ich nicht ein Heiliger bin, so bin ich doch ein Sünder. Würde es nicht am besten für uns alle sein, wiederum zur Quelle zu gehen? Möge sich jeder von uns aufs neue prüfen und sprechen: „Herr, du weißt, was ich bin. Ich weiß es selbst nicht, aber wenn es nicht recht mit mir steht, so mache du es recht; und wenn es recht ist, so erhalte es so. Ich habe mein Vertrauen auf dich gesetzt. Bewahre mich um deiner selbst willen."

11

DIE WIEDERHERSTELLUNG DES PETRUS

„Und alsbald, während er noch redete, krähte der Hahn. Und der Herr wandte sich um und sah Petrus an. Da erinnerte sich Petrus an das Wort des Herrn, das er zu ihm gesprochen hatte: Ehe der Hahn kräht, wirst du mich dreimal verleugnen! Und er ging hinaus und weinte bitterlich“ (Lukas 22,60-62).

Petrus hatte einen tiefen Fall getan. Er hatte seinen Meister verleugnet, ihn wiederholt verleugnet, ihn mit Schwüren verleugnet, ihn verleugnet, während sein Meister geschlagen und falsch angeklagt wurde. Er hatte ihn verleugnet, obwohl er Apostel war, obwohl er erklärt hatte: „Wenn sich auch alle an dir ärgern, so werde doch ich mich niemals ärgern!“ Er meinte, daß er nie straucheln könnte; und gerade deswegen fiel er sehr tief. Ein hochmütiger Sinn geht dem Fall voraus.

O daß wir auf die Wurzeln bitterer Früchte sähen und sie zerstörten! Wenn Vermessenheit heute auf dem Boden unseres Herzens blüht, so werden wir bald die böse Frucht sehen, die daraus folgt. Vertrauen auf unsere Charakterfestigkeit, Tiefe der Erfahrung, Klarheit der Einsicht oder Reife in der Gnade wird uns zuletzt zu einem schmählichen Fall bringen. Wir müssen uns entweder selbst verleugnen, oder wir werden unseren Herrn verleugnen.

Die Ursache der Verleugnung des Petrus war Feigheit. Er schämte sich in der Gegenwart einer Magd. Er konnte es nicht ertragen, als ein Nachfolger des Galiläers bezeichnet zu werden. Er wußte nicht, was darauf folgen könnte. Er sah seinen Herrn ohne einen Freund

und hatte den Eindruck, es sei eine verlorene Sache; er wollte sich nicht länger zu ihr bekennen.

Wer hätte gedacht, daß Petrus als Feigling handeln würde! Doch die Feigheit folgt der Prahlerei auf den Fersen. Wer denkt, daß er gegen die ganze Welt fechten kann, wird der erste sein, der davonläuft.

Seine Sünde entstand auch aus einem Mangel an Wachsamkeit. Sein Meister hatte zu ihm gesprochen: „Könnt ihr also nicht eine Stunde mit mir wachen?" Der Herr sprach mehrmals zu ihm: „Wachet und betet, damit ihr nicht in Anfechtung fallet!" Diese Worte wurden mit großer Eindringlichkeit wiederholt, denn sie waren sehr nötig. Aber Petrus hatte nicht gewacht, er hatte sich die Hände gewärmt. Er betete nicht, er fühlte sich zu stark, um zu besonderem Gebet getrieben zu werden.

Als Petrus zum erstenmal seinen Meister verleugnete, krähte ein Hahn. Petrus muß dieses Krähen gehört haben, sonst hätte er das nicht den Evangelisten mitgeteilt, die es berichteten. Doch obwohl er es hörte, gab er denen ein Beispiel, die Ohren haben, aber nicht hören. Man hätte denken sollen, daß die Warnung sein Gewissen getroffen hätte, aber sie tat es nicht. Als der Hahn dann zum zweitenmal krähte, nachdem Petrus den Herrn dreimal verleugnet hatte, wäre er vielleicht immer noch nicht aus seinem furchtbaren Schlummer aufgewacht, wenn ihn der Herr Jesus nicht angeblickt hätte.

Gott bewahre uns vor diesem Geist des Schlummers, denn er ist äußerst gefährlich. Petrus war unter dem gräßlichen Einfluß Satans, denn es war eine Nacht, in der die Mächte der Finsternis besonders tätig waren. „Dies ist eure Stunde", sprach Jesus, „und die Macht der Finsternis." Derselbe Feind, der den Heiland erfolglos angriff – denn er sprach: „Es kommt der Fürst dieser Welt, und in mir hat er nichts." –, griff Petrus mit traurigem Erfolg an. Der Böse hatte etwas an Petrus; er fand es bald heraus. Die Funken von Satans Stein und Stahl fielen auf unseren Herrn wie auf Wasser; aber das Herz des Petrus war wie Zunder, und als die Funken fielen, fanden sie dort Nahrung.

O daß wir bewahrt blieben vor den Angriffen Satans! Ein Mensch gewinnt nie etwas vom Teufel, selbst wenn er ihn überwindet. Ihr werdet feststellen, daß ihr aus dem Kampf mit ihm, selbst wenn ihr entrinnt, nur mit Schrammen und Wunden herauskommt, deren Narben ihr bis zum Tod tragen werdet.

„Die ganze Zeit über", sagt Bunyan, „während Christian mit Apollyon focht, lächelte er nicht ein einziges Mal." O nein, es ist nicht zum Lächeln, wenn uns der Erzfeind anfällt. Er ist ein solcher Meister in der grausamen Kunst, die Seele zu verwunden, daß jeder Streich trifft. Er kennt unsere jetzigen schwachen Stellen, er bringt uns unsere vergangenen Irrtümer in Erinnerung, und er malt in den schwärzesten Farben unser künftiges Elend und sucht so unseren Glauben zu vernichten. Alle seine Pfeile sind feurig. Es gehört die ganze Kraft eines Menschen dazu und noch sehr viel mehr, die schlauen und grausamen Hiebe Satans abzuwehren. Das Schlimmste ist, daß er, wie bei Petrus, einen Zauber über die Menschen wirft, so daß sie gar nicht erst kämpfen, sondern sich ihm als leichte Beute ausliefern.

Unser Heiland sprach zu Petrus: „Simon, Simon, siehe, der Satan hat euch begehrt, um euch zu sichten wie den Weizen; ich aber habe für dich gebetet, daß dein Glaube nicht aufhöre." Petrus war ebensosehr der Macht Satans ausgesetzt wie das Korn der Schaufel dessen, der es sichtet. Er wurde in diesem Sieb auf und ab geworfen und ging so unter Schwüren und Flüchen von Feigheit zu klaren Verleugnungen seines Meisters über.

Ich möchte in dieser Predigt hauptsächlich über die Wiederherstellung des Petrus sprechen. Petrus wurde niedergeworfen, aber auch bald wieder aufgerichtet. Ein

Schriftsteller sagt, diese Geschichte sollte eher die Wiederherstellung des Petrus als der Fall des Petrus genannt werden. Sein Fall war bald vorüber; er war wie ein kleines Kind, das Gehen lernt und kaum auf dem Boden liegt, wenn ihm seine Mutter schon wieder aufhilft. Er verharrte nicht in der Sünde wie David, der monatelang ohne Buße blieb, sondern es war ein rasches Wort von einem Mann, der durch eine plötzliche Versuchung umgeworfen wurde, und es folgte eine schnelle Buße darauf. Seine Wiederherstellung wollen wir jetzt betrachten.

Sie wurde durch zwei äußere Mittel bewirkt. Ich denke gern an die seltsame Verbindung, die uns hier begegnet: das Krähen des Hahns und der Blick des Herrn. Wenn ich hier predige, muß ich fast bei dem Gedanken lächeln, daß Gott durch mich eine Seele retten könnte. Ich sehe in diesem armen Hahn ein passendes Bild von mir. Mein Predigen ist ein armseliges Krähen. Aber wie sich des Meisters Blick mit dem Krähen des Hahns verband, so hoffe ich, wird er meine schwache Predigt begleiten.

Das nächste Mal, wenn du versuchst, eine Seele für Christus zu gewinnen, sage zu dir selbst: „Ich kann es nicht tun; ich kann ein hartes, aufrührerisches Herz nicht schmelzen, aber dennoch will mich der Herr gebrauchen, und wenn sich der Blick des Herrn mit meinen schwachen Worten verbindet, so wird das Herz schmelzen. Krähe nur weiter, armer Vogel, wenn Jesus blickt, während du krähst, so wirst du nicht vergeblich krähen, sondern du wirst das Herz des Petrus brechen." Christus hat alle Ehre und um so mehr Ehre, wenn er durch geringe Mittel wirkt. Ich hoffe, heute wird eine Verbindung zwischen der Schwachheit des Predigers und der Kraft des Heiligen Geistes da sein, so daß steinerne Herzen gebrochen werden und Gott verherrlicht wird.

Wir wollen zuerst auf den Herrn sehen, der Petrus anblickte, und zweitens den Blick sehen, mit dem der Herr Petrus ansah. Drittens laßt uns Petrus sehen, den der Herr ansah.

Seht den Herrn, der Petrus anblickt

Könnt ihr ihn euch vorstellen, dort in der Halle, vor dem Hohenpriester und dem Hohen Rat? Petrus ist in dem unteren Teil des Palastes und wärmt sich die Hände am Feuer. Könnt ihr sehen, wie sich der Herr Jesus umwendet und seine Augen fest auf seinen irrenden Jünger richtet? Was seht ihr in diesem Blick?

Ich sehe in diesem Blick zuerst etwas, was mich ausrufen läßt: „Welch eine sorgende Liebe!" Jesus ist gebunden, er wird angeklagt, man hat ihn soeben ins Gesicht geschlagen, aber seine Gedanken sind bei dem irrenden Petrus. Ihr müßt all euren Verstand zusammennehmen, wenn ihr vor grausamen Richtern steht und auf falsche Anklagen zu antworten habt. Es ist um so schwerer für euch, wenn ihr niemand habt, der euch beisteht oder für euch zeugt. Es ist natürlich, daß zu solcher Stunde all eure Gedanken mit euren eigenen Leiden und Sorgen beschäftigt sind. Es wäre nicht zu tadeln gewesen, wenn der Herr seine Gedanken nur auf seine persönlichen Leiden gerichtet hätte. Aber unser treuer Meister denkt an Petrus, sein Herz wendet sich zu seinem Jünger. An Petrus dachte der Erlöser, als er selbst verspottet und geschmäht wurde.

Gelobt sei sein teurer Name! Jesus hat immer ein Auge für sein Volk, ob er in seiner Schmach oder in seiner Herrlichkeit ist. Jesus hat immer ein Auge für die, für die er sein Blut vergoß. Obwohl er jetzt in der Herrlichkeit regiert, blickt er doch beständig auf die Seinen; er hat Freude an ihnen, und sein Auge wacht über ihnen. Es war kein Atom von Selbstsucht in unserem Heiland. „Andern hat er geholfen, sich selbst kann er nicht helfen.“ Er sah auf andere, aber nie auf sich selbst. Ich sehe also in dem Blick unseres Herrn eine wunderbare Liebe.

Ich stelle weiter fest: Welch eine grenzenlose Herablassung! Wenn unseres Herrn Auge an jenem Tag zu dem „anderen Jünger“, der dem Hohenpriester bekannt war, gewandert wäre, oder wenn er einige der Diener des Hauses erblickt hätte, wären wir nicht so erstaunt gewesen; aber als sich Jesus umwendet, blickt er auf Petrus, den Mann, von dem wir augenblicklich unser Gesicht abgewandt hätten, nachdem er sich so elend betragen hat. Er hatte sehr schmachvoll und grausam gehandelt, und doch suchte ihn des Meisters Auge.

Wenn diese Predigt ein Mann liest, der sich dem Teufel nahe verwandt fühlt, so bitte ich den Herrn, ihn zuerst anzusehen. Wenn du das Gefühl hast, daß du alles Gute von dir geworfen und den Herrn verleugnet hast, so betrachte doch die erstaunliche Barmherzigkeit des Herrn. Wenn du einer von den Seinen bist, so wird dich sein mitleidsvolles Auge herausfinden; denn sogar jetzt folgt es dir wie der Hagar, als sie rief: „Du bist der Gott, der mich sieht!“

Als ich zum erstenmal erkannte, daß mich der Herr mitten in meiner Sünde mit Liebe angesehen hat, da schien es mir zu wunderbar. Er, den die Himmel anbeten, vor dessen Auge das ganze Weltall wie eine Landkarte ausgebreitet liegt, geht doch an allen Herrlichkeiten des Himmels vorüber, um seinen Blick auf ein verirrtes Schaf zu richten und es in großer Barmherzigkeit zur Hürde zurückzubringen. Daß der Herr der Herrlichkeit einen Jünger ansieht, der ihn verleugnet, ist grenzenlose Herablassung!

Aber dann wiederum: Welch eine Weisheit sehe ich hier! „Der Herr wandte sich um und sah Petrus an.“ Er wußte am besten, was zu tun sei. Er sprach nicht zu ihm, sondern sah ihn einfach nur an. Er hatte früher zu ihm gesprochen, und diese Stimme hat ihn zum Menschenfischer berufen; er hatte ihm früher die Hand gereicht und ihn gerettet, als er zu sinken begann. Aber diesmal gibt er ihm weder Stimme noch Hand, sondern das, was jetzt nötig war: Er richtet sein Auge auf ihn. „Der Herr sah Petrus an."

Wie weise wählt Christus stets die Art, in der er seine Liebe ausdrückt und unser Bestes wirkt! Wenn er dort zu Petrus geredet hätte, so würde ihn der Pöbel angegriffen oder mindestens Bemerkungen über den Schmerz des Meisters und die Verleugnung des Jüngers gemacht haben. Aber unser gnädiger Herr wird nie unnötigerweise die Fehler seiner Erwählten bloßstellen. Vielleicht hätten Worte nie alles das ausdrücken können, was in diesem Blick des Erbarmens lag. Unser Heiland brauchte die vorsichtigste, die umfassendste, die nützlichste Art, zu dem Herzen seines verirrten Nachfolgers zu reden.

Wenn ich wieder an diesen Blick denke, bin ich gezwungen zu rufen: „Welch göttliche Kraft zeigt sich hier!"

Liebe Freunde, dieser Blick wirkte Wunder. Ich predige zuweilen mit meiner ganzen Seele einem Petrus, aber ach, obwohl ihm meine Predigt gefällt, vergißt er sie. Ich habe gesehen, daß „Petrus" ein gutes Buch las, voller Ermahnungen, und wenn er es durchgelesen hatte, machte er das Buch zu und legte sich schlafen. Ich erinnere mich an meinen „Petrus", als er seine Frau verlor und man hätte denken sollen, es würde ihn bewegt haben; und das tat es auch, er war traurig. Dennoch ging er nicht zum Herrn zurück, den er verlassen hatte, sondern verharrte in seinem Zustand.

Ihr seht also, wie unser Herr das mit einem Blick fertig bringt, was wir mit einer langen Predigt nicht vermögen, was der gewaltigste Schriftsteller nicht durch Hunderte von Seiten tun kann und was die Trübsal nicht mit ihrem schwersten Schlag bewirken kann. Er blickte, und Petrus weinte bitterlich.

O die Macht des Herrn Jesus Christus! Wenn er solche Macht hatte, als er gebunden vor seinen Anklägern stand, wie ist seine Macht erst jetzt, wo er vollkommen erretten kann, die durch ihn zu Gott kommen!

Der Sohn Gottes sah Petrus an! Der Text braucht nicht den Namen Jesus, sondern sagt ausdrücklich: „Der Herr wandte sich um und sah Petrus an."

Ich möchte euch bitten zu beachten, welch praktische Lehren sich hier zeigen. Du bist ein christlicher Mann oder eine christliche Frau, du bist durch göttliche Gnade vor einer entehrenden Sünde bewahrt geblieben. Danke Gott, daß es so ist. Ich darf wohl sagen, wenn du in dein Inneres blickst, so findest du viel, dessen du dich zu schämen hast; aber doch bist du vor offenen Sünden bewahrt geblieben.

Ach, einer deiner Freunde hat sich entehrt: Er war noch vor kurzer Zeit Glied der Gemeinde, aber er ist schmachvoll abgewichen. Du kannst seine Sünde nicht entschuldigen; im Gegenteil, du bist gezwungen, großen Unwillen über seine Torheit, seine Unwahrheit, seine Schlechtigkeit zu empfinden. Er hat die Feinde des Herrn zur Lästerung veranlaßt und der Sache der Gerechtigkeit Schaden zugefügt.

Nun weiß ich, was sich in dir regen wird. Du wirst geneigt sein, die Bekanntschaft mit ihm abzubrechen, ihn ganz zu verleugnen und ihn kaum noch anzusehen, wenn du ihm auf der Straße begegnest. Dies ist die Weise der Menschen, aber nicht die Weise Jesu. Ich beschwöre dich, handle nicht in einer Christus so unähnlichen Art! Der Herr wandte sich um und sah Petrus an. Wollen ihn seine Diener nicht ansehen?

Du bist nicht so vollkommen wie dein Herr, bist nur ein armes, sündiges Geschöpf gleich deinem gefallenen

Bruder. Bist du zu stolz, den Gefallenen anzusehen? Willst du nicht versuchen, ihn zurückzubringen? Das Schlimmste, was du einem Rückfälligen tun kannst, ist, ihn fallen zu lassen. Deine Pflicht ist, einem solchen „im Geiste der Sanftmut zurechthelfen; und sieh dabei auf dich selbst, daß du nicht auch versucht werdest".

O, Brüder und Schwestern, unsere Füße wären auch beinahe ausgeglitten. Wenn wir auf unser sicheres Stehen stolz sind, so kann der Herr wohl um unserer Eitelkeit willen mit uns zürnen und mag mit Recht sprechen: „Wie kann ich diesen Stolz dulden? Ich habe viel Sorge für diesen Mann getragen und über ihn gewacht, um ihn vor der Sünde zu bewahren, und nun rechnet er sich den Verdienst dafür zu und spielt den großen Mann und bildet sich ein, er werde verunreinigt, wenn er sich mit meinen armen, verirrten Kindern verbindet."

Was ist schlimmer in den Augen Gottes: der plötzliche Sündenfall oder der langandauernde Stolz, der sich in der Gegenwart des Herrn rühmt und verächtlich auf Irrende blickt?

Es ist nicht meine Aufgabe, Sünde zu messen, aber ich möchte euch diese klare Pflicht einschärfen: Weil unser Herr und Meister den rückfälligen Petrus ansah, so laßt uns unsere irrenden Brüder auch aufsuchen.

Noch eine Lehre: Beachtet, was für ein himmlischer Trost darin liegt: „Der Herr wandte sich um und sah Petrus an." Ja, Jesus sieht auch den Sünder an.

Die Lehre von Gottes Allwissenheit wird weit öfter auf eine harte als auf eine tröstliche Weise dargestellt. Habt ihr nie eine Predigt über „Du bist der Gott, der mich sieht" gehört, deren Kern war: „Deshalb zittert und fürchtet euch!"? Das ist keine rechte Auslegung des Textes, denn Hagar rief diese Worte, weil der Herr eingegriffen und ihr geholfen hatte, nachdem sie von ihrer Herrin geflohen war. Es war ihr ein Trost, daß sie den gesehen hatte, der sie ansah.

Es ist wahr, Sünder, daß Gott deine Sünde gesehen hat. Aber es ist auch wahr, daß er Erbarmen mit dir hat, wenn er dein Verderben, dein Elend, deine Traurigkeit sieht. Er blickt auf deine Sünde, um sie wegzunehmen und dich zu reinigen. Wie der Herr Petrus ansah, so sieht er dich an. Er hat dir nicht den Rücken zugekehrt; er hat den Blick des Mitleids nicht von dir abgewandt. Er sieht bis auf den Grund deines Herzens und sieht alle deine Gedanken. Du brauchst nicht umherzugehen und Gott zu suchen: Er sieht dich jetzt an. Er ist nicht ferne von einem jeglichen unter uns; er ist innerhalb deines Gesichtskreises. Du sollst auf ihn blicken. Und wenn du es tust, so werden deine Augen den seinigen begegnen.

Ich meine, wir haben aus diesem kurzen Blick auf den Herrn, der Petrus ansah, viel entnommen. Ich zweifle nicht, daß wir, wenn wir mehr Zeit und mehr Einsicht hätten, noch größere Dinge als diese sehen würden.

Seht den Blick des Herrn!

Dieser Blick frischte das Gedächtnis des Petrus auf. „Der Herr wandte sich um und sah Petrus an."

Welch ein Anblick muß es für Petrus gewesen sein! Unsers Meisters Antlitz war in dieser Nacht rot von blutigen Striemen. Sein Körper war abgezehrt, seine Augen waren müde vom Mangel an Schlaf, und seine ganze Erscheinung war ein Bild des Leidens. Wenn je ein Bild des Schmerzensmannes hätte gezeichnet werden sollen, so müßte es eigentlich diesen Augenblick festhalten, wo sich der Herr umwandte und Petrus ansah.

Beim Fackellicht und der flackernden Flamme des Feuers im Hofe vor der Halle des Kaiphas sah Petrus einen Mann stehen, dessen Blick nie wieder aus seiner Seele schwinden konnte. Er sah den Mann, den er liebte, wie er ihn nie zuvor gesehen hatte. Dies war der, der ihn zum Menschenfischer berufen hatte, als er beim Fischen war. Es war der, der ihn das Netz auszuwerfen befahl und ihn eine unglaubliche Menge Fische fangen ließ, so daß das Boot zu sinken begann und er ausrief: „Herr, gehe von mir hinaus; denn ich bin ein sündiger Mensch!“ Es war der, der ihn auf dem Wasser gehen ließ und zu anderen Zeiten Wind und Wetter bedrohte und Tote auferweckt hatte. Es war der, mit dem Petrus auf dem Berg der Verklärung gewesen war. Obwohl das Gesicht Jesu mit Blut befleckt war, konnte Petrus doch sehen, daß es derselbe Herr war, mit dem er drei Jahre lang vertraut zusammen gelebt hatte.

Alles das muß in einem Augenblick die Seele des Petrus durchzuckt haben. Ich wundere mich nicht, daß er in der Erinnerung daran hinausging und bitterlich weinte. Er liebte seinen Herrn wirklich. Seine Verleugnung war keine Verleugnung des Herzens, sondern der Zunge, und als der Mann, an den er geglaubt hatte, vor seine Seele trat, brach sein Herz in tausend Stücke vor Traurigkeit darüber, daß er einen solchen Freund verleugnet hatte. Ja, dieser Blick erweckte tausend Erinnerungen, und sie forderten das aufrichtige Herz des Petrus auf, seine Schwachheit zu bereuen.

Außerdem war dieses Umwenden des Meisters eine besondere Erinnerung an seine warnenden Worte: „Ach, Petrus, sagte ich dir nicht, es würde so sein? Du sprachst: 'Wenn sich auch alle an dir ärgern, ich will mich doch nimmermehr ärgern.' Sagte ich dir nicht, daß du mich, ehe der Hahn kräht, dreimal verleugnen würdest?“ Kein Vorwurf wurde laut, und doch hat das milde Auge des Herrn dem Petrus seine Torheit und des Meisters überlegene Weisheit enthüllt.

Hier sah Petrus seinen eigenen Charakter und seines Herrn Scharfblick. Es war eine Weissagung gewesen. Wie alle anderen Weissagungen wurde sie verstanden, nachdem sie erfüllt war. Wir lesen, daß Petrus an die Worte Jesu dachte, als er zu ihm sagte: „Ehe der Hahn kräht, wirst du mich dreimal verleugnen!" Es ist also klar, daß unseres Herrn Blick eine besondere Mahnung an seine früheren Worte war. Er erweckte und erinnerte den Petrus und ließ ihn sehen, wie töricht und wie unentschuldbar sein Fehler war.

Sicher war es auch eine Mahnung an das Herz des Petrus. Ich bat euch vorhin, beim Lesen des Kapitels zu beachten, daß die Geschichte von Petrus mit der Erzählung der Leiden unseres Herrn verwoben ist. Sie ist so verwoben, weil sie einen wesentlichen Teil dieser Leiden ausmacht. Wir müssen sie nicht als ein zufälliges Ereignis betrachten; sie war ein Teil der Schmerzen, die er zu tragen hatte, als er an unserer Stelle stand.

„Schlage den Hirten, so werden die Schafe sich zerstreuen." Dieses Zerstreuen der Schafe, von dem Petrus ein bemerkenswertes Beispiel ist, war eine der bitteren Zutaten zu den Schmerzen unseres Erlösers. „Meine Lieben und Freunde treten beiseite wegen meiner Plage" ist seine Klage in Psalm 38. Als sich der Heiland dem Petrus zeigte, Linien des Kummers tief in sein Gesicht eingegraben, schien er ihm zu sagen: „Kannst du mich jetzt verleugnen? Ich bin für dich gebunden, und du verleugnest mich?"

Der Herr konnte Petrus nicht ansehen, ohne eine starke Bewegung in dem Herzen des schwachen Jüngers zu erzeugen, der sich jetzt in einem so traurigen Zustand befand. Dieser Blick berührte sehr zarte Saiten. Kein einziges Wort der Mahnung war nötig; der Blick genügte, die Tiefen der Seele des Petrus aufzurühren.

Was sagte dieser Blick hauptsächlich? Als ich das überlegte, kam mir folgender Gedanke: Als der Herr Petrus ansah, frischte er sein Gedächtnis auf und richtete eine Mahnung an sein Gewissen, aber dennoch offenbarte er vor allem seine Liebe. Wenn es mir gestattet ist, demütig und ehrfurchtsvoll zu lesen, was auf meines Meisters Angesicht geschrieben stand, so denke ich, war es dies: „Und doch liebe ich dich, Petrus, ich liebe dich von ganzem Herzen. Du hast mich verleugnet, aber ich sehe dich immer noch für einen der Meinen an. Ich kann dich nicht aufgeben. Ich habe dich je und je geliebt und dir trotz deines schlechten Betragens nicht den Rücken zugekehrt. Sieh, ich blicke freundlich auf dich und sehe voraus, daß du mir noch dienen wirst. Verzweifle nicht, Petrus, denn ich will dich wieder aufnehmen, und du sollst mich verherrlichen."

Wenn ich daran denke, was mein Herz am ehesten brechen würde, wenn ich meinen Herrn verleugnet hätte, so scheint es mir das zu sein, wenn er zu mir spräche: „Trotz deiner Sünde liebe ich dich immer noch." Die Liebe ist der große Herzensbrecher. Unveränderliche Liebe ist jener göttliche Hammer, der den Felsen in Stücke zerschlägt. Wenn ein Mensch sein Herz noch so sehr gegen Gott verhärtet hat, so kann ihn doch die allmächtige Liebe Jesu erreichen. Wer kann dem Zauber unwandelbarer Liebe widerstehen? Schärfer als ein Schwert ist ein Blick der Liebe. Glühender als Kohlen sind die Flammen der Liebe.

Ich freue mich darüber, daß mein Herr seine Verirrten zurückbringen wird. O ihr, die ihr gern zu ihm zurückkehren möchtet, laßt euch ermuntern! Gott „wird nicht ewig verstoßen". Diese Lehre gewinnt die Menschen zurück. Es gibt Gottlose, die diese Lehre mißbrauchen, um in der Sünde zu verharren, aber deren Verdammung ist gerecht. Ehrliche Menschen werden in der maßlosen und unveränderlichen Liebe Christi einen Grund sehen, um zu dem zurückzueilen, von dem sie abgewichen sind.

Dieser Blick durchdrang das innerste Herz des Petrus. Nicht jeder Blick, den wir empfangen, geht so tief. Ich blicke mit tiefer Liebe auf Menschen von dieser Kanzel aus, und ich bemerke, daß sie verstehen, was ich meine, aber sie schütteln es bald ab. Unser Heiland hat ein

Auge, das Mark und Bein durchdringt. Er blickt in die geheimen Kammern der Seele; sein Blick ist ein Sonnenstrahl, der die dunklen Stellen unserer Natur durch seinen Glanz erhellt.

Petrus konnte nicht anders fühlen, denn der Blick Jesu war ihm ins Herz gedrungen. Bei wie vielen Leuten hat der Evangelist nur den Kopf berührt. Er berührte nicht ihr Herz und Leben. Ich bin betrübt, wenn ich von euch höre, daß ihr meine regelmäßigen Zuhörer seid und Freude an meiner Predigt findet und doch nach vielen Jahren euch noch nicht verändert habt. Ihr seid zum Schlamm zurückgekehrt, nachdem ihr euch gewaschen habt.

Du bist ein Hörer des Evangeliums und doch vielleicht ein Trunkenbold. Deine Stimme wird in einem Psalm gehört, aber sie mag auch in einem Fluch gehört werden. Es ist eine schreckliche Sache, aber ich habe mein Bestes getan. Ich kann vor euren Ohren predigen, aber ich kann nicht in eure Herzen blicken. O daß mein Herr euch heute seinen Blick zuwenden wollte, der wie ein Pfeil des Lichts in euch hineinführe und bewirkte, daß ihr euch selbst säht und gleichzeitig ihn säht, dann würden Tränen der Reue eure Augen füllen!

Eine Tatsache darf unserer Beachtung nicht entgehen: Unseres Herrn Blick auf Petrus bewirkte eine Wiederbelebung des Petrus. Der Blick des Herrn auf Petrus hatte Wirkung, weil auch Petrus auf den Herrn blickte. Versteht ihr das? Wenn sich der Herr umgewandt und Petrus angesehen hätte und dieser dem Herrn den Rücken zugekehrt hätte, dann würde der Blick des Herrn den Petrus nicht erreicht und gerührt haben. Die Augen begegneten sich, und so wurde das gewünschte Resultat hervorgebracht.

Trotz aller Verirrungen des Petrus war er um seinen Herrn besorgt und blickte deshalb zu ihm hin, um zu sehen, was mit ihm geschah. Selbst während er seine Hände am Feuer wärmte, fuhr er fort, seinen Blick auf die innere Halle zu richten. Seine Augen waren beständig auf den Herrn Jesus gerichtet. Während er sich bei den Mägden und Dienern aufhielt und mit ihnen redete, warf er doch stets einen verstohlenen Blick in die Richtung Jesu, um zu sehen, wie es dem Mann erginge, den er liebte. Er hatte nicht die Gewohnheit aufgegeben, auf seinen Herrn zu blicken. Wenn er nicht seinen Meister angesehen hätte, wie hätte er dann den Blick Jesu bemerken können?

Sein Auge muß durch euer Auge blicken, um an euer Herz zu kommen. Die Überbleibsel des Glaubens sind die Funken unter der Asche der Frömmigkeit, und der Herr bläst diese Funken an, um ein Feuer anzufachen. Wenn hier eine Seele ist, die trotz ihres Rückfalls noch sagen kann: „Ich traue auf Jesus, und wenn ich umkomme", so ist Hoffnung für diese Seele da. Wenn du die äußere Form der Gemeinschaft aufgegeben hast, dann ist das ein schwerer Fehler, aber wenn du immer noch innerlich auf den Gekreuzigten siehst, so ist etwas in dir, woran angeknüpft werden kann. Es ist ein Auge da, das den Blick Jesu aufzunehmen vermag. Das Auge, das auf den Herrn Jesus blickt, ist es, durch das der Herr Jesus blickt und ein neues Licht und neue Hoffnung in die Seele hineinläßt.

O daß ihr, die ihr noch diesen glimmenden Glauben an den Herrn habt, jetzt einen Blick von ihm empfingt, der in euch eine bittere, heilsame, rettende Buße wirkte, ohne die ihr niemals mehr wiederhergestellt werden könnt!

Dieser Blick war einzig und allein eine Sache zwischen dem Herrn und Petrus. Niemand wußte, daß der Herr Petrus ansah, außer Petrus und sein Herr. Die Gnade, welche eine Seele rettet, ist nichts Lärmendes und auch nur für den Empfänger sichtbar. Wenn heute die Gnade Gottes mit Macht auf irgendeinen von euch zukommt, so wird sie nicht von dem wahrgenommen werden, der neben dir sitzt; er wird die gleichen Worte hören, aber von der göttlichen Wirkung, die sie begleitet, wird er nichts wissen. Das Auge des Herrn wird nicht zu ihm sprechen, wie es zu dem Erweckten spricht. Weißt du etwas von dem geheimen Liebesblick des Herrn Jesus?

Der ganze Vorgang mag vielleicht nicht länger als eine Sekunde gedauert haben: „Der Herr wandte sich um und sah Petrus an." Es gehörte weniger Zeit dazu, es zu tun, als es zu erzählen. Doch wurde in diesem Augenblick ein großes Werk getan. Wie bald kann Jesus das Herz ändern! „Denn er sprach; und es geschah." Ich wage den Vers zu ändern und zu sagen: „Er sah ihn an; da geschah es." Herr, siehe den sündigen Petrus jetzt an! Wirke ein Wunder mit deinem Auge! Auch hier laß einen Sünder dich ansehen, weil du ihn angesehen hast!

Seht Petrus, nachdem ihn der Herr angeblickt hat

Was tut Petrus? Als der Herr Petrus ansah, war die erste Folge, daß Petrus aufgeweckt wurde. Die Seele des Petrus hatte geschlafen. Das Kohlenfeuer hatte ihm nicht gutgetan; Satan hatte ihm die Augen geblendet. Er war verwirrt vor Schmerz über seinen teuren Meister, den er wahrhaft liebte.

Petrus war kaum Petrus in dieser Nacht. Er hatte vergessen, daß er ein Apostel war; er hatte das vergessen, was er erklärt hatte, damals, als der Herr zu ihm sprach: „Selig bist du, Simon, Jonas Sohn; denn Fleisch und Blut hat dir das nicht geoffenbart, sondern mein Vater im Himmel!"

Noch einmal erinnere ich euch daran, daß geschrieben steht: „Der Herr wandte sich um und sah Petrus an." Denn das deutet darauf hin, daß Petrus jetzt die Gottheit seines Herrn durch den Schleier seiner Demütigung und seiner Schmerzen hindurch erkannte. Er hatte seines Herrn Gottheit vergessen und hatte so in Gedanken seinen Herrn verleugnet. Er war aus der Spur gewichen und in einen schläfrigen Zustand geraten. Er war, was Paulus „bezaubert" nennt, unter dem Einfluß eines von Satan eingegebenen Schlafes. Des Herrn Blick brachte ihn zu seinem besseren Selbst zurück und erweckte alles geistliche Leben, das in ihm geschlummert hatte. „Da erinnerte sich Petrus", und durch dieses Gedenken wurde er wiederhergestellt.

Das nächste Resultat war, daß Petrus all seine Tollkühnheit verlor. Er hatte sich in des Hohenpriesters Halle hinein begeben, aber nun begab er sich schleunigst hinaus. Er hatte sich nicht gefährdet gefühlt, obwohl er in der schlimmsten Gesellschaft war. Was fragte er nach der Magd, die die Tür hütete? Gewiß, er war zu sehr Mann, als daß er nicht auf ihre Bemerkungen geachtet hätte! Was fragte er nach den Männern, die um das Feuer herumstanden? Es waren rauhe Gesellen. Er aber war ein Fischer gewesen und durchaus imstande, es mit den Schergen des Hohenpriesters aufzunehmen. Aber jetzt ist alle Prahlerei verschwunden.

Nun zeigt er den besseren Teil der Tapferkeit und verläßt mit großer Besonnenheit die gefährliche Gesellschaft im Palast des Hohenpriesters. Wiederbelebung der Gnade im Herzen ist Tod der Vermessenheit. Der Mann, der seine Seele in Gefahr bringt, ist nicht im rechten seelischen Zustand. Vielleicht enthielt des Heilands Blick einen Wink für Petrus, daß er dort nichts zu suchen habe, wo er war. Er schien vielleicht zu sagen: „Du würdest diese Umgebung besser verlassen." Jedenfalls war dies die Wirkung, die er hervorbrachte. Der Palast, in dem es dem Herrn so schlecht erging, konnte kein passender Platz für einen Jünger sein. Sich am Feuer zu wärmen, während Jesus von seinen Feinden verspottet wurde, war nicht das Rechte für Petrus.

Ein Anblick des Herrn Jesu läßt manche Dinge unpassend erscheinen, die sonst recht scheinen. Alle Kühnheit des Petrus war dahin; er kehrte den Mägden und Männern den Rücken und ging in die Finsternis der Nacht hinaus. Wir hören nicht, daß er bei der Kreuzigung dabei war. In der Tat, wir hören bis zum Auferstehungsmorgen nichts mehr von ihm, denn Petrus war vernünftig genug, daß er genau wußte, daß er sich nicht mehr trauen konnte. Er stellte sich in den Hintergrund, bis ihn sein Herr wieder in den Vordergrund rief.

Ich wünschte, daß einige Bekenner, deren Leben zweifelhaft gewesen ist, Gnade genug hätten, dasselbe zu tun. Wenn ich einen Mann, der schwer gesündigt hat, sich rasch in die vorderen Reihen drängen sehe, kann ich nicht glauben, daß er ein gebührendes Bewußtsein seiner Untauglichkeit hat.

Meidet den Ort, an dem ihr gefallen seid. Verweilt keinen Augenblick dort. Geht hinaus, selbst wenn ihr das gemütliche Feuer dahinten laßt. Besser in der Kälte sein als an dem Ort, wo eure Seele in Gefahr ist.

Bis Petrus aus des Herrn eigenem Mund eine völlige Versicherung seiner Wiedereinsetzung durch den dreifachen Auftrag, seine Schafe und Lämmer zu weiden, erhalten hat, finden wir ihn nicht wieder in der vordersten Reihe. Dieser Blick Christi trennte Petrus von der Menge. Er war nicht länger unter denen, die um das Feuer herumstanden. Er hatte ihnen kein Wort mehr zu sagen. Er verließ eiligst ihre Gesellschaft.

Es ist gut für Gläubige, zu erkennen, daß sie nicht von der Welt sind. Sie sollten aus Sodom fliehen. Der Herr hat uns durch seine göttliche Wahl von der Menge getrennt, und diese Trennung sollte unsere Wahl sein.

O daß die Pfeile des großen Herrn heute doch eine Seele durchbohrten, wie der Jäger den Hirsch verwundet! O daß die verwundete Seele wie Petrus die Einsamkeit suchen möchte!

Der Hirsch sucht das Dickicht auf, um allein zu bluten und zu sterben; aber der Herr wird im Verborgenen zu dem verwundeten Herzen kommen und den Pfeil herausziehen. Draußen in der Finsternis ist es weit besser für dich als bei dem Feuer, wo rohe Späße hinüber und herüber fliegen, während Christus verspottet wird. Es muß einsames Bekenntnis und Weinen da sein. Wenn dich Christus angesehen hat, dann mußt du von den Weltmenschen weggehen und dich in der Tat von allem zurückziehen. Die Einsamkeit deiner Kammer wird sich am besten für dich eignen.

Jener Blick Christi öffnete auch die Schleusen des Herzens bei Petrus. Er ging hinaus und weinte bitterlich. Es war Galle in den Tränen, die er weinte, denn sie quollen aus seinem bitteren Schmerz hervor.

Liebe Freunde, wenn wir mit Petrus gesündigt haben, so verleihe uns Gott Gnade, mit Petrus zu weinen. Viele werden an die Verirrung des Petrus denken und sein Weinen vergessen.

Die Sünde ist selbst dann eine bittere Sache, wenn sie vergeben ist. Wenn Christus auch durch seinen Blick eure Verzweiflung beseitigen will, so will er durch seinen Blick doch nicht eure Buße verhindern. „Er ging hinaus und weinte bitterlich.“

Wie sich Petrus an die Brust schlug und seufzte: „Wie kann ich ihn je wieder anblicken? Dennoch ist er sehr gnädig: Jener Blick vergab mir. Aber ich kann mir selbst niemals vergeben!“ Er dachte sein ganzes Leben lang daran und konnte nie wieder einen Hahn krähen hören, ohne innerlich bewegt zu werden.

Doch wünschte ich, daß ihr beachtet, daß ihm dieser Blick Christi auch Erleichterung gab. Es ist gut, wenn man weinen kann. Wer nicht mehr weinen kann, gehört zu den Leuten, die am meisten leiden. Ein ins Herz verschlossener Schmerz ist ein furchtbarer Schmerz. Der Herr berührte durch seinen Blick den Petrus, und der ließ seinen Tränen freien Lauf; das muß ihn erleichtert haben.

Ich habe oft Leute sagen hören: „Ich weinte mich recht aus, und dann war ich imstande, es zu ertragen." Die Leute sterben am gebrochenen Herzen, wenn sie sich nicht durch Weinen erleichtern können. Ich danke Gott, daß Petrus bitterlich weinen konnte.

O Meister, sieh irgendein armes, dürres Herz hier an – ein armes Herz, das seine Sündigkeit nicht spürt, aber es möchte, wenn es könnte. So gib ihm ein Gespür für seine Sünde! Sieh das Herz an, das nicht Buße tun kann, das da schreit: „Ich wollte wohl, aber ich kann keine Zerknirschung fühlen." Herr, du hießest den Felsen Wasser geben, als er mit dem Stab geschlagen wurde; gebrauche deinen armen Knecht heute als Stab, das Felsenherz zu schlagen, daß das Wasser der Buße herausfließe!

Und nun zum Schluß: Der Blick bewirkte, daß sich Petrus sein ganzes Leben lang hütete, sich wieder zu schämen. Petrus schämte sich später nicht mehr. Wer war es, der am Pfingstfest aufstand und predigte? War es nicht Petrus? War er im Zeugnis für seinen Herrn und Meister nicht stets voran? Wenn einige von uns rückfällig, und besonders, wenn wir in Sünde gefallen sind, hoffe ich, daß wir eine solche Wiederherstellung vom Herrn selbst empfangen möchten, daß wir nachher bessere Christen sind als vorher.

Wenn der Herr die Sünden der Seinen vergibt, so sündigen sie doch nicht wieder! Er tut sein Werk gründlich. Der Mann, der durch Zorn gesündigt hat, wird mild und sanft. Der Mann, der sich durch Trinken versündigt hat, gibt den tödlichen Stoff auf und verabscheut ihn. Der Mann, der durch Feigheit gesündigt hat, wird der mutigste von allen.

O Herr Jesus, ich habe heute versucht, dich zu predigen, aber ich kann die Menschen nicht mit deinen

Augen ansehen. Du mußt selbst die Irrenden ansehen. Blicke, Heiland! Blicke, Sünder! In einem Blick auf den am Kreuz ist Leben, weil Leben ist in einem Blick von dem am Kreuz. Möge der Herr Jesus blicken und der Sünder blicken!

12

ARBEITE FÜR JESUS!

„Sohn, mache dich auf und arbeite heute in meinem Weinberg!" (Matthäus 21,28).

Ich erlaube mir, diese Worte aus ihrem unmittelbaren Kontext zu lösen und sie als eine Stimme zu gebrauchen, die oft an die Ohren des Volkes Gottes dringt und zuweilen umsonst erschallt: „Sohn, mache dich auf und arbeite heute in meinem Weinberg!"

Es ist gewiß, daß Gott noch zu uns spricht. Er hat in seinem Wort zu uns gesprochen. Hier sind seine Vorschriften und Verheißungen, seine Rechte und Zeugnisse. Wer Ohren hat, der höre diese heiligen Zeugnisse. Aber außer dieser öffentlichen Offenbarung gibt es Ratschläge und Befehle, die persönlich und geheim an das Gewissen gerichtet werden, Stimmen, oft so sanft wie ein Flüstern, zu anderen Zeiten so laut wie ein Donner, der vom Sinai ertönte. Der Herr hat eine Weise, mit den Menschen zu sprechen, wenn er „durch die Trübsal sein Ohr öffnet", wie Elihu sagt.

So spricht Gott, wenn er die Menschen in seiner Gnade zur Bekehrung ruft. So rief er „Samuel, Samuel!", bis das Kind antwortete. So sprach er: „Levi, folge mir!" So rief er: „Zachäus, steig eilends herab." So sagt er: „Saul, Saul, was verfolgst du mich?" So rief er einige von uns, bis der Befehl klar und unwiderstehlich wurde.

In gleicher Weise haben viele von uns ihn sagen hören: „Mein Sohn, gib mir dein Herz!" Und wir haben ihm unser Herz gegeben; wir konnten nicht anders. Seit der Zeit müßt ihr, die ihr den Herrn kennt, seine Stimme oft gehört haben, die euch befahl, sein Angesicht im Gebet zu suchen. Vielleicht seid ihr in der Welt beschäftigt gewesen, aber es kam ein Drang über euch, daß ihr nicht anders konntet, als euch einige Minuten zurückzuziehen und mit Gott zu reden.

Ihr wißt genau, wie es war, wenn ihr allein nachdachtet und doch nicht allein wart. Einer, dessen Gegenwart ihr zwar kanntet, dessen Angesicht ihr aber nicht sehen konntet, ist bei euch gewesen. Ihr hattet das Bedürfnis zu beten. Es war keine Anstrengung für euch. Die Übung ist so leicht gewesen wie das Atmen und so angenehm wie der Genuß des täglichen Brotes. Ihr spürtet, daß euch der Herr zum Gnadenthron zog und zu euch sagte: „Mein Sohn, bitte, was du willst, und es soll dir gegeben werden!“ Habt ihr nicht zuweilen in der Stille eures Geistes gehört, daß euch der Herr zu einer engeren Gemeinschaft mit ihm gerufen hat? Unsere Erfahrung lehrt es uns, daß es himmlische Stimmen gibt, die uns zum Gebet einladen und uns zur Gemeinschaft rufen. Wahrscheinlich sind sich auch einige von euch einer anderen Stimme bewußt, von der ich ernstlich wünsche, daß wir sie alle heute hören werden, nämlich den mehr kriegerischen und anregenden Ruf zum Dienst für den Herrn Jesus Christus.

Einige von euch sind schon seit einigen Jahren diesem Ruf gehorsam gewesen, aber Gott ruft lauter und lauter. Ihr habt geerntet und die Last der Hitze des Tages getragen; aber ihr könnt die Sichel nicht niederlegen, eure Hand klebt daran. Lieber greift ihr noch fester zu und mäht bei jedem Streich, den ihr tut, mehr von dem köstlichen Korn nieder. Ihr spürt es, daß ihr nicht damit aufhören könnt, bis ihr zu leben aufhört. Eine göttliche Stimme scheint zu sagen: „Folge mir nach! Ich will dich zu einem Menschenfischer machen. Du bist mir ein auserwähltes Rüstzeug, um meinen Namen zu den Heiden zu tragen.“ Du hast diese Stimme gehört und bist bestrebt, ihr mehr und mehr zu gehorchen.

Andere haben sie entweder gar nicht gehört, oder sie

haben sie wieder vergessen. Niemand ist so taub wie der, der nicht hören will; und es gibt einige, die ein sehr taubes Ohr für solche Mahnungen haben. Sie sind wie Issaschar, der sich zwischen den Grenzen gelagert hatte, und ich fürchte, daß der Fluch Meros sie treffen wird, weil sie nicht dem Herrn zu Hilfe kamen.

Vielleicht sind heute einige Männer und Frauen hier, die es deutlich spüren, daß sich die Hand des Gekreuzigten auf sie gelegt hat. Vielleicht hören sie ihn sagen: „Ihr gehört nicht euch selbst. Denn ihr seid teuer erkauft; darum verherrlichet Gott mit eurem Leibe!" Wache auf, der du schläfst, stehe von den Toten auf, so wird dich Christus erleuchten!

Ich hoffe, daß der Text von Gott gesegnet wird. Wenn wir darauf hören, beachten wir vier Dinge: erstens den Namen, unter dem er uns ruft: Sohn; zweitens den Dienst, zu dem er uns ruft: arbeite!; drittens die Zeit, in der er uns ruft: heute; viertens den Ort, wohin er uns weist: in meinem Weinberg.

Der Name, unter dem er uns ruft

„Sohn, mache dich auf und arbeite heute in meinem Weinberg!" Die Arbeit, die für den Herrn zu tun befohlen wird, wird sehr gnädig begründet. Nicht als Sklaven oder Diener, sondern als Söhne sollen wir arbeiten. Mose spricht zu uns und sagt: „Diener, arbeite für deinen Lohn!" Aber der Herr spricht zu uns und sagt: „Sohn, mache dich auf und arbeite heute in meinem Weinberg!" Nicht mehr als Diener, sondern als Sohn sollst du dem Herrn dienen. Der verlorene Sohn sagte: „Mache mich zu einem deiner Tagelöhner!" Das war kein biblisches Gebet, und es wurde darum auch nicht erhört. Der Vater sagte: „Dieser mein Sohn war tot und ist wieder lebendig geworden." Er nahm ihn in keiner Weise als Tagelöhner auf, sondern als Sohn.

O Volk Gottes, ich hoffe, daß ihr den Unterschied zwischen dem Bund der Werke und dem Bund der Gnade sehr deutlich erfaßt. Wenn ihr für Gott arbeitet, dann arbeitet ihr nicht für das Leben, sondern aus dem Leben. Ihr versucht nicht, Christus zu dienen, um errettet zu werden, sondern weil ihr errettet seid, dient ihr. Ihr gehorcht seinen Befehlen nicht, um seine Kinder zu werden, sondern weil ihr Gottes Kinder seid, gehorcht ihr. Ihr sagt: „Abba, lieber Vater!“, weil ihr den Geist der Kindschaft in euch habt; und darum seid ihr auch bestrebt, den Befehlen eures Vaters zu gehorchen.

Ich sage deshalb zu niemand hier: „Arbeite für Gott, damit du errettet wirst!“ Ich würde es nicht wagen, so etwas zu sagen, sondern: „Glaube an den Herrn Jesus, so wirst du gerettet werden.“ Wenn aber die Erretteten angeredet werden, so wird im Sinne des Evangeliums gesagt: „Sohn, mache dich auf und arbeite heute in meinem Weinberg!“

Dieser Befehl hat um so mehr Kraft, weil er uns an die große Liebe erinnert, die uns zu dem gemacht hat, was wir sind. Wir waren von Natur Kinder des Zorns, wie auch die anderen, aber „welch eine Liebe hat uns der Vater erzeigt, daß wir Gottes Kinder heißen sollen“. Denkt an die Liebe, die uns erwählt hat, als wir noch Fremde und Feinde waren. Die Liebe, die uns in die Gottesfamilie aufnahm, hat etwas Wunderbares getan, denn es ist erstaunlich, daß solche wie wir unter die Zahl der Kinder Gottes gezählt werden sollten.

Die Liebe, die uns angenommen hat, war damit noch nicht zu Ende, sondern sie gab uns auch Kindesrechte. Deshalb wurden wir zu einer lebendigen Hoffnung wiedergeboren durch die Auferstehung Jesu Christi aus den Toten.

Nun denkt an die Erwählung, die Annahme, die Wiedergeburt; und wenn euch der Herr als Sohn anredet, denkt an all das und sagt: „Ich schulde Gott eine unermeßliche Dankbarkeit, weil er mich zu seinem Kind gemacht hat. Darum spüre ich die Verpflichtung deutlich und werde mich bemühen, in seinem Weinberg zu arbeiten, weil ich aus Gnaden Gottes Kind, sein Sohn, seine Tochter bin."

Liebe Freunde, das verpflichtet uns um so dringender zur Arbeit in dem Weinberg, weil wir nicht nur an die Gnade zu denken haben, die uns zu Gottes Kindern gemacht hat, sondern auch an die Vorrechte, die uns dadurch verliehen worden sind. Sind wir Kinder Gottes, so sorgt der Herr für uns, kleidet uns, heilt uns, beschützt uns, leitet uns, erzieht uns und macht uns zum Erbteil der Heiligen im Licht bereit. Denkt auch an die wunderbare Schriftstelle: „Sind wir aber Kinder, so sind wir auch Erben, nämlich Gottes Erben und Miterben Christi; wenn anders wir mit ihm leiden, auf daß wir auch mit ihm verherrlicht werden."

Wie groß und wie sicher ist unser Erbteil, wenn wir Gottes Erben und Miterben Christi sind! Wir sind nun, Geliebte, zu einem solchen Stand gekommen, daß uns selbst die Engel beneiden könnten, denn ich wage es, eine Schriftstelle auf diesen Fall anzuwenden: „Denn zu welchem von den Engeln hat er jemals gesagt: 'Du bist mein Sohn.'?" Aber er spricht so zu uns armen Staubgeborenen, und wenn er uns befiehlt, ihm zu dienen, so wählt er diese Bezeichnung und redet uns in dieser Stellung an: „Kind, meine Tochter, mein Sohn, mache dich auf und arbeite heute in meinem Weinberg! Ich habe dir unbegrenzte Vorrechte gegeben, indem ich dich zu meinem Kind gemacht habe. Ich habe dir diese Welt und die zukünftige gegeben; die Erde ist deine Herberge, und der Himmel ist deine Heimat. Und weil ich all das für dich getan habe – was hätte ich mehr tun können, als dich zu meinem Kind zu machen –, darum sage ich: 'Mache dich auf und arbeite heute in meinem Weinberg!'"

Wenn wir unter dem Namen „Kind“ aufgefordert werden, wird vermutet, daß wir das Bewußtsein des Kindes haben, das zu der Stellung paßt, zu der uns unser himmlischer Vater berufen hat. Er sagt: „Kind.“ Wenn der Vater wünscht, daß du etwas für ihn tun sollst, und er redet dich mit „mein Kind“ an, so spürst du, daß du verpflichtet bist zu tun, was du tun kannst, weil du sein Kind bist. Du wirst dir der Stellung als Kind bewußt, das bereit ist, Gehorsam zu leisten und Liebe zu zeigen. Wenn der Herr auf dich blickt, mein Bruder, und „Kind“ zu dir sagt, so tut er das, weil in deinem Herzen eine durch die Gnade gewirkte kindliche Natur ist, die schnell die Antwort gibt: „Mein Vater, was sagst du mir? Rede, rede, denn dein Kind hört! Es verlangt danach, deinen Willen zu tun. Ich ergötze mich daran, denn es ist meine größte Freude zu wissen, daß du mein Vater und mein Gott bist. Darum, Herr, ist mein Herz bereit zu hören, was du mir zu sagen hast, und meine Hand ist bereit zu tun, wozu mich deine Gnade befähigt.“

Sohn, Tochter, mache dich auf und arbeite heute in seinem Weinberg!

Bei dem Gebrauch der Bezeichnung „Kind“ wird auch vorausgesetzt, daß du etwas von den Eigenschaften besitzt, die dich befähigen, das zu tun, was er befiehlt. Ein Mann, der einen Weinberg hat, setzt natürlich voraus, daß sein Sohn etwas von der Arbeit im Weinberg versteht. Der Knabe wird etwas von seinem Vater gelernt haben. Und ihr, die ihr den Herrn kennt, seid die einzigen Leute, die ihm in seinem Weinberg dienen können. Menschen für Christus gewinnen können nur die, die selbst gewonnen worden sind. Wenn ein verlorenes Kind zurückzubringen ist, so soll es von einem der Kinder, die selbst gefunden worden sind, geschehen. Zu den Gottlosen sagt Gott: „Was verkündigst du meine Rechte?“ Euch aber, die ihr seine Söhne und

Töchter seid, vertraut er das Evangelium an, damit ihr es anderen bringt und ihnen helft, seinen Namen zu erkennen und ihn zu lieben.

Liebe Freunde, es muß eine schreckliche Sache sein zu versuchen, Menschen zu retten, während ihr selbst verloren seid! Wie unglücklich muß ein Mensch sein, der das Evangelium zu predigen hat, das er selbst nie annahm, von Verheißungen zu sprechen, die er selbst nie geglaubt hat, und einen Christus zu predigen, dem er sich nie anvertraut hat!

Wenn der Herr als zu seinen Söhnen und Töchtern zu euch spricht, so ist schon diese Verwandtschaft ein Beweis, daß ihr einige Eigenschaften für den Dienst habt. Und darum, lieber Bruder, liebe Schwester, dürft ihr euch nicht davon zurückziehen. Ihr müßt euer Talent nicht in ein Schweißtuch wickeln, denn ihr habt ein Talent, weil ihr Kinder Gottes seid, Söhne und Töchter des Allerhöchsten.

So habe ich versucht, euch die Bedeutung des Mannes zu zeigen, mit dem euch der Herr anspricht. Ich kann es natürlich nicht so tun, daß es die interessiert, die nicht zu seinem Volk gehören. Ich sage dies zu denen von euch, die Gottes Kinder sind, weil diese Tatsache starke Ansprüche an euch stellt. „Bin ich nun Vater, wo ist meine Ehre? Bin ich Herr, wo ist die Furcht vor mir?“ Wenn euch der Herr wirklich in seine Familie aufgenommen hat, seid ihr ihm dann nicht kindlichen Gehorsam und kindliche Liebe schuldig? Und was kann natürlicher sein, daß sich der Vater an euch wendet, wenn Arbeit zu tun ist, Weinbergsarbeit? Er hat euch so lange und innig geliebt und sagt nun: „Mein Sohn, meine Tochter, mache dich auf und arbeite heute in meinem Weinberg!“

Der Dienst, zu dem uns der Herr berufen hat

Ich kenne einige Menschen, die das Wort „arbeite“ nicht lieben, denn sie sehen sehr finster aus, wenn ihnen etwas von Pflicht gesagt wird. Wer mit der Vorschrift unzufrieden ist, ist mit Gott unzufrieden; das möge er bedenken. Und wer den praktischen Teil des Christentums nicht liebt, mag mit der Lehre tun, was ihm beliebt. Der Gläubige erfreut sich der Vorschriften des Evangeliums.

Nun sagt der Text: „Arbeite!“ Das ist etwas Praktisches, etwas Wirkliches. Arbeite! Er sagt nicht: „Mein Sohn, denke und grüble, mache interessante Versuche, finde neue Lehren, und überrasche deine Mitmenschen mit deinen eigenen Gedanken.“ – „Mein Sohn, arbeite!“ Er sagt hier nicht: „Mein Sohn, besuche eine Konferenz nach der anderen, das ganze Jahr hindurch, und lebe in einem fortwährenden Wirrwarr verschiedener Meinungen. Gehe von einer religiösen Tätigkeit zur anderen und nähre dich von dem Fetten.“

Alles dieses ist in seiner Ordnung zu beachten, aber hier heißt es: „Arbeite, arbeite!“

Wie viele Christen scheinen zu lesen: „Mache Pläne!“ Sie haben immer wunderbare Pläne für die Bekehrung der ganzen Welt, aber man findet sie nie bei der Arbeit, auch nur einen zu bekehren. Nie hört man sie ein Wort auch nur zu dem kleinsten Sonntagschüler sagen. Sie planen immer, aber sie führen nie etwas aus. Der Text aber sagt: „Kind, arbeite!“

Alle, die selbst nicht arbeiten mögen, zeigen die Bedeutung ihrer Fähigkeit dadurch, daß sie bei denen, die arbeiten, Fehler finden. Sie haben einen sehr klaren Begriff von den Fehlern und Gebrechen der besten Arbeiter, deren Eifer und Fleiß gleich mutig sind. Der Text sagt aber nicht: „Kind, kritisiere!“, sondern ganz eindeutig: „Arbeite!“

Ich erinnere mich daran, daß Fuller einmal von einigen schottischen Brüdern ein ernstes Wort über Gemeindezucht hörte und darauf folgendes erwiderte: „Ihr sagt, daß eure Gemeindezucht viel besser ist als die unsrige. Nun wohl, aber die Zucht soll gute Soldaten heranbilden. Meine Soldaten kämpfen besser als eure, und daher solltet ihr nichts über unsere Zucht sagen."

Die Hauptsache ist nicht, über die verschiedenen Arten der Gemeindeordnung zu beraten, über Methoden und Pläne nachzudenken und Regeln aufzustellen. Alles in seiner Ordnung, denn Ordnung ist gut an ihrem Platz. Aber nun kommt, laßt uns an die Arbeit gehen! Laßt uns wirklich etwas tun!

Ich glaube, die beste Arbeit für Gott wird oft in einer sehr unregelmäßigen Weise getan. Ich komme mehr und mehr zu der Überzeugung des alten Soldaten von Waterloo, der gefragt wurde, was der beste Anzug für den Soldaten im Kampfe sei. Der Herzog von Wellington sagte zu ihm: „Wenn du noch einmal in einem solchen Kampf bei Waterloo zu kämpfen hättest, wie würdest du am liebsten gekleidet sein?" Die Antwort war: „Am liebsten in Hemdsärmeln." Und ich denke, das ist auch das beste. Befreie dich von allem Überflüssigen und halte dich an die Arbeit.

Ich wünsche zu Gott, daß die Christen das tun könnten, daß sie alles Überflüssige an Ordnung und Eigentum abstreiften, was ihnen in dem Versuch, Menschen zu Gott zu bringen, hinderlich ist. Die Menschen stürzen in die Hölle, und wir verbringen unsere Zeit damit, über diese oder jene Form nachzudenken. Wir wählen Komitees zum Beraten und Beschließen, und das Werk bleibt ungeschehen. Die beste Art ist, das Werk zu tun. Gott verleihe es uns, daß wir es können! Kind, arbeite heute!

Mit arbeiten ist etwas gemeint, was Anstrengung, Mühe, Ernst, Selbstverleugnung und wohl auch Aus dauer erfordert. Du wirst dich der Arbeit von Herzen hingeben und alles andere, was dich daran hindern kann, aufgeben müssen.

O ihr Männer und Frauen, ihr werdet den Herrn nicht sehr verherrlichen, wenn ihr nicht wirklich eure Kraft, euer ganzes Wesen, Geist, Seele und Leib dem Werk des Herrn darbringt. Um dieses zu tun, ist es nicht nötig, eure Familien, euer Geschäft, euren irdischen Beruf zu verlassen. Ihr könnt Gott darin dienen. Es werden sich dort oft vorteilhafte Gelegenheiten für euch ergeben; aber ihr müßt euch hineinwerfen. Niemand, der selbst halb im Schlaf ist, wird Menschen für Christus gewinnen.

Der Kampf, der für den Herrn Jesus zu kämpfen ist, muß von Männern gekämpft werden, die völlig wach sind und durch den Geist Gottes gestärkt werden. Spiele nicht Sonntagschule, spiele nicht Prediger, spiele auch nicht Traktatverteiler. „Kind, arbeite!" Wirf dein ganzes Herz in die Arbeit. Wenn es wert ist, getan zu werden, so ist es auch wert, gut getan zu werden; und wenn es wert ist, gut getan zu werden, ist es auch wert, besser als je getan zu werden; und selbst dann ist es wert, noch besser getan zu werden. Wenn du dein Bestes getan hast, mußt du dich bemühen, es noch besser zu machen, denn das Allerbeste ist noch zu gering für einen solchen Gott und einen solchen Dienst.

Eine solche Aufforderung wie diese scheint euch vielleicht etwas hart zu sein, aber ich könnte euch viele Menschen nennen, die sich freuen würden, wenn der Herr das zu ihnen sagen würde. Ich könnte euch Menschen nennen, die nur selten ihr Lager verlassen können, die ihre Nächte in Schmerzen und ihre Tage in Langeweile verbringen. Sie haben durch Gottes Belehrung gelernt zu leiden, ohne zu klagen; aber zuweilen können sie den dringenden Wunsch nicht zurückhalten, Gott möchte sie dienen lassen. Sie beneiden euch nicht, aber zuweilen kommt über ihren Geist ein Schatten von Neid, wenn sie bedenken, wie viele Gelegenheiten sich einigen von euch darbieten, die ihr gesund und kräftig seid.

Ich habe gesehen, wie ein Prediger aufs Krankenbett gelegt wurde. Vielleicht hatte er seine Stimme verloren, die Lunge war schwach, das Herz war leidend. Ach, wie wünschte er, predigen zu können! Mit welcher Inbrunst hat er gesagt: „Wenn ich die Gelegenheiten nur wieder zurückrufen könnte, wie würde ich versuchen, sie besser zu nutzen!“ Ich kann euch sagen, daß es Tausende von Dienern Gottes gibt, die den Staub seiner Füße küssen würden, wenn er nur zu ihnen sagte: „Arbeite!“

Ich habe von einem Prediger gelesen, der in Amerika gearbeitet hatte, bis er fast zusammengebrochen ist. Er mußte aus Gesundheitsgründen eine Reise machen. Er war aber erst einige Tage fort, als er schon in sein Tagebuch schrieb: „Es mag einige Prediger geben, die es ein Vergnügen nennen, von der Pflicht des Predigens befreit zu sein, aber ich nenne es Elend. Ich möchte lieber predigen, als alle Reiche der Welt sehen.“ Und wirklich gibt es kein größeres Vergnügen in der Welt, als Gott zu dienen.

Was wirst du denken, wenn dein Herr zu dir gesagt hätte: „Liege zehn Jahre auf deinem Bett. Schmachte in der Auszehrung dahin. Ich habe nichts für dich zu tun. Du mußt meinem Willen gehorchen.“ Bist du nicht sehr erfreut, daß du voller Kraft oder wenigstens nicht kraftlos bist und daß dir dein himmlischer Vater sagt: „Kind, arbeite! Ich habe dir Kraft gegeben; arbeite!“?

Herr, wir danken dir für einen so freundlichen und sanften Befehl!

Außerdem ist auch viel Ehre in diesem Werk. Du weißt, wie ein kleiner Knabe ein Mann zu sein wünscht. Alle Jungen sind so. Wenn er zum erstenmal einen Kragen trägt, freut er sich, daß er in etwa wie ein Mann aussieht. Wie stolz ist er darauf! Wenn du als Vater zu ihm sagst: „Mein Sohn, du bist jetzt in dem Alter, daß ich dir etwas Arbeit für mich anvertrauen kann“, so wirst du sehen, wie sich der kleine Mann aufrichtet und sich freut.

Ich bin gewiß, wenn wir Gottes Kinder es im rechten Licht betrachten, so werden wir uns geehrt fühlen, wenn der himmlische Vater zu uns sagt: „Du kannst etwas für mich tun.“ Wir müssen sehr demütig bleiben, denn wir können in Wirklichkeit nichts für ihn tun, wenn er nicht das Wollen und Vollbringen in uns wirkt. Aber es ist wirklich sehr befriedigend für einen armen, sterblichen Menschen, für Gott etwas tun zu dürfen.

Geh hin und sprich mit der sterbenden Frau über Jesus! Du hast ein Vorrecht, das der erhabene Engel Gabriel nicht hat. Sei dankbar dafür! Kein Engel kann das kleine Kind in die Sonntagschulklasse mitnehmen und ihm vom Heiland erzählen und das kleine Lamm zum guten Hirten bringen. Der Herr sendet dich, es zu tun. Und es sollte für uns alle eine Ursache zur Dankbarkeit sein, daß er uns würdig achtet, uns in seinen Dienst zu stellen.

Wir empfangen immer, und das ist sehr schön. Aber auch hier, wie in anderen Fällen, ist Geben seliger als Nehmen. Wenn wir Gott etwas im Dienst wiedergeben können, benetzt mit unseren Tränen, weil es nicht besser ist, so ist es eine glückliche und selige Sache. Wie dankbar sollten wir sein, daß der Herr zu uns sagt: „Kind, arbeite heute!“

Bedenkt ferner, daß die Arbeit, wozu uns der Herr beruft, sehr vielseitig ist und viel Abwechslung bietet. Sie paßt für die verschiedenen Temperamente, Lagen, Neigungen und Fähigkeiten seiner Kinder. Er sagt: „Sohn, mache dich auf und arbeite heute in meinem Weinberg!“ Aber er gibt dir nicht meine und mir nicht deine Arbeit. Liebe Schwester, du möchtest gern die Arbeit jener Frau tun? Das ist nicht recht von dir. Sei zufrieden, deine Arbeit zu tun. Denke dir, wenn dein Hausmädchen die Arbeit der Köchin tun wollte, so würde das Hauswesen bald in Unordnung geraten. Es ist am besten, wenn du an deinem Platz bleibst, liebe Schwester. Da ist ein Bruder, der sagt: „Ich glaube, ich könnte predigen, wenn ich nur eine solche Versammlung hätte." Mag sein, Bruder, aber es ist das beste, du predigst deiner Umgebung und tust dort soviel Gutes, wie du kannst.

Jeder tut gut daran, bei seiner Arbeit, an seinem Platz zu bleiben. Wie dankbar sollten wir sein, wenn der eine predigen und der andere beten kann; wenn einer zu Tausenden und der andere zu zweien oder dreien sprechen kann! Es gibt Arbeit in der Schule, Arbeit in der Familie, Arbeit auf der Straße, Arbeit in der Werkstatt, Arbeit überall für Jesus, wenn du deine Hand nur danach ausstrecken und Salomos gutem Rat folgen willst: „Alles, was deine Hand zu tun vorfindet, das tue mit deiner ganzen Kraft."

Die Zeit, in der er uns ruft

„Sohn, arbeite heute in meinem Weinberg!" – das heißt sogleich. Brüder, Schwestern, ich will kein Wort darüber sagen, was morgen eure Pflicht sein mag. Der morgende Tag wird für sich selbst sorgen. Ich will nichts darüber sagen, was du in zehn Jahren zu tun hast. Wenn du so lange lebst, wird dir dazu Gnade verliehen werden. Was ich dir in Gottes Namen zu sagen habe, ist: „Arbeite heute!" Und wenn die Sonne schon untergegangen ist, „arbeite in der Nacht in meinem Weinberg", wenn Gelegenheit dazu ist, ehe ein neuer Tag anbricht.

Und warum heute? Bruder, weil dein Vater es wünscht. „Warum steht ihr hier den ganzen Tag müßig?" Wenn du nichts für Christus getan hast, so hast du genug Zeit verschwendet. Ruhe nicht, sondern gehe an deine Arbeit. Er wünscht, daß du es jetzt tust, weil die Reben in einem solchen Zustand sind, der jetzt Arbeit erfordert.

Es ist jemand in deiner Nachbarschaft in einer Gemütsverfassung, mit dem du heute mit Erfolg sprechen könntest. Es ist ein Trauriger da, der heute Trost bedarf. Es kämpft einer mit seinem Gewissen, der heute auf den rechten Weg geführt werden muß. Wenn der Fall heute vernachlässigt wird, wird die Arbeit an den Reben zur rechten Zeit versäumt. Jetzt kannst du es tun, aber nicht an einem anderen Tag; darum arbeite heute!

„Heute", denn es gibt gewisse Gefahren, denen die gerade jetzt ausgesetzt sind, die du segnen sollst. Der Teufel versucht sie; und es ist nötig, daß du ihnen gegen die Versuchung hilfst. Sie sind jetzt in Verzweiflung; und es ist nötig, daß du ihnen mit einem Trostwort aus dem Munde deines Herrn beistehst. Sie sind vielleicht heute abend, ehe sie sich zur Ruhe niederlegen, im Begriff, eine große Sünde zu begehen. Vielleicht will der Herr, daß du jetzt dazwischentrittst, ehe diese Sünde begangen wird. Kind, arbeite heute! Du bist nützlich.

Es gibt nur wenige Arbeiter, viele sind weggegangen. Kind, arbeite du heute, während sich die anderen erholen, während die anderen träge geworden sind und schlafen. Jetzt, in diesem Augenblick ist eine Lücke da.

Manche tapfere Tat hat Erfolg gehabt, weil sie sogleich getan wurde. Wenn Horatius, der tapfere Römer, die Brücke nicht gehalten hätte, als der Feind sie überschreiten wollte, so würden wir nie etwas von ihm und seinen tapferen Taten gehört haben. Es ist eine Zeit der geistlichen Hungersnot; die Arbeit ist dringend. Kind, Gott sagt dir: „Beeile dich jetzt und arbeite heute in meinem Weinberg!" Heute – merke das!

Es bedeutet, den ganzen Tag zu arbeiten. Arbeite, solange du lebst. Kind, wenn du einmal in den Weinberg gegangen bist, so komme nicht wieder heim, bis der Tag vergangen ist. Es tut mir so leid, wenn ich von Leuten höre, daß sie anfangen, etwas von ihrer Arbeit aufzugeben, ehe die Gebrechen und Schwächen des Alters gekommen sind. Allerdings glaube ich, daß mancher Prediger, wenn er älter geworden ist, besser täte, seine Stellung aufzugeben, weil er ihr nicht mehr gewachsen ist. Er sollte eine leichtere, kleinere, seinen Kräften entsprechende Arbeit übernehmen. Aber ich weiß, daß einige diese und jene Arbeit aufgeben und sagen: „Die Jungen können jetzt an die Reihe kommen." Ja, ja, aber nehmt an, die Sonne hört auf zu scheinen und sagte: „Jener Stern könnte jetzt meine Arbeit übernehmen." Denkt, der Mond hörte auf, des Nachts zu scheinen, und sagte, daß er genug Nachtwache gehabt habe; oder das Land sagte, es habe genug Ernte gebracht, es könnte das Meer an die Reihe kommen und Korn liefern.

Liebe Freunde, bleibt an der Arbeit, solange ihr könnt! Wer will wohl den alten John Newton tadeln. Als er zu schwach war, die Kanzel allein zu besteigen, ließ er sich hinaufführen, lehnte sich über die Kanzel und predigte. Ein Freund sagte zu ihm: „Lieber Herr Newton, denken Sie nicht, daß Sie das Predigen aufgeben sollten?"

„Was?" sagte er. „Sollte der alte afrikanische Lästerer je aufhören, die Gnade Gottes zu rühmen, solange noch Odem in ihm ist? Nie!" So setzte er sein Werk fort.

Hätten wir doch mehr Männer und Frauen mit solcher Ausdauer im Werk des Herrn.

Dann noch dies. Es ist nur ein Tag. „Sohn, mache dich auf und arbeite heute." Es wird nur ein Tag sein. Das längste Leben ist nicht mehr, und dann kommt der Todesschatten, denn statt dessen wird ein ewiger Tag anbrechen; aber es wird keine Nacht folgen. Die Schatten fliehen, der Dienst des Lebens hier unten ist zu Ende. Dort sind keine unerzogenen Kinder zu belehren oder hartherzige Sünder zu tadeln, keine abtrünnige, laue Christenheit zu ermahnen, Betrüger zu bekämpfen, keine Zweifler zu widerlegen und keine Spötter geduldig zu ertragen. Es wird dann alles vorüber sein, und dann werden alle sehen, die dem Herrn gedient haben, daß sich ihr Herr gürtet, sie zu Tische setzt und ihnen dient; und sie gehen ein zu der Freude ihres Herrn und nehmen teil an seinem Fest.

„Mein Kind, arbeite heute!" Denn morgen sollst du ruhen. Arbeite weiter, denn es ist Ruhe genug im Himmel. Arbeite weiter, denn die Ewigkeit wird für die Arbeit in der Zeit reichlich zahlen.

Das Arbeitsgebiet

„Sohn, mache dich auf und arbeite heute in meinem Weinberg!"

Ich denke gern an diesen besonderen Wirkungskreis, weil es ein Vergnügen sein muß, in unseres Vaters Weinberg zu arbeiten; denn alles, was wir dort tun, wird für ihn getan. Ich reinige diese Rebe, denn es ist meines Vaters Rebe. Ich grabe diesen Boden, es ist meines Vaters Grund, den ich bearbeite. Ich sammle diese Steine auf, es ist meines Vaters Weinberg, den ich reinige. Ich bessere die Mauern aus, es ist meines Vaters Eigentum, das ich schütze. Alles wird für ihn getan. Wer wollte nicht alles, was er kann, für den Erlöser, für das geopferte Lamm und den geliebten Vater tun? „Mache dich auf und arbeite heute in meinem Weinberg!"

Und wie interessant ist diese Arbeit, denn es ist unser eigener Weinberg, weil es unseres Vaters Weinberg ist. Alles, was ihm gehört, gehört auch uns. Wir sind Söhne, die in ihres Vaters Weinberg arbeiten; deshalb kann jeder sagen: „Ich habe ein Interesse daran, denn ich bin der Erbe von meines Vaters Eigentum. Dieser Boden, den ich grabe und bearbeite, ist mein Boden, denn es ist meines Vaters Boden. Und diese Mauer, die ich ausbessere, ist meine Mauer, denn sie ist meines Vaters Mauer."

Es ist immer angenehm, für sich selbst zu arbeiten, und in einem gewissen Sinn arbeiten wir für uns selbst, wenn wir für Gott arbeiten. Ihr seid Arbeiter, ihr seid Gottes Mitarbeiter, ihr seid Gottes Volk, und deshalb seid ihr wirklich Gottes Teilhaber, wenn ihr für ihn arbeitet.

Und welche Arbeit ist es! Man liebt die Arbeit im Weinberg, denn sie macht sich bezahlt. Die Arbeit in einer Wüste mag eine undankbare Arbeit sein, aber die Arbeit in einem Weinberg, wo sich die Trauben zeigen, ist etwas ganz anderes. Man denkt schon an die saftigen Trauben, auf die die Weinpresse wartet, und an die Feste, wenn der rote Saft ausgepreßt wird, wenn Fröhlichkeit und Freude in der Weinlese herrschen.

Und ihr werdet neuen Wein haben, reinen Wein, worin keine Hefen sind. Viele Freuden warten auf den Mann, der dem Herrn dient.

„Arbeite in meinem Weinberg!" Heißt das nicht, daß viel Arbeit da ist? In einem Weinberg ist immer etwas zu tun. Wenn ihr die fragt, die einen Weinberg besitzen, so werden sie euch sagen, daß dort immer Arbeit ist. Das ganze Jahr hindurch ist dort immer etwas zu tun. Viele Gefahren sind abzuwenden, und viele Feinde sind von dem Weinberg fernzuhalten. Dort ist viel zu tun, Brüder.

Arbeite in dem Weinberg, wo deine Hand nötig ist. Er ist nahe zur Hand, dicht bei dir, denn der himmlische Vater sagt nicht: „Sohn, besteige ein Schiff und gehe nach Tarsis oder Ophir." Er sagt: „Sohn, arbeite in meinem Weinberg!" Und der Weinberg war dicht hinter dem Haus. Der Weinberg des himmlischen Vaters ist bei dir. Die Straße, in der dein Haus steht, das Haus, in dem du wohnst, vielleicht die Stube, in der du schläfst, überall ist Gottes Weinberg, wo du für ihn zu arbeiten hast.

Es ist deines himmlischen Vaters Werk, das du in deines Vaters Kraft zu tun hast. O wenn ich heute abend in einem jungen Mann die Liebe zu Christus entzünden könnte, wie würde ich mich freuen! Wenn ich nur das schwache Werkzeug wäre, irgendeine Frau für die hohe Mission zu begeistern, an einem Tag ihrer Umgebung nützlich zu sein, so würde mein Herz jauchzen.

Eines Abends kam ein junger Mann in die Versammlung, der als ein tüchtiger Kricketballspieler bekannt war. Er war ein Christ und hatte die große Wahrheit der Offenbarung in vollem Ernst ergriffen, aber er hatte seinem Gott nicht gedient. Er hielt es für recht, seine ganze freie Zeit mit leiblichen Übungen zu verbringen. Während ich redete, wurde in ihm ein Feuer angezündet, und er ging mit dem Entschluß nach Hause, in den Straßen der Stadt zu predigen.

O daß irgendein anderer Gläubiger, der vielleicht in ähnlicher Lage ist, ein fähiger, junger Mann, der seine Kraft in der Welt verschwendet, doch heute Gottes Stimme hörte, wenn er nach Hause geht: „Sohn, mache dich auf und arbeite heute in meinem Weinberg!"

Da ich so lange Zeit zu praktischen Ermahnungen verwandt habe, bleibt mir nur noch ein wenig Zeit zu einer kurzen Erklärung des Gleichnisses, womit ich zu schließen versprochen hatte. Die Gelegenheit, bei der es erzählt wurde, ist zu beachten. Während der Herr Jesus lehrte, wurde er von dem Hohen Rat, mit dem Hohenpriester an der Spitze, angegriffen und rauh unterbrochen. Sie stellten unserem Herrn zwei Fragen: Mit welchem Recht er solches tue und wer ihm das Recht gegeben habe.

Ihr wißt alle, wie geschickt er seinen unehrlichen Gegnern entging. Den Vorteil, den der Herr so erlangt hatte, benutzte er zum Erzählen des Gleichnisses, das wir betrachtet haben. Er beginnt mit den Worten: „Was dünkt euch aber?“ Dann stellt er eine Frage im Blick auf zwei Söhne, der eine schnell im Bekenntnis, aber gänzlich ungehorsam, der andere mürrisch in der Erscheinung, aber später reuevoll und fleißig in der Arbeit.

Die Sache war so deutlich, daß sie ohne Zögern eine Antwort gaben, die den Tadel auf ihr eigenes Haupt fallen ließ. „Welcher von diesen beiden hat den Willen des Vaters getan?“ Sie sagten: „Der erste.“

Lest das Gleichnis selbst und sucht euch seine Bedeutung klar zu machen, wenn ihr könnt. Der reuevolle Sünder und der verstockte Hohepriester werden auf die Waage gelegt. Die Hohenpriester und Ältesten werden gezwungen, selbst zuzugeben, daß der Sünder den Willen des himmlischen Vaters getan habe. Denkt über dieses Gleichnis nach, ich bitte euch.

Fast ohne Unterbrechung liefert nun der Weinberg dem Herrn ein anderes Gleichnis, was er auf ihr Hören bezog; ein Gleichnis, das den Charakter und die Zeichen der Zeit so deutlich darstellte, daß sie nicht verfehlen konnten, es im Licht ihrer eigenen Propheten zu verstehen. Zu gleicher Zeit legte es ihre verräterische Absicht und Feindschaft so klar dar, daß sie sogleich ihr eigenes Bild darin erkannten und merkten, daß Jesus dieses Gleichnis auf sie bezogen hatte.

Der Weinberg war, wie bekannt, ein Bild des Volkes Israel. Die Männer, die auf Moses Stuhl saßen, waren die Haushalter des Weinberges, der Gottes Eigentum war. Wie schlechte Verwalter aller Zeiten suchten sie ihr böses Vorhaben unter der Decke von Entschuldigungen zu verbergen. Aber die Worte und Warnungen Jesu, seine Aussprüche und Gleichnisse, waren scharf genug, alle ihre Schlauheit bloßzulegen und sie für die Arglist ihres Herzens zu beschämen.

Nun denkt daran, daß das Reich Gottes von Israel

genommen und einem Volk gegeben wurde, das seine Frucht bringt. Welchem Volk ist es denn gegeben? Ist es nicht der Gemeinde gegeben, von der gesagt wird, daß sie ein „auserwähltes Geschlecht, ein königliches Priestertum, ein heiliges Volk, ein Volk des Eigentums" sei, damit sie „die Tugenden dessen verkündigen, der euch aus der Finsternis zu seinem wunderbaren Licht berufen hat"?

Der Weinstock ist ein besonderes Sinnbild unseres Lebens mit Christus, daß alle Gläubigen mit Christus vereinigt sind. Er sagt daher zu euch: „Sohn, arbeite in meinem Weinberg!" Welche Antwort gebt ihr mit euren Lippen? Welche Antwort gebt ihr mit eurem Leben?

Bisher habe ich noch nicht zu den Unbekehrten gesprochen. Ich habe ihnen noch kein Wort gesagt. Ich werde ihnen nun folgendes sagen und dann schließen. Ich will euch nicht auffordern, für Christus zu arbeiten; ich kann euch nicht auffordern, etwas für ihn zu tun, ihr seid nicht dazu geeignet. Ihr müßt erst an ihn glauben. O wie traurig, daß ihr nicht imstande seid, Christus zu dienen. Wenn ihr kein neues Herz und keinen neuen, gewissen Geist habt, seid ihr unfähig, ihm zu dienen. Ihr habt zuerst Christus zu vertrauen und in eurer eigenen Seele zu erfahren, daß das Evangelium eine Kraft Gottes ist, euch zu erretten. Eure Augen müssen geöffnet werden; ihr müßt von der Finsternis zum Licht und von der Macht Satans zu Gott kommen, damit ihr Sündenvergebung und unter denen ein Erbteil erlangt, die durch den Glauben an den Herrn Jesus geheiligt werden. Erst dann könnt ihr für Gott wirken. Nur dann seid ihr fähig, von dem zu zeugen, was ihr gesehen und gehört habt und was er euch noch ferner kundtun wird.

Ihr müßt von neuem geboren sein, ehe ihr Geburtsschmerzen für andere haben könnt, damit Christus in ihnen Gestalt gewinne. Ihr alle könnt nicht zeugen, weil ihr das Zeugnis Christi nicht angenommen habt und es in euch nicht bestätigt worden ist. Eure ungeschickte Arbeit würde verderblich sein. Haltet die Hände von der heiligen Arbeit fern, bis sie von Christus gewaschen sind. Kommt zu ihm, vertraut ihm, glaubt an ihn, und wenn er euch errettet hat, wird er sagen: „Sohn, mache dich auf und arbeite heute in meinem Weinberg!“

13

JOSEPH VON ARIMATHIA

„Und da es schon Abend geworden (es war nämlich Rüsttag, das ist der Tag vor dem Sabbat), kam Joseph von Arimathia, ein angesehener Ratsherr, der auch selbst auf das Reich Gottes wartete; der wagte es, ging zu Pilatus hinein und bat um den Leib Jesu. Pilatus aber wunderte sich, daß er schon gestorben sein sollte, und rief den Hauptmann und fragte ihn, ob er schon lange gestorben sei. Und als er es von dem Hauptmann erfahren, schenkte er dem Joseph den Leichnam. Und dieser kaufte Leinwand, nahm ihn herab, wickelte ihn in die Leinwand und legte ihn in eine Gruft, die in einen Felsen gehauen war, und wälzte einen Stein vor den Eingang der Gruft" (Markus 15,42-46).

Es war ein sehr dunkler Tag für die Gemeinde Gottes, denn der Herr Jesus war tot, und damit war die Sonne ihres Lebens untergegangen. „Da verließen ihn alle Jünger und flohen."

„Es kommt die Stunde ... wo ihr euch zerstreuen werdet, ein jeglicher in das Seine, und mich allein lasset", waren die traurigen Worte Jesu, und sie waren Wahrheit geworden. Er hing tot am Kreuz, und seine Feinde hofften, daß es mit ihm zu Ende wäre, während seine Feinde fürchteten, daß dies tatsächlich der Fall sein könnte. Einige Frauen blieben unter dem Kreuz; aber was konnten sie tun, um den Leichnam Jesu zu bekommen und ihm ein ehrenvolles Begräbnis zu geben? Der Leichnam des Herrn schien in Gefahr, das Schicksal zu erleiden, das gewöhnlich die Leichname der Übeltäter erwartete. Jedenfalls war zu befürchten, daß er in das erste Grab geworfen würde, das sich finden ließ.

In diesem gefahrvollen Augenblick erscheint plötzlich Joseph von Arimathia, einer Stadt der Juden, von der wir vorher nie gehört haben und von der wir nie wieder hören. Er war gerade der Mann, der in dieser Situation nötig war, ein Mann von Einfluß, ein reicher Mann, ein Ratsherr, ein Mitglied des Synedriums, eine Persönlichkeit von Gewicht und Charakter. Jeder Evangelist nennt ihn und erzählt uns von ihm, und so erfahren wir, daß er ein guter, frommer Mann war, der auch auf das Reich Gottes wartete.

Joseph war vorher zurückhaltend und wahrscheinlich feige gewesen, aber jetzt kam er zum Kreuz, und als er sah, wie die Sache stand, ging er kühn zu Pilatus hinein, bat um den Leichnam Jesu und erhielt ihn.

Laßt uns hiervon lernen, daß Gott immer seine Zeugen haben wird. Es macht nichts aus, wenn auch die Prediger die Wahrheit verlassen, wenn sich auch die, die die Führer sein sollten, aus dem Staub machen. Das Reich Gottes wird nicht aus Mangel an Führern untergehen. Es mag mit der Gemeinde sein wie beim Bannerträger. Wenn dieser ermattet hinsinkt und das ganze Heer dadurch entmutigt wird, werden sich andere Bannerträger finden, und das Panier des Herrn wird hoch in den Lüften wehen. So wahr er lebt, soll seine Wahrheit leben; so wahr Gott herrscht, soll das Evangelium herrschen. Sogar während Jesus am Kreuz hängt, hatte er immer noch das Anrecht an den Thron, und er wird von Ewigkeit zu Ewigkeit herrschen.

Mögen wir an bewölkten und dunklen Tagen hieran zu unserer Ermutigung gedenken. Wenn ihr an einem Ort lebt, wo wenige Gläubige sind, so ringt nicht eure Hände vor Schmerz und setzt euch nicht in Verzweiflung nieder, als wäre alles vorbei mit der Sache, die ihr liebt. Der Herr lebt, und er wird einen gläubigen Samen lebendig erhalten. Ein anderer Joseph von Arimathia wird in dem verzweifelten Augenblick hervortreten; gerade wenn wir am Ende sind, wird sich der Mann finden.

Es war ein Joseph für Israel in Ägypten, es war ein Joseph da für Jesus am Kreuz. Ein Joseph war als Vater für ihn bei seiner Geburt, und ein anderer Joseph sorgte für sein Begräbnis. Der Herr wird nicht ohne Freunde gelassen werden.

Es war ein dunkler Tag in der alttestamentlichen Geschichte, als die Augen Elis, des Dieners Gottes, dunkel wurden; und, schlimmer noch, daß er geistig fast ebenso blind war wie leiblich; denn seine Söhne verhielten sich schändlich, und er hatte es nicht verurteilt. Es schien, als ob Gott sein Israel verlassen müsse. Aber wer ist dieser kleine Knabe, der von seiner Mutter herangebracht wird? Dieses junge Kind, das im Heiligtum gelassen wird, um Gott zu dienen? Dieser kleine Mann, der den kleinen Rock trägt, den seine Mutter liebevoll für ihn gemacht hat? Seht hin, die ihr Glaubensaugen habt. Denn der Prophet Samuel ist der Diener des Herrn, durch dessen heiliges Beispiel Israel zu besseren Tagen geleitet und von dem Druck der Züchtigung für die Missetaten der Söhne Elis befreit werden soll.

Gott hat heute irgendwo, ich weiß nicht, wo, in jener niedrigen Hütte eines Dorfes oder weit weg in den Hinterwäldern Amerikas oder in den elenden Wohnungen unserer Hintergassen oder in den Palästen einen Mann, der Israel befreien und die Kämpfe des Herrn führen wird. Der Herr hat Diener, die er sich bereitet, und wenn die Zeit gekommen ist, wenn die Stunde den Mann braucht, dann wird sich der Mann für die Stunde finden. Des Herrn Wille wird getan werden, mögen Ungläubige und Zweifler denken, was sie wollen.

Ich sehe in diesem Kommen des Joseph von Arimathia, gerade zu dem Zeitpunkt, da es nötig war, einen

Brunnen des Trostes für alle, denen die Sache Gottes auf dem Herzen liegt. Wir brauchen uns nicht den Kopf darüber zu zerbrechen, wer die Nachfolger der heutigen Evangelisten sein sollen; diese Sorge können wir ruhig Gott überlassen.

Über diesen Joseph von Arimathia, diesen ehrbaren Ratsherrn, möchte ich heute mit euch sprechen. Wie ich schon gesagt habe, hören wir nicht mehr von Joseph als das, was hier berichtet wird. Er tritt leuchtend hervor, als es nötig ist, und darauf verschwindet er wieder; seine Geschichte ist droben verzeichnet. Wir brauchen nicht die Überlieferungen über ihn zu erwähnen, denn ich meine, daß selbst in dem Zitieren von Legenden eine schlechte Tendenz ist und daß es uns von dem reinen, unverfälschten Wort Gottes hinwegleiten kann. Was haben wir mit der Überlieferung zu tun? Ist die Schrift nicht genug? Wenn eine Tatsache der Feder der Inspiration würdig gewesen wäre, so würde sie niedergeschrieben sein; weil sie nicht geschrieben steht, brauchen wir nicht den Wunsch zu haben, sie zu kennen. Laßt uns zufrieden sein, stille zu stehen, wo der Heilige Geist seine Feder ruhen läßt.

Ich werde Joseph von Arimathia heute auf vierfache Weise beschreiben: zuerst zu unserer Warnung. Er war ein Jünger Jesu, „doch heimlich, aus Furcht vor den Juden"; zweitens zu unserer Belehrung: Er wurde schließlich durch das Kreuz veranlaßt hervorzutreten. Simeon hatte schon geweissagt, daß durch den Tod des Herrn viele Gedanken der Herzen offenbar werden sollten. Drittens zu unserer Aufmunterung: Es war ein Grund für Joseph da, weshalb er hervortrat, und es wird jetzt ein Grund da sein, weshalb alle Furchtsamen tapfer werden sollten. Zuletzt zu unserer Anleitung: Wenn wir schüchtern und furchtsam gewesen sind, sollten wir in der Stunde der Not hervortreten und uns so mutig benehmen wie Joseph von Arimathia.

Eine Warnung für uns

Joseph war ein Jünger Christi, doch heimlich, aus Furcht vor den Juden. Wir raten niemandem, Joseph darin nachzuahmen. Furcht, die uns dahin bringt, unseren Glauben zu verbergen, ist etwas Böses. Sei ein Jünger Jesu, aber nicht heimlich; denn sonst verfehlst du einen großen Teil deines Lebenszweckes. Sei vor allem nicht heimlich ein Jünger aus Menschenfurcht, denn Menschenfurcht ist ein Fallstrick. Wenn du Sklave einer solchen Furcht bist, so macht dich das niedrig und klein und hindert dich, Gott die gebührende Ehre zu geben.

Trage Sorge, Christus die Ehre zu geben, so wird er für deine Ehre sorgen.

Wie kam es, daß Joseph von Arimathia so zurückhaltend war? Vielleicht lag der Grund dazu in seiner Wesensart. Viele sind von Natur sehr kühn; einige sind es ein wenig zu sehr, sie werden aufdringlich, dreist, um nicht zu sagen unverschämt. Sie sind furchtlos, weil sie kopflos sind. Laßt uns Fehler in dieser Richtung vermeiden.

Andererseits sind viele zu zurückhaltend. Sie müssen all ihren Mut zusammenraffen, um auch nur ein gutes Wort für den Heiland zu sagen, den sie lieben. Wenn sie können, so stellen sie sich in die hinteren Reihen. Sie hoffen, unter den Siegern gefunden zu werden, wenn die Beute verteilt wird, aber sie sind nicht so eifrig, unter den Kriegern zu sein, solange diese dem Feind gegenüberstehen. Manche von ihnen sind trotz ihrer Schüchternheit aufrichtig.

Man fand in den Märtyrertagen, daß einige von denen, die auf dem Scheiterhaufen am mutigsten aushielten, von Natur ängstlich waren. Fox bemerkt, daß einige von denen, die damit prahlten, wie gut sie Schmerz und Tod für Christus ertragen könnten, bange wurden und widerriefen, während andere, die im Gefängnis beim Gedanken an das Feuer zitterten, sich im Tode zur Verwunderung aller als Männer erwiesen.

Dennoch, liebe Freunde, ist es nicht wünschenswert, daß ihr die Schüchternheit hegen und pflegen sollt, wenn ihr damit geplagt seid. Menschenfurcht ist eine Pflanze, die ausgerottet und nicht genährt werden muß. Ich würde diese Pflanze gern dahin setzen, wo sie wenig Wasser und keinen Sonnenschein bekäme, und mittlerweile würde ich um einen Sprößling von einem besseren Baum bitten.

Wenn ihr wißt, daß eure Schwäche in der Furchtsamkeit liegt, so wacht und kämpft dagegen und schult euch mit der Hilfe des Heiligen Geistes zu unerschrockenem Mut.

Ich vermute auch, daß das, was den Joseph von Arimathia einschüchterte, der Umstand war, daß er ein reicher Mann war. Eine traurige Wahrheit liegt in dem ernsten Ausruf unseres Herrn: „Wie schwerlich werden die Reichen in das Reich Gottes kommen!" Reichtum stärkt nicht das Herz und macht die Menschen nicht kühn für die gute Sache. Obwohl Reichtum ein großes Pfund ist, das von dem, der in das Himmelreich hineingekommen ist, benutzt werden kann, so birgt er doch Schlingen und Versuchungen in sich, und wenn ein Mensch noch nicht in das Reich Gottes eingegangen ist, so ist Reichtum ein furchtbares Hindernis für ihn. „Ein Kamel kann leichter durch ein Nadelöhr eingehen, als ein Reicher in das Reich Gottes!"

Die Fischer des galiläischen Meeres verließen leicht ihre Boote und ihr Fischergerät, aber Joseph von Arimathia war ein reicher Mann, und deshalb kam er nur langsam dahin, alles um Christi willen zu verlassen. Die Tendenz großer Besitztümer sehen wir an dem Jüngling, der betrübt von dem Herrn Jesus ging, als er auf die ungewöhnliche Probe gestellt wurde, alles zu verkaufen, was er hatte.

Starke Schwimmer haben ihr Leben gerettet, wenn das Schiff auf einen Felsen stieß, indem sie jedes Gewicht beiseite warfen, während andere sofort sanken, weil sie sich ihr Gold um den Leib gebunden hatten. Gold versenkt die Menschen so sicher wie Blei. Ihr, die ihr wohlhabend in dieser Welt seid, sorgt dafür, daß ihr nicht die Freigebigkeit Gottes zu einer Ursache der Untreue gegen ihn werden laßt. Hütet euch vor dem Stolz des Lebens, vor der Begierde nach Rang, vor dem Wunsch, Schätze zu sammeln, denn jedes von diesen mag euch hindern, eurem Herrn zu dienen.

Der Reichtum macht die Menschen aufgeblasen und hindert sie, sich zu bücken. Ein armer Mann geht in ein schlichtes Haus in einem Dorf, wo Christus gepredigt wird, und er findet das ewige Leben; ein anderer Mann in demselben Dorf, der um seine Seele besorgt ist, mag nicht gern zu dem Kreis der Armen gehen und bleibt ungesegnet. Er hält sich fern, weil er sich die Frage vorlegt: „Was werden die Leute sagen, wenn der Gutsherr dorthin geht, um das Evangelium zu hören? Was für eine Aufregung würde es geben, wenn der Sohn eines Edelmannes bekehrt würde!“

Der Reichtum Josephs von Arimathia macht ihn übermäßig vorsichtig und hindert ihn vielleicht daran, sich mit den gewöhnlicheren Leuten zu verbinden, die dem Herrn Jesus folgen. Sein Herz war auf das Gewinnen der Krone gerichtet, aber das schwere Gewicht seines Vermögens hinderte ihn in seinem Wettlauf. Es ist ein Beispiel überschwenglicher Gnade, daß ihm geholfen wurde, zuletzt doch noch recht zu kämpfen.

Möglicherweise ist er auch dadurch gehemmt worden, daß er ein ehrenvolles Amt bekleidete. Es gehört große Gnade dazu, menschliche Ehre zu tragen. Um die Wahrheit zu sagen: Sie ist nicht des Tragens wert, wenn man sie hat. Wenn ein Mann so leben könnte, daß er allgemeinen Beifall finden würde, wenn er seinen Namen quer über den Himmel in goldenen Buchstaben schreiben könnte, welchen Wert hätte das? Was liegt an dem Beifall einer gedankenlosen Menge?

Die Anerkennung guter Menschen, wenn sie durch beharrliche Tugend gewonnen wird, ist mehr zu wünschen als große Reichtümer. Aber selbst dann kann sie eine Versuchung werden, denn der Mann mag vielleicht zu fragen beginnen: „Was werden die Leute sagen?" Mehr als: „Was wird Gott sagen?" In dem Augenblick, wo er dieser Versuchung nachgibt, hat er ein schwächendes Element in sein Leben hineingelassen. Das „Gut, du braver und treuer Knecht!" von des Meisters eigenen Lippen ist mehr wert als zehntausend Beifallsbekundungen von Senatoren und Fürsten. Ehre bei Menschen ist im besten Fall eine Gefahr für die Besten.

Die Haltung des Joseph neigt mehr zur Vorsicht als zum Eifer. Ich wünsche, daß die, die hohe Stellungen einnehmen, daran denken und sich selbst prüfen, ob die Scheu vor dem öffentlichen Bekennen Christi nicht eine unselige Feigheit ist.

Es scheint klar zu sein, daß alle irdischen Dinge, die die Menschen begehren, nicht so wünschenswert sind, wie sie erscheinen, und von dem, wofür Menschen ihre Augen zu geben bereit sind, um es sich anzuschaffen, würden sie vielleicht viel geringer denken, wenn ihre Augen geöffnet wären.

Ich möchte euch jetzt freundlich fragen, ob einige von euch, die meinen Herrn und Meister lieben, es heimlich tun, aus Furcht vor Menschen? Du hast deinen Glauben niemals offen bekannt. Warum nicht? Was hindert dich, daß du dich nicht entschieden auf des Herrn Seite stellst? Bist du reich? Genießt du Ehre? Nimmst du eine beneidenswerte Stellung in der Gesellschaft ein? Bist du ein so niedrig gesinntes Geschöpf, daß du auf diese schimmernde Umgebung stolz geworden bist wie ein Kind, das auf sein neues Kleid stolz ist?

Bist du so feige, daß du dich nicht mit den Anhängern der Wahrheit und Gerechtigkeit verbinden willst, weil sie Personen geringen Standes sind? Bist du wirklich so niederträchtig? Ist keine heilige Ritterlichkeit in dir? Wenn Gott es dir so wohlergehen läßt, wenn er dir soviel anvertraut hat, willst du ihm das dadurch vergelten, daß du seinen Sohn verleugnest, dein Gewissen vergewaltigst und der Wahrheit den Rücken kehrst?

Ich weiß, es mag hart erscheinen, wenn du kalte Aufnahme in der Gesellschaft findest oder wenn der Finger des Hohnes auf dich zeigt, aber sich dieser selbstsüchtigen Furcht zu beugen, ist kaum eines Mannes würdig und für einen Christen äußerst schmachvoll.

„O, ich bin von zurückhaltender Natur." Ja, gib ihr nicht nach, ich bitte dich, denn wenn alle solchen Sinnes wären, wo würden dann die Reformationen und Erweckungen sein? Wo würden Luther, Calvin und Zwingli geblieben sein? Wo würde Whitefield oder Wesley geblieben sein, wenn sie es für das Hauptziel ihrer Wünsche gehalten hätten, gemächlich das kühle, abgesonderte Tal des Lebens entlangzugehen?

Tritt für die Wahrheit und für den Herrn hervor, mein Bruder! Denke daran: Was für dich recht ist, würde für uns alle recht sein. Wenn du dich nicht der Gemeinde anschließt, so kann jeder von uns auch die Pflicht versäumen; und wo wäre dann die sichtbare Gemeinde Jesu? Wie könnten die Anordnungen unseres heiligen Glaubens als ein Zeugnis unter den Menschen aufrechterhalten werden? Ich fordere alle verborgenen Gläubigen auf, über den Widerspruch zwischen ihrem Verbergen und ihrem Glauben nachzudenken und diese feige Stellung aufzugeben!

Ich bin gewiß, Joseph von Arimathia verlor sehr viel durch seine Feigheit. Denn ihr seht, er lebte nicht mit dem Herrn Jesus zusammen, wie viele andere Jünger es taten. Während jener kurzen, aber goldenen Periode, wo Menschen mit Jesus wandelten und redeten, war Joseph nicht dabei. Er war nicht unter den Zwölfen, wie er es möglicherweise hätte sein können, wenn er mehr Mut und Entschiedenheit besessen hätte. Ihm entgingen viele jener vertraulichen Unterredungen, die der Herr den Seinen gewährte, nachdem die Menge entlassen wurde. Er versäumte jene heilige Erziehung und Stärkung, die Menschen für das edle Leben der ersten Heiligen tauglich machte. Auch die vielen Gelegenheiten hat er verloren, wo er für den Meister und mit dem Meister hätte arbeiten können.

Vielleicht hören wir nichts mehr von Joseph von Arimathia, weil er nicht mehr getan hatte. Möglicherweise ist diese eine großartige Handlung, die seinen Namen vor der Vergessenheit rettete, alles, was des Berichtens wert war. Joseph muß ein schwacher, trauriger, ein wenig nützlicher Mann gewesen sein, weil er Christus nur von fern folgte.

Ich wünsche zu Gott, solche Betrachtungen holten unsere lieben, wahrhaft gläubigen und ehrenwerten christlichen Männer aus ihrem Versteck heraus und veranlaßten sie, in die vordere Reihe zu treten, um für Christus zu streiten!

Eine Belehrung für uns

Joseph trat schließlich doch hervor, und ihr werdet es auch tun, meine Freunde. Wenn ihr ehrlich und aufrichtig seid, so werdet ihr früher oder später euren Herrn bekennen. Meint ihr nicht, es wäre besser, es lieber heute als später zu tun? Der Tag wird kommen, wo jene Schande, die ihr jetzt fürchtet, auf euch kommen wird. So gewiß du ein aufrichtiger Gläubiger bist, wirst du jene Schmach und Verspottung zu bestehen haben, die dich jetzt erschreckt. Warum ihr nicht sofort gegenübertreten und damit fertig werden? Du wirst Christus vor vielen Zeugen zu bekennen haben. Warum nicht sofort damit beginnen? Was ist denn schwer dabei? Es wird dir leichter werden und dir größeren Segen bringen, als wenn du fortfährst, es aufzuschieben. Was hat denn den Joseph von Arimathia aus der Verborgenheit herausgebracht? Es war die Macht des Kreuzes!

Ist es nicht etwas Merkwürdiges, daß das ganze Leben Christi kein offenes Bekenntnis aus diesem Mann herauslockte? Die Wunder unseres Herrn, seine Reden, seine Armut, seine Selbstverleugnung, sein glorreiches Leben der Heiligkeit und der Wohltätigkeit, alles das mag geholfen haben, Joseph in seinem geheimen Glauben aufzubauen, aber es genügte nicht, ein kühnes Bekenntnis des Glaubens abzulegen. Der schmachvolle Kreuzestod übte mehr Macht auf Joseph aus als die ganze Schönheit des Lebens Christi.

Nun laßt uns sehen, ihr Schüchternen, Zurückhaltenden, ob das Kreuz nicht heute auf euch denselben Einfluß haben wird. Ich bin gewiß, daß es euch helfen wird, wenn der Heilige Geist es eurem Herzen einprägt. Ich nehme an, daß dem Joseph der Tod Christi am Kreuz als etwas so Furchtbares erschien, daß er für ihn, der so schlecht behandelt wurde, auftreten mußte.

Joseph hatte in das Tun der Männer des Synedriums nicht eingewilligt, als sie Jesus zum Tod verurteilten; wahrscheinlich zogen er und Nikodemus sich ganz von der Versammlung zurück. Aber als er sah, daß das Verbrechen vollzogen und der Unschuldige getötet wurde, da sagte er: „Ich kann nicht ein stummer Zeuge solchen Mordes sein. Ich muß mich nun auf die Seite des Heiligen und Gerechten stellen." Deshalb trat er als williger Diener seines gekreuzigten Herrn hervor. Komme, was da wolle, er fühlte sich gedrängt zu bekennen, daß er auf der Seite Jesu stehe. Es war spät, es war traurig spät, aber es war noch nicht zu spät.

O geheimer Jünger, willst du nicht dein Versteck aufgeben? Wenn du ruhig und zurückhaltend bist und den Namen Jesu lästern hörst, wie es in diesen bösen Tagen oft geschieht, willst du dann nicht für ihn eintreten? Wenn du seine Gottheit leugnen hörst, wenn seine Stelle als Haupt der Gemeinde einem anderen gegeben wird, wenn sogar seine heilige Person für lose Gesellen als Zielscheibe für ihren Spott herhalten muß, willst du dann nicht für ihn sprechen?

Seine Sache ist die Sache der Wahrheit, Gerechtigkeit, Barmherzigkeit und Hoffnung für die Menschenkinder, deshalb darf er nicht beschimpft werden, während du schweigend dabei sitzt. Hätten andere ihn verteidigt, so hättest du vielleicht entschuldigt werden können, aber jetzt, wo ihn so viele verhöhnen, kannst du nicht zurückbleiben, ohne zu sündigen. Jesus ist aller Ehre wert, und doch überhäufen sie ihn mit Spott. Willst du ihn nicht verteidigen? Er ist dein Heiland und Herr. O zögere nicht einzugestehen, daß du sein eigen bist. Das Kreuz legte das Herz des Joseph bloß; er verabscheute die Bosheit, die den Heiligen und Gerechten schlug, deshalb raffte er sich auf.

Aber da mag es auch zum Teil die wunderbare Geduld des Herrn im Tode gewesen sein, die den Joseph spüren ließ, daß er sich nicht länger verbergen könne. Hörte er ihn sprechen: „Vater, vergib ihnen, denn sie wissen nicht, was sie tun!"? Beobachtete er ihn, als seine Lippen riefen: „Mich dürstet!"? Denkt ihr, daß er den Spott und Hohn sah, der den sterbenden Herrn umgab? Merkte er, daß die Steine schreien würden, wenn er nicht seinem besten Freund Freundlichkeit erzeigen würde? Da Jesus nicht für sich selbst sprach, sondern stumm war wie ein Lamm vor seinen Scherern, ist Joseph verpflichtet, seinen Mund für ihn aufzutun. Wenn Jesus nicht antwortet, sondern nur Gebete für seine Mörder ausspricht, so muß ihn der ehrbare Ratsherr bekennen.

Die Sonne hat ihn anerkannt und ihr Gesicht in Sack und Asche verhüllt. Die Erde hat ihn anerkannt und wurde tief erschüttert. Der Tod hat ihn anerkannt und die Leiber der Verstorbenen zurückgegeben. Deshalb muß Joseph ihn auch anerkennen; er kann dem Drang nicht widerstehen.

O Brüder, wenn ihr bis jetzt zurückgestanden seid, laßt euch durch Jesus in die Vorhut des Heeres bringen!

Dann waren die Wunder dieses Todes da, die er sah und auf die ich schon hingewiesen habe. Sie genügten, den Hauptmann zu überzeugen, daß Jesus ein gerechter Mann war. Sie überzeugten andere, daß er Gottes Sohn war; und der, der schon ein Jünger Christi war, muß durch das, was er am Kreuz geschehen sah, in dieser Überzeugung sehr bestärkt worden sein. Die Zeit war gekommen, wo er kühn als Christi Jünger handeln mußte.

Sind um dich herum keine Wunder der Bekehrungen geschehen, keine Erhörungen von Gebeten, keine göttlichen Befreiungen aus Not?

Ich nehme nicht an, daß Joseph den Sinn des Todes Christi völlig verstand. Er hatte einige Kenntnis davon, aber nicht so, wie wir sie jetzt haben, wo der Geist Gottes in seiner ganzen Fülle erschienen ist und uns über die Bedeutung des Kreuzes belehrt hat.

O hört zu, ihr Männer, die ihr nie offen auf seine Seite getreten seid, die ihr nie seine Farbe getragen und nie öffentlich in seinen Dienst getreten seid: Er starb für euch! Jene Wunden waren alle für euch; jener Schweiß, dessen Spuren ihr dort auf dem Antlitz des Gekreuzigten sehen könnt, war ganz für euch. Für euch war der Durst und das Fieber, für euch das Neigen des Hauptes und das Aufgeben des Geistes. Ihr wollt euch schämen, ihn anzuerkennen? Ihr wollt nicht Spott und Hohn um seinetwillen ertragen, der all dieses für euch erduldete? Nun sprecht aus eurer Seele heraus und sagt: „Er hat mich geliebt und sich selbst für mich dahingegeben." Wenn ihr das nicht sagen könnt, dann könnt ihr auch nicht glücklich sein. Aber wenn ihr es könnt, was wollt ihr dann tun? Müßt ihr ihn nicht lieben und euch für ihn dahingeben?

Das Kreuz ist ein wunderbarer Magnet, der jeden Mann von echtem Metall zu Jesus zieht. Es ist wie ein hoch emporgehobenes Panier, um das sich alle Treuen sammeln müssen. Dieses Kreuz, durch alle Lande getragen, wird die Tapferen aufwecken, daß sie ins Feld eilen.

Könnt ihr euren Herrn den Tod für euch erleiden sehen und ihm dann den Rücken kehren? Ich bete, daß ihr nicht länger zögert, sondern sofort ruft: „Schreibt meinen Namen unter seinen Nachfolgern nieder, denn ich will bis ans Ende für ihn kämpfen!"

Soviel entnehmen wir zur Belehrung aus dem Leben des Joseph von Arimathia. Wenn das Kreuz nicht einen Mann zum Heraustreten aus seiner Verborgenheit bringen kann, was dann? Wenn uns der Anblick der sterbenden Liebe nicht zu mutiger Liebe zu ihm bewegt, was ist dann dazu imstande?

Eine Ermunterung für uns

Vielleicht denkt ihr, daß die Zeit, in der Joseph lebte, gebieterisch verlangte, daß er sein Versteck verlassen und zu Pilatus hineingehen sollte, aber daß ihr selbst ja nicht in einer solchen notvollen Lage seid.

Hört zu, meine Freunde, viele Leute benutzen ihre Gelegenheiten nicht, wie sie auch sein mögen. Der Herr Jesus hängt heute nicht an einem Kreuz und hat nicht nötig, begraben zu werden, aber andere dringende Notwendigkeiten existieren und fordern euch heraus. Die gegenwärtige Situation der Welt verlangt, daß jeder Mann, dessen Herz richtig steht, seinen Herrn bekennen und ihm dienen sollte. Jeder, der Christus liebhat, sollte es in dieser Stunde durch die Tat beweisen.

Eine Boje den Mumbles in Südwales gegenüber trägt eine Glocke, die die Seefahrer vor einem gefährlichen Felsen warnen soll. Diese Glocke ist bei gewöhnlichem Wetter ruhig, aber wenn sich Wind erhebt und sich die großen Wogen auf das Ufer zuwälzen, dann werden ihre feierlichen Töne meilenweit gehört.

Ich glaube, es gibt treue Männer, die still sind, wenn alles ruhig ist, die aber gezwungen sein werden zu sprechen, wenn sich die wilden Winde erheben.

Ich versichere euch, daß ein Sturm jetzt wütet und daß es schlimmer und schlimmer wird. Wenn ich die Zeichen der Zeit richtig lese, wäre es gut, wenn die Glocke ihre Warnung läutete, damit nicht Seelen auf dem Felsen des Irrtums verlorengehen.

Wenn ihr in die hinteren Reihen getreten seid, müßt ihr eure gemütliche Stellung verlassen. Ich rufe euch in des Meisters Namen zum Krieg auf. Der Herr bedarf euer. Wenn ihr dem Herrn nicht zu Hilfe kommt, so wird ein Fluch auf euch fallen. Euch muß entweder „feige Memmen" auf den Rücken geschrieben werden, oder ihr werdet euch heute der Sache Jesu anschließen. Soll ich euch sagen, warum?

Die Feinde Christi waren zu weit gegangen. Als sie ihn verfolgten und Steine aufhoben, ihn zu steinigen, gingen sie sehr weit. Als sie sagten, er hätte einen Teufel und wäre wahnsinnig, da gingen sie viel zu weit. Als sie behaupteten, daß er die Teufel durch Beelzebub, den Obersten der Teufel, austriebe, war das eine Lästerung. Aber jetzt, jetzt haben sie die Linie verhängnisvoll weit überschritten. Sie haben tatsächlich den König Israels genommen und ihn an das Kreuz genagelt, und er ist tot. Deshalb kann Joseph es nicht länger aushalten. Er verläßt ihre Gesellschaft und verbindet sich mit dem Herrn Jesus.

Seht, wie weit die Menschen in diesen Tagen gehen. Draußen in der Welt zeigt sich der Unglaube von einer so groben Seite, daß er der Zivilisation, geschweige denn des Christentums unseres Zeitalters unwürdig ist. Jetzt kommt heraus, ihr Feiglinge, und weigert euch, zu der ungläubigen Welt gezählt zu werden! Außerdem sehen wir in der Christenheit Männer, die uns schon manche wichtige Lehre weggenommen haben und jetzt auch noch die Inspiration des Wortes Gottes angreifen. Sie sagen uns deutlich, daß sie das, was die Schrift sagt, nur soweit glauben, wie es ihnen gefällt. Die Bibel ist für sie ein schönes, aber etwas veraltetes Buch. Nun, wenn ihr dazu schweigen könnt – ich kann es nicht! Die Zitadelle des Christentums wird jetzt angegriffen. Laßt keinen tapferen Mann vor ihrer Verteidigung zurückschrecken! Wenn ihr euren Mund halten und den Glauben in Stükke reißen lassen wollt, ich kann es nicht!

Jetzt, wo der Irrtum keine Schranken kennt, müssen wir für die Verteidigung der Wahrheit auftreten. Da man den Angriff auf Gottes Wort bis aufs äußerste treibt, ist es nötig, jedes Stückchen des Glaubens festzuhalten. Ich für mein Teil will keine Ecke meines Glaubens um irgendeines Menschen willen aufgeben. Wenn die Wahrheit ein strenges Aussehen hat, so wollen wir sie nicht verschleiern. Wenn ein Ärgernis in dem Kreuz ist, so wollen wir es nicht verbergen. Dies soll meine Antwort an alle sein, die sich dem Geist des Zeitalters anpassen wollen. Ich kenne nur einen Geist: Der ist in jedem Zeitalter unveränderlich. Die Zweifel der Feinde Gottes sollen auf uns keinen Einfluß haben als nur den, daß wir das Evangelium fester in unser Herz schließen.

Ich bitte jeden Christen, Mut zu fassen und seines Herrn Farben zu zeigen und zur Schlacht auszurücken. Kommt jetzt hervor, wenn ihr es nie vorher tatet!

Als sich Joseph von Arimathia als Jünger unseres Herrn zu erkennen gab, waren die meisten Freunde unseres Herrn geflohen. Da sagte sich Joseph: „Ich muß hineingehen und um den Leichnam bitten.“ Wenn jeder andere davonläuft, dann wird der Schüchterne tapfer. Ich habe oft festgestellt, daß die Schwachen stark wurden, wenn ein allgemeiner Abfall vom Glauben um sich griff. Die Menschen, die früher sagten: „Wir wissen kaum, ob wir überhaupt zu Gottes Kindern gehören, wir sind so unwürdig!“, krochen aus ihren Höhlen und wurden tapfer im Streit und schlugen die Heere des Feindes in die Flucht.

Die Zahl derer, die zu Josephs Zeiten dem Herrn treu blieben, war sehr klein. Wer von ihnen nicht ganz und gar arm war – zum Beispiel die Frauen, die ihm mit ihrer Habe dienten –, war doch unfähig, zu Pilatus zu gehen und um des Herrn Leichnam zu bitten. Er würde sie nicht vorgelassen haben; und wenn er es getan hätte, wären sie doch zu schüchtern gewesen, darum zu bitten. Aber Joseph ist reich und ein Ratsherr, und deshalb scheint er zu sagen: „Diese lieben, guten Frauen brauchen einen Freund; sie können den Leichnam nicht allein vom Kreuz abnehmen. Ich will zum römischen Landpfleger gehen. Zusammen mit Nikodemus will ich die Leinwand und die Spezereien beschaffen, und die Frauen sollen uns helfen, den Herrn vom Holz herunterzunehmen und ihn in mein neues Grab zu legen. Dann will ich seine Glieder mit Leinwand umwinden und ihn mit Spezereien würdig einbalsamieren.“

Einige von euch wohnen in kleinen Landstädtchen, wo die Gotteskinder vielleicht treu und sehr arm sind und auch nicht viele Möglichkeiten haben. Wenn euch etwas bewegen soll, entschiedener zu sein, dann dieses Beispiel des Joseph. Es gehört Mut dazu, einer schwachen Schar zu helfen. Gewöhnliche Leute sind da, wo der Erfolg ist, aber der echte Mann schämt sich nicht, ein verachtetes Vorhaben zu stützen, wenn es um die Sache der Wahrheit geht. Wer Fähigkeiten und Vermögen hat, sollte sagen: „Ich will hingehen und ihnen jetzt helfen. Ich kann des Meisters Sache nicht diesen schwachen Leuten überlassen. Ich weiß, sie tun ihr Bestes, und da das sehr wenig ist, will ich mich mit ihnen verbinden und mich bemühen, ihnen um meines großen Meisters willen beizustehen."

Seht ihr, worauf ich abziele? Es ist heute mein einziger Wunsch, die wenigen unter euch, die einen Augenblick geschwankt haben, zu bewegen, für Jesus aufzustehen und überall seinen teuren und heiligen Namen zu bekennen.

Vielleicht seid ihr wie Blumen, die nicht blühen können, ehe es dunkel wird. Jetzt ist eure Stunde. Der Abend ist schon gekommen; blüht, meine Freunde, und füllt die Luft mit dem Wohlgeruch eurer Liebe. Wenn sich andere Blumen geschlossen haben, so tragt Sorge, euch dem Tau zu öffnen. In diesen finsteren Stunden leuchtet hervor! Die Sonne ist verschwunden; nun laßt euch sehen!

Joseph und Nikodemus wurden nicht bei Tageslicht gesehen, als Jesus lebte, aber als die Sonne durch seinen Tod untergegangen war, da strahlte ihr Glanz am höchsten.

O mein zögernder Bruder, jetzt ist deine Zeit, deine Stunde. Nutze sie um unseres großen Meisters willen!

Eine Anleitung

Jemand sagt: „Nun, was meinst du damit, daß ich hervortreten soll? Ich kann sehen, was Joseph tat, aber was soll ich tun? Ich lebe nicht in Arimathia, und es gibt in unseren Tagen keinen Pilatus."

Joseph begab sich dadurch, daß er seinen Herrn anerkannte, in persönliche Gefahr. Ein Sklave, dessen Herr hingerichtet wurde, weil er Christ war, ging zum Richter und bat um den Leichnam seines Herrn, um ihn zu begraben. Der Richter erwiderte: „Warum wünschst du den Leichnam deines Herrn?“ – „Weil er Christ war und ich auch Christ bin.“ Auf dieses Bekenntnis hin wurde er selbst zum Tode verurteilt.

Pilatus hätte ebenso handeln können, denn die jüdischen Obersten müssen Joseph gehaßt und seinen Tod gewünscht haben. Er war lange Zeit zurückhaltend gewesen, aber jetzt nahm er sein Herz in beide Hände und ging kühn zu Pilatus hinein. Er bat um den Leichnam, und der Prokurator gab seinem Wunsch statt.

Würdest du, wenn es nötig wäre, deine besten irdischen Güter aufs Spiel setzen? Bist du bereit, den Ruf der Bildung und des Mutes durch das Bekenntnis deines Glaubens in diesen Tagen des Abfalls zu verlieren? Kannst du alles um Christi willen verlassen? Wenn es die liebste Verbindung zerreißt, wenn es die glänzendsten Aussichten zerstört, würdest du dein Kreuz auf dich nehmen und deinem Herrn folgen?

Denkt ferner daran, daß dieser gute Mann, als er den Leichnam Jesu abnahm, nach dem jüdischen Gesetz unrein wurde. Es mag euch nicht wichtig erscheinen, aber für einen Juden war das sehr schlimm, besonders während der Passahwoche. Er rührte einen Leichnam an und verunreinigte sich damit nach dem Gesetz der Juden. Aber er hielt es nicht für eine Verunreinigung, den Leichnam seines Herrn anzurühren. Und es war auch keine Verunreinigung. Es war eine Ehre, diesen heiligen, von Gott bereiteten Leib anzurühren.

Dennoch wird man dir sagen : „Wenn du auf Christi Seite trittst und dich mit seinem Volk verbindest, dann erniedrigst du dich.“ Sie werden mit den Fingern auf dich zeigen, dir einen Schimpfnamen geben und dich des Fanatismus beschuldigen. Nimm diese gesegnete Schande auf dich und sprich mit David: „Ich will noch geringer werden.“ Unehre für Christus ist Ehre, und Schande für ihn der Gipfel allen Ruhmes.

Dann nahm dieser Mann, nachdem er sein Leben gewagt und seine Ehre aufs Spiel gesetzt hatte, große Kosten für das Begräbnis Christi auf sich. Er ging hin und kaufte feine Leinwand und gab jenes in den Felsen gehauene Grab. Das, auf dessen Besitz der Ehrgeiz jedes Israeliten gerichtet war, gab er freudig hin, damit der Herr dort hingelegt werden könnte.

O, wenn du Christus bekennst, bekenne ihn durch die Tat. Halte deine Brieftasche nicht vor ihm zurück!

Ich las neulich die Geschichte eines guten alten Diakons in Amerika, der in eine Versammlung kam, nachdem eine Missionskollekte stattgefunden hatte. Der Prediger bat darauf „unseren Bruder Sewell" zu beten. Sewell betete nicht, sondern steckte die Hand in die Tasche und suchte darin herum. „Bringt eure Büchse", sagte er, und als die Büchse kam und er sein Geld hineingelegt hatte, sagte der Prediger: „Bruder Sewell, ich bat Sie nicht, etwas zu geben, ich wünsche nur, daß Sie mit uns beten möchten."

„O", sagte der, „ich konnte nicht beten, bevor ich etwas gegeben hatte." Er fühlte sich verpflichtet, erst etwas für das große Missionswerk zu tun, und nachdem er das getan hatte, konnte er dafür beten.

O daß alle Christen von der Richtigkeit eines solchen Handelns überzeugt wären! Kommt hervor, die ihr euch hinter dem Ofen versteckt habt, sprecht nun die Leute an und bekennt, was der Herr für euch getan hat. Joseph von Arimathia, wo bist du? Komm hervor, Mann! Tritt hervor; deine Zeit ist gekommen! Ihr seid von nun an die Tapfersten der Tapferen in der Leibwache Christi, die ihm folgt, wohin er geht. Habe keine Furcht, sondern achte es für Freude, wenn du um des Mannes willen in mancherlei Anfechtungen fällst, der König aller Könige und Herr aller Herren ist. Ihm sei Ehre von Ewigkeit zu Ewigkeit!

14

DER TOD DES STEPHANUS

„Und sie steinigten den Stephanus, welcher ausrief und sprach: Herr Jesus, nimm meinen Geist auf! Er kniete aber nieder und rief mit lauter Stimme: Herr, rechne ihnen diese Sünde nicht zu! Und nachdem er das gesagt hatte, entschlief er“ (Apostelgeschichte 7,59-60).

Es ist für uns alle sehr nützlich, daran erinnert zu werden, daß unser Leben nur ein Dampf ist, der eine kurze Zeit währt, danach aber verschwindet. Weil das oft vergessen wird, leben die Weltmenschen ruhig, und die Christen gehen sorglos ihren Weg. Wenn wir nicht nach der Wiederkunft des Herrn ausschauen, so frißt sich die Weltlichkeit in unsere Seele wie ein Krebs.

Wenn du schon in dieser Welt Reichtümer hast, so denke doch darüber nach, daß du nicht hierbleiben kannst, und lege nicht zu großes Gewicht auf die Annehmlichkeit des Reichtums. Wenn du dagegen bescheiden wohnst und die Last der Armut trägst, sei deswegen nicht niedergedrückt, denn diese leichten Trübsale sind nur für den Augenblick und nicht wert, mit der Herrlichkeit verglichen zu werden, die auf uns wartet. Sieh auf die Dinge, die sind, als wenn sie nicht wären. Denke daran: Du bist ein Teil einer großen Prozession, die stets weiterschreitet; andere kommen und gehen vor deinen eigenen Augen, du siehst sie, und sie verschwinden, und du selbst schreitest fort zu einer anderen, wirklichen Welt.

Es ist weise, über unsere letzten Stunden zu reden, uns unser Abscheiden vorzumalen und bereit zu sein, vor den großen Richterstuhl zu treten. Es ist unsere Pflicht, unsere Lampe für den Bräutigam zu schmücken.

Wir sind berufen, allezeit bereit zu stehen und auf die Wiederkunft unseres Herrn und Heilandes Jesus Christus zu warten oder auf die Vorladung, die uns sagen wird, daß der Leib wieder zur Erde werden und der Geist wieder zu Gott gehen muß, der ihn gegeben hat.

Der Tod des Stephanus mag unseren Betrachtungen helfen, während wir mit Hilfe des Heiligen Geistes unsere Gedanken darauf richten, daß auch wir entschlafen müssen. Dies ist der einzige Tod eines Märtyrers, über den so ausführlich im Neuen Testament berichtet wird. Der Heilige Geist wußte, daß genügend Märtyrer da sein würden, ehe die Geschichte der Gemeinde zu Ende wäre. Es ist auch der einzige Tod, mit Ausnahme des Todes unseres Herrn, der im Neuen Testament ausführlich beschrieben wird. Natürlich wird uns über den Tod anderer Heiliger berichtet, aber was sie im Sterben sprachen und was sie empfanden, als sie diese Welt verließen, das ist nicht verzeichnet.

Der Heilige Geist wußte, daß es uns nie an heiligen Sterbebetten und triumphierenden Heimgängen fehlen würde. Er wußte, daß dies für das Volk Gottes alltägliche Tatsachen sein würden. Außerdem wollte uns der Heilige Geist vielleicht aus seinem Stillschweigen entnehmen lassen, daß wir der Art des Sterbens der Menschen nicht soviel Wichtigkeit beilegen sollten als vielmehr der Art ihres Lebens. Wie der Herr Jesus zu leben, ist das, was uns am nächsten liegt. Ein triumphierender Tod mag die Krone sein, aber ein heiliges Leben ist das Haupt, das diese Krone trägt. Während unseres Lebens den Geboten unseres Herrn zu gehorchen, ist unsere wichtigste Aufgabe. Das Zeugnis des Todes wird uns in der Todesstunde zuteil werden. Wir sollen im Augenblick unseres Todes Todesgnade haben; aber gegenwärtig ist es unsere Hauptaufgabe, die Gnade zu erlangen, die uns fähig macht, die Lehre Gottes, unseres Heilandes, in allen Dingen zu zieren.

Der Zeitpunkt des Heimganges

Es fällt uns sofort auf, daß der Tod des Stephanus mitten in seiner Tätigkeit stattfand. Er war zum Diakon der Gemeinde in Jerusalem ernannt worden, um dafür zu sorgen, daß die Almosen angemessen unter den Armen verteilt würden, besonders unter den griechischen Witwen. Er erfüllte seine Pflicht zur Zufriedenheit der ganzen Gemeinde und tat damit einen sehr nützlichen Dienst, denn das gab den Aposteln Gelegenheit, sich ganz ihren eigentlichen Aufgaben, dem Predigen und Beten, zu widmen.

Es ist nichts Geringes, wenn wir eine Last für einen anderen tragen können und dieser dadurch für einen wichtigeren Dienst frei wird, den wir selbst zu leisten nicht imstande sind. Wenn es so ist, daß ich selbst nicht predigen kann, aber einem, der predigt, gewisse Sorgen abnehmen kann und ihm so helfe, mehr und besser zu predigen, so predige ich im Grunde selbst. Die Sorge, die Stephanus für die Armen trug, trug auch dazu bei, Streit und Spaltungen zu verhindern.

Aber Stephanus erfüllte auch als Verkündiger des Wortes Gottes einen heiligen Dienst und das mit großer Kraft; er war voll Glaubens und Heiligen Geistes. Er steht auf dem Blatt der Kirchengeschichte der damaligen Zeit als einer der Führer da, so daß die Feinde des Evangeliums seine hervorragende Wirkung erkannten und ihn zum Gegenstand ihres Hasses machten, denn sie wüten gewöhnlich gegen die, die am meisten Gutes tun. Stephanus stand in der Vorderreihe des Heeres Gottes, und von dort wurde er weggenommen!

„Ein Geheimnis!“ sagen einige. „Ein großes Geheimnis!“ sage ich. Meine Brüder, wer wünscht, zu irgendeiner anderen Zeit weggenommen zu werden? Ist es nicht gut, in der Rüstung zu sterben, solange man noch nützlich ist? Wer verlangt zu bleiben, bis er mehr eine Last als eine Hilfe ist? Wenn wir berufen werden, mitten in unserer Tätigkeit abzuscheiden, so sollten wir uns dem dankbar unterwerfen.

Er wurde auf der Höhe seiner Wirksamkeit weggenommen, als viele durch seine Predigt bekehrt und durch seinen Glauben Wunder gewirkt wurden. Er schien für die Gemeinde notwendig zu sein.

Es ist doch gut, daß Gott sein Volk lehrt, wieviel er durch einen Mann tun kann, den er erwählt. Andererseits zeigt er auch, daß er von keinem Menschen abhängig ist, sondern sein Werk auch ohne den besten Arbeiter in seinem Weinberg zu tun vermag.

Wenn unser Leben eine Lehre lehren kann und diese Lehre gelehrt worden ist, unser Tod aber eine andere Lehre lehren kann, so ist es gut zu leben und gut zu sterben. Laßt mich geerntet werden, wenn mein Dienst wie der Weizen ist – wie in dem Traum Pharaos mit sieben vollen und guten Ähren – und nicht zu einer Zeit, wo mich der Ostwind zur Unfruchtbarkeit ausgedörrt hat. Wenn Gott durch unsere Wegnahme verherrlicht wird, ist es dann nicht gut?

Gott kann sogar mehr als gewöhnlich verherrlicht werden, wenn er uns beiseite legt, um seiner Gemeinde zu zeigen, daß er ohne seine Diener wirken und andere an ihrer Stelle erwecken kann! Glücklich ist der Bote, der durch seine Abwesenheit ebenso wie durch seine Gegenwart des Meisters Willen erfüllt!

Aber der Tod des Stephanus war von Schmerzen und vielem begleitet, was Fleisch und Blut zuwider ist. Er starb nicht von weinenden Freunden umgeben, sondern von Feinden, die ihre Zähne über ihn zusammenbissen. Kein heiliger Gesang machte sein Sterbezimmer fröhlich, sondern das Rufen und Schreien einer wütenden Menschenmenge tönte in seinen Ohren. Für ihn gab es kein weiches Kissen, sondern nur harte und grausame Felsen. Zerschlagen und zermalmt von einem Hagel von

Steinen legte er sich nieder und erwachte im Schoß seines Herrn.

Nun, Brüder, das ist ein großer Trost für uns, denn wenn er in vollkommenem Frieden, in Freude und Triumph sterben konnte, wieviel mehr können wir erwarten, in Frieden abzuscheiden! Da wir nicht diese grausamen Begleiter in unseren letzten Stunden haben werden, können wir dann nicht hoffen, daß wir durch die Gegenwart unseres Herrn und Meisters aufgerichtet und gestützt werden? Wenn Stephanus unter einem Hagel von Steinen entschlief, dann dürfen wir hoffen, friedlich im Glauben an Jesus zu entschlafen, wenn die Heiligen um unser Bett versammelt sind, um uns Lebewohl zu sagen.

Ich möchte euch aber besonders darauf aufmerksam machen, daß die letzten Augenblicke des Stephanus ruhig, friedlich, zuversichtlich und freudig waren. Er machte keine Zugeständnisse, während er die wütenden Zuhörer ansprach. Er sagte ihnen die einfache Wahrheit mit solcher Überlegenheit, als würde er ihnen eine gefällige Rede halten. Als sie zornig wurden, hatte er keine Angst. Er nahm keinen einzigen Ausdruck zurück, milderte ihn auch nicht, sondern traf sie mit aller Treue gegen seinen Herrn mitten ins Herz. In dem Bewußtsein, daß er seine letzte Predigt hielt, gebrauchte er das scharfe, zweischneidige Schwert des Wortes Gottes und durchbohrte ihr Herz. Er kümmerte sich wenig darum, daß sie die Stirn runzelten, und wurde nicht verwirrt, als sie mit den Zähnen knirschten. Er war so ruhig wie der offene Himmel über ihm und blieb es auch, als sie ihn zur Stadt hinausstießen. Als sie ihn zum Tor hinausschleppten und ihre Kleider abgelegt hatten, um ihn zu steinigen, ließ er kein einziges furchtsames Wort fallen und stieß keinen zitternden Schrei aus. Er stand aufrecht und befahl ruhig seine Seele Gott; und als er unter den ersten Steinwürfen hinzufallen drohte, kniete er nieder – nicht, um Mitleid zu erregen, sondern um von seinem Herrn Barmherzigkeit für seine Angreifer zu erbitten. Dann schloß er wie ein Kind, das müde ist und auf seiner Mutter Schoß einschläft, die Augen und „entschlief".

Glaube also: Wenn du in Christus bleibst, wird das gleiche bei dir der Fall sein. Du wirst auch bei den Vorboten des Todes ruhig bleiben. Wenn der Arzt den Kopf schüttelt, wird dein Herz nicht verzagen; wenn deine Freunde traurig aussehen, wirst du ihren Schmerz nicht teilen.

Wir weinten, als wir geboren wurden, obwohl alle um uns her froh waren. Wir werden lächeln, wenn wir sterben, während alle um uns her weinen. Der sterbende Christ ist oft der Einzige, der ruhig und gefaßt bleibt. Während er von dem redet, was er fühlt und hofft, gleitet er sanft in die Herrlichkeit hinüber. Weshalb sollten wir es anders erwarten?

Der Gott des Stephanus ist unser Gott. Den Glauben des Stephanus besitzen wir auch, und wir können ihn in der gleichen Kraft und Vollmacht beweisen. Der Heilige Geist wohnt in uns, wie er in Stephanus wohnte, und wenn er sich bei uns nicht genauso kraftvoll erweist, dann hindert ihn nur unser Unglaube! Wenn wir Glauben haben wie Stephanus, werden wir auch dieselbe Gelassenheit der Seele haben wie er, wenn die für uns bestimmte Stunde kommt. Brüder, laßt uns den Tod nicht fürchten, sondern ihm ohne die geringste Furcht entgegensehen.

Stephanus war in einem sehr gehobenen Zustand. Aufgrund seiner langen Rede stellt ihr fest, daß er ganz von seinem Gott erfüllt war und daß ihn die Geschichte Israels tief bewegte. Er spricht nicht aus Zorn gegen seine Landsleute, sondern sein Gott nimmt alle seine Gedanken in Anspruch. Er erzählt ihnen, wie Gott Joseph sandte, aber das Volk sich gegen ihn empört hat und wie Gott jetzt Jesus sandte und die Juden seine Verräter und Mörder wurden. Er fühlt Mitleid für sie in seinem Herzen, aber trotzdem fühlt er vor allem mit Gott die Ablehnung, die er von Seiten der Menschen immer wieder erfahren mußte.

Beachtet auch, wie die Seele des Stephanus nur mit geistlichen Dingen beschäftigt war. Ich darf sicher annehmen, daß Stephanus vor dem Tempel große Ehrfurcht fühlte. Die ersten jüdischen Christen hatten ja alle noch eine gewisse Ehrfurcht vor dem Tempel, aber Stephanus sagt: „Doch der Höchste wohnt nicht in Tempeln, von Händen gemacht."

Es ist bemerkenswert: Wenn die Heiligen dem Tode nahe sind, dann machen sie sich aus dem, woraus sich andere sehr viel machen, sehr wenig. Was bedeuten Formen für einen Sterbenden, für einen Mann, der im Begriff ist, seinem Gott zu begegnen? Jede Form des Gottesdienstes, für die ein Mann eintritt, solange er gesund ist, und die kleinen Besonderheiten der Lehre, auf die er früher so großen Wert legte, scheinen im Vergleich mit den großen geistlichen, wesentlichen Dingen gering, wenn er auf die Ewigkeit zugeht. Der Heilige wird immer geistlicher, je näher der Tod kommt, denn er nähert sich jener Stadt, von der Johannes sagte: „Einen Tempel sah ich nicht in ihr." Brüder, es ist etwas Großes, geistlich zu wachsen, bis ihr die Eierschalen der Form brecht und abschüttelt. Stephanus verließ ganz jene abergläubische Ehrfurcht, deren Mehltau immer noch auf vielen Christen liegt. Er betete Gott, der ein Geist ist, im Geist und in der Wahrheit an.

Es ist sehr klar, daß sich Stephanus über alle Menschenfurcht erhob. Sie gafften und heulten ihn an, aber was machte ihm das aus? Er sollte von den Händen grausamer Menschen den Tod eines Lästerers draußen vor der Stadt erleiden, aber das erschreckte ihn nicht. Sein Antlitz glühte von unaussprechlicher Freude; er sah nicht aus wie ein Mann, der zur Hinrichtung geschleppt wird, sondern wie einer, der auf dem Weg zur Hochzeit ist. Er sah eher wie ein unsterblicher Engel aus als wie ein zum Tode Verurteilter.

Ach, Brüder, so wird es allen Treuen ergehen! Heute fürchten wir den Menschen, der nur ein Wurm ist; heute sind wir so schwach, daß wir uns durch die Meinung unserer Mitmenschen leiten lassen und auf freundliche Stimmen horchen, die uns raten, nur mit äußerster Vorsicht über gewisse Dinge zu sprechen, damit wir diesen oder jenen nicht betrüben. Aber je tauglicher wir für den Himmel sind, desto mehr verachten wir jeden Kompromiß und spüren, daß wir für die Wahrheit, für Gott, für Christus geradeheraus sprechen müssen, selbst wenn wir deswegen sterben müssen. Wer sind wir, daß wir uns vor einem Menschen fürchten sollten, der sterben wird und den die Bibel einen Wurm nennt?

Zu gleicher Zeit war Stephanus frei von allen Sorgen. Er war ein Diakon, aber er sagte nicht: „Was werden diese armen Leute tun? Wie wird es den Witwen ergehen? Wer wird für die Waisen sorgen?“ Er sagt nicht einmal: „Was werden die Apostel tun, da ich mich nun nicht mehr ihrer Arbeit annehmen kann?“ Kein Wort davon. Er sieht den Himmel offen und denkt wenig an die Gemeinde, die zurückblieb, obwohl er sie von ganzem Herzen liebte. Er vertraute die streitende Gemeinde ihrem Führer an. Er selbst ist ja zur triumphierenden Gemeinde gerufen. Er hört die Posaune tönen: „Auf und hinweg!“ Siehe, er stellt sich dieser Aufforderung.

Glückliche Menschen, die so ihre Sorgen abwerfen und in die Ruhe eingehen können! Warum sollte es mit uns nicht auch so sein? Unser Herr leitete seine Gemeinde, bevor wir geboren waren. Er wird nicht in Verlegenheit geraten, weil er uns heimgerufen hat; und deshalb brauchen wir uns nicht zu beunruhigen, als wenn wir überaus wichtig wären und die Gemeinde untergehen würde, weil wir ihr fehlen.

Stephanus hatte auch keinen Groll. Das war wirklich ein geistliches Gebet: „Herr, rechne ihnen diese Sünde nicht zu!“ Daniel stand vor Belsazar und sah die Waage, darin Belsazar gewogen und zu leicht erfunden wurde. So sah auch Stephanus die Waage der Gerechtigkeit. Der Mord an ihm wurde wie ein großes Gewicht in die Waagschale gegen die wütenden Juden gelegt. Sie sank, und er rief aus: „Herr, wirf nicht diese Sünde in ihre Waagschale!“ Er konnte nicht sagen wie der Heiland: „Sie wissen nicht, was sie tun!“ Denn sie wußten es sehr wohl und waren durch seine Rede beunruhigt, so daß sie sich die Ohren zuhielten, um nicht noch mehr zu hören. Aber er bittet, soweit er es der Wahrheit nach tun kann, für sie, während er seine Seele aushaucht.

Jedes Kind Gottes sollte sofort allen Groll beiseite legen oder vielmehr, es sollte nie Groll aufkommen lassen. Wir sollten in unserem Herzen keine Erinnerung an Böses festhalten, sondern jeden Tag frei vergeben, wie uns jeden Tag frei vergeben wird; und je näher wir dem Tod kommen, desto größer muß die Liebe für die werden, die uns hassen, denn dadurch können wir beweisen, daß wir für den Himmel bereit sind.

Um die Beschreibung seines Todes abzuschließen: Stephanus starb wie ein Sieger. Sein Name war Stephanus oder „Krone“, und wahrlich, an jenem Tag empfing er nicht nur eine Krone, sondern wurde die Krone der Gemeinde als der erste Märtyrer. Er war der Sieger, nicht seine Feinde. Sie steinigten seinen Körper, aber seine Seele hatte sie überwunden. Es war nicht in ihrer Macht, ihn zu bewegen, sein ruhiger Blick trotzte ihrer Wut. Er ging heim zu seinem Gott, und seine Feinde haben ihm auf dem Weg dahin nichts rauben können. Er überwand weit durch den, der ihn geliebt hatte.

Dies sind einige der charakteristischen Merkmale, die

uns bei dem Abscheiden des Stephanus auffallen, und ich hoffe, daß sie sich auch bei uns finden werden. Gott gebe sie uns, und wir wollen ihm alle Ehre dafür geben!

Besondere Merkmale seines Heimganges

Stephanus war in viererlei Weise voll von Jesus: Er sah Jesus, er rief ihn an, er vertraute ihm und ahmte ihn nach. Zuerst: Er sah den Herrn Jesus.

Der Märtyrer sah zum Himmel auf und erblickte die Herrlichkeit Gottes und Jesus zur Rechten Gottes stehen. Zuerst war Stephanus wahrscheinlich im Ratssaal des Synedriums, aber die Vision schien das Dach wegzuschieben und die Pforten des Himmels zu öffnen. Es wird gesagt, daß er des Menschen Sohn sah.

Dies ist die einzige Stelle in der Schrift, wo Jesus von einem anderen als von ihm selbst „des Menschen Sohn" genannt wird. Er selbst nannte sich häufig „des Menschen Sohn"; das war in der Tat der gewöhnliche Name, den er sich beilegte. Aber seine Jünger nannten ihn nicht so. Vielleicht war die Herrlichkeit des verworfenen Messias als Mensch der besondere Gedanke, der in der Seele des Stephanus geweckt werden sollte, um ihm zu versichern, daß der verfolgte Diener genauso siegen würde, wie sein verachteter Herr triumphiert hatte.

Es ist zu allen Zeiten gut, unseren verherrlichten Herrn anzuschauen, aber es war bei dieser Gelegenheit besonders angemessen, denn der Herr selbst hatte seine Feinde gewarnt: „Von jetzt an werdet ihr des Menschen Sohn sitzen sehen zur Rechten der Kraft." Er hatte diese Worte zu denselben Männern gesprochen, die jetzt Stephanus bezeugen hörten, daß es so sei.

Stephanus sah seinen Herrn stehend; und der Herr wird gewöhnlich als sitzend beschrieben. Aber es schien, als wäre der mitfühlende Herr aufgestanden, um seinem leidenden Diener näher zu kommen, um ihn zu stärken und auch aufzunehmen, wenn der Kampf beendet ist.

Der Platz, den der Herr einnahm, war „zur Rechten Gottes“. Stephanus sah deutlich den unaussprechlichen Glanz der ewigen Herrlichkeit, den kein menschliches Auge sehen kann; und in dieser Herrlichkeit sah er den Sohn des Menschen an dem Platz der Liebe, der Macht und Ehre, verehrt und angebetet.

Wenn es mit uns zum Sterben geht, liebe Freunde, so dürfen wir vielleicht nicht erwarten, mit unseren Augen zu sehen, was Stephanus sah. Aber der Glaube hat eine große vergegenwärtigende Kraft. Die Tatsache, daß der Herr Jesus auf dem Thron sitzt, ist immer dieselbe, und solange wir überzeugt sind, daß er zur Rechten Gottes ist, macht es wenig aus, ob wir ihn mit unseren natürlichen Augen sehen, denn der Glaube ist eine Verwirklichung dessen, was man hofft, eine Überzeugung von Dingen, die man nicht sieht.

Brüder, falls euer Glaube stark ist, wenn es zum Sterben geht, so werdet ihr den Herrn Jesus zur Rechten Gottes sehen, und das wird alle Todesfurcht von euch wegnehmen. Ihr werdet spüren: Wenn der Mensch Jesus Christus dort ist, so werde ich, der ich durch ihn dort vertreten bin, auch dort sein. Ich werde von den Toten auferstehen, seine ewige Kraft und Gottheit wird mich dahin erheben, wo er ist, denn er hat mir versprochen: „Vater, ich will, daß, wo ich bin, auch die bei mir seien, die du mir gegeben hast.“

Ich will es wagen weiterzugehen. Ich bin durch eigene Beobachtung überzeugt, daß nicht wenigen, sondern vielen sterbenden Heiligen viel mehr gegeben wird als die Vergegenwärtigung des Glaubens. Viel häufiger, als wir annehmen, wird den Heiligen in der Stunde ihres Abscheidens der übernatürliche Schein göttlichen Glanzes verliehen. Ich habe Menschen, die verhältnismäßig ungebildet und einfach waren, von dem, was sie in ihren letzten Stunden sahen, in solcher Weise sprechen hören, daß ich gewiß bin, sie nahmen die Ausdrücke nicht aus Büchern, sondern sie mußten gesehen haben, was sie beschrieben. Es war eine Frische in ihren Schilderungen, die mich überzeugte, daß sie das sahen, wovon sie mir versicherten, daß sie es schauten. Die Freude, die daraus entstand, die Ergebung in den göttlichen Willen, die Geduld, mit der sie ihre Leiden trugen, waren ein echter Beweis dafür: Sie standen nicht unter dem Einfluß einer Einbildung, sondern waren wirklich imstande, hinter den Vorhang zu sehen. Der Leib wird in seiner Schwachheit, wenn ich so sagen darf, ein verdünntes Medium, die Nebel werden weggeweht, der verdunkelnde Vorhang wird dünner, die himmlische Herrlichkeit tritt deutlich hervor. Wie wenig wird ein Mensch dann den Tod fürchten oder sich um Schmerzen kümmern, wenn er Christus vor Augen hat!

Stephanus rief den Herrn Jesus an: „Herr Jesus, nimm meinen Geist auf!“

Sterbende Christen sind durch Fragen über die Gottheit Christi nicht beunruhigt. Liebe Freunde, im Tode bedürfen wir eines allmächtigen und göttlichen Heilands. Wir wünschen, daß der Herr „Gott gepriesen in Ewigkeit“ in diesem ernsten Augenblick zu unserer Rettung da ist. Deshalb rief Stephanus den Herrn Jesus an und betete ihn an. Er erwähnte keinen anderen Fürsprecher.

O du Märtyrer Gottes, warum riefst du nicht: „Ave Maria! Heilige Jungfrau, komm mir zu Hilfe!“? Warum betetest du nicht zu Sankt Michael und allen Engeln? Nein, die Greuel der Heiligen- und Engelanbetung waren in seinen Tagen noch nicht erfunden, und wären sie vorhanden gewesen, so würde er sie verachtet haben. „Denn es ist ein Gott und ein Mittler zwischen Gott und den Menschen, der Mensch Christus Jesus.“

Wir lesen auch nicht, daß er ein Wort von seinen guten Werken sagte, von seinen Almosen, Predigten und Wundern. Nein, er rief den Herrn Jesus an und verließ sich ganz auf ihn.

Ach, Brüder, es ist gut, im alleinigen Vertrauen auf Jesus zu leben und zu sterben. Wenn ihr euch heute abend niederlegt und ruhig an euer Abscheiden denkt und euch fragt, ob ihr zum Sterben bereit seid, so werdet ihr nicht ruhig sein, bis euer Herz am Fuß des Kreuzes steht, auf das teure Blut des Heilandes sieht und demütig glaubt, daß er Frieden mit Gott gemacht hat.

Was tat Stephanus danach? Er vertraute dem Herrn Jesus und setzte seine Zuversicht allein auf ihn. Wir lesen, daß er sagt: „Herr Jesus, nimm meinen Geist auf!" Er spürte, daß sein Geist im Begriff war, den Körper zu verlassen, um in die ewige Welt abzuscheiden. Vielleicht kam ein Schauer natürlicher Ehrfurcht vor dem großen Geheimnis über ihn, so wie er über uns kommt, wenn wir daran denken, daß wir entkleidet werden und das vertraute Gewand unseres Körpers ablegen sollen. Aber er befahl seinen Geist in die Hände Jesu, und alle Furcht und Sorge waren vorüber. Er war jetzt ganz damit fertig. Er betete nicht mehr für sich selbst, sondern für seine Feinde. Und dann schloß er die Augen und entschlief. Dies ist die einfache und erhabene Kunst des Sterbens. Noch einmal nehmen wir unsere Seele und legen sie in die treue durchbohrte Hand dessen, der sie bewahren kann, und dann wissen wir, daß alles gesichert ist. Wenn wir den Herrn Jesus gesehen, angerufen und auf ihn vertraut haben, so ist es leicht zu sterben.

Beachtet auch, daß der Tod des Stephanus ein Abbild des Todes Jesu war. Laßt uns beten, daß unser Tod ebenso sein möge. Er war es sogar in kleinen Umständen: Jesus starb draußen vor dem Tor, und Stephanus starb auch dort. Jesus starb betend, Stephanus auch. Jesus starb, indem er sagte: „Vater, in deine Hände befehle ich meinen Geist!“ Stephanus nahte Gott durch den Mittler und sprach: „Herr Jesus, nimm meinen Geist auf!“ Christus starb, für seine Mörder betend; Stephanus tat es auch: „Herr, rechne ihnen diese Sünde nicht zu!“

Nun, wenn unser Tod ein Abbild des Todes Jesu sein soll, warum sollten wir uns fürchten? Es ist unser Wunsch, ihm gleichgestaltet zu werden. Es ist unsere Freude, sogar mit ihm zu leiden, und es wird sicherlich freudevoll sein, mit ihm zu sterben.

So seht ihr, liebe Brüder, daß der Tod des Stephanus Christus verherrlicht und widerspiegelt. Niemand konnte in Frage stellen, wessen Bild und Überschrift er trug. Wenn unser Leben auch so ist, so wird unser Tod die gleiche Prägung tragen. Laßt euer Leben ein Leben mit Jesus sein, ein Beten zu ihm, ein Vertrauen auf ihn, ein Nachahmen seines Lebens, dann werdet ihr auch bei eurem Abscheiden ihm ähnlich sein. Wie ihr bei ihm in den Anfechtungen des Lebens ausgeharrt habt, so wird der Herr in den Augenblicken des Todes mit euch sein.

Was wir uns wünschen

Aus dem Abscheiden des Stephanus entnehmen wir etwas über die Art des Todes, die wir uns wünschen dürfen.

Zuerst ist es wünschenswert, daß unser Leben und unser Tod aus einem Guß sind. Stephanus war voll Glaubens und Heiligen Geistes im Leben, so war er voll des Heiligen Geistes im Tode. Stephanus war kühn, tapfer, ruhig und gelassen im Leben, so ist er es ebenso unter dem Hagel der Steine.

Es ist sehr traurig, wenn der Bericht über den Tod eines Menschen nicht zu seinem Leben paßt. Ich fürchte, viele Beerdigungsansprachen haben durch ihre Schmeicheleien großen Schaden angerichtet, denn die

Leute haben sehr richtig gesagt: „Das ist höchst sonderbar: Ich wußte nie, daß der Verstorbene ein Heiliger war, bis ich diesen Bericht von seinem Ende hörte."

Es ist schlimm, mit einem Ruck zu sterben, sozusagen auf eine andere Schiene geschoben zu werden. Es ist besser, von einem Grad der Gnade zu einem anderen und so zur Herrlichkeit hinüberzugleiten. Wir sollten täglich sterben, jeden Morgen sterben, ehe wir zum Frühstück gehen. Wir sollten uns das alles vor Augen halten, so daß es uns nichts Neues sein wird, wenn wir zum Sterben kommen. Der Tod mag der Saum des Lebens sein, aber er sollte aus demselben Stück gemacht sein wie das ganze Tuch. Ein Leben aus Ton kann nicht mit einem Tod aus Gold verbunden werden. Wir können nicht hoffen, mit der Welt zu Mittag und mit Gott zu Abend zu essen. Wir sollten jedoch jeden Tag im Hause des Herrn wohnen.

Weiter ist es höchst wünschenswert, daß der Tod die Vollendung unserer ganzen Laufbahn sei, der Schlußstein des Lebensgebäudes. Wenn der Mensch entschläft, sollte nichts mehr nötig sein, um seine Arbeiten vollständig zu machen.

Liebe Brüder, ist es so mit euch? Angenommen, du würdest heute dort auf deinem Stuhl sterben, würde dein Leben vollendet sein, oder wäre es einer in der Mitte abgebrochenen Säule gleich? Es gibt einige, die selbst in ihrem Geschäftsleben viele nötige Dinge unterlassen haben. Sie haben zum Beispiel ihr Testament noch nicht gemacht und werden bei ihren Kindern viel Kummer durch ihre Nachlässigkeit verursachen. Manche Christen halten ihre weltlichen Angelegenheiten nicht in Ordnung, sondern sind lax, unordentlich und nachlässig. Wenn es dann mit ihnen zum Sterben kommt, sind viele Fragen da, die das Sterben schwer machen.

Whitefield pflegte zu sagen, wenn er abends zu Bett

ging: „Ich habe nicht einmal ein Paar Handschuhe am unrechten Platz gelassen; wenn ich diese Nacht sterbe, so sind alle meine Sachen für Zeit und Ewigkeit geordnet.“

Das ist die beste Lebensweise, daß der Tod, möge er kommen, wann er will – um Mitternacht, am Morgen oder um Mittag –, ein wünschenswertes Ende zu einem Buche sein wird, von dem wir die letzte Zeile schon geschrieben haben. Wir haben unseren Lauf beendet und unserer Generation gedient, und unser Entschlafen ist der passende Schluß des Lebens.

Möge unser Tod nicht von Unruhe und großer Hast begleitet sein; das würde uns hindern, bereit zu sein. Wenn gewisse Leute mit einem Zug verreisen wollen und es schon einen Monat vorher wissen, so sind sie doch eine Stunde, ehe sie abreisen, in heller Aufregung. Obwohl sie genau die Abfahrtszeit kennen, können sie nicht ein paar Minuten vorher am Bahnhof sein, sondern springen in größter Hast im letzten Augenblick in den Wagen und kommen nur soeben mit.

Einige sterben auch so. Es ist, als ob sie soviel zu tun hätten und in solcher Hast wären und außerdem so wenig Gnade hätten, daß sie nur errettet werden könnten „wie durchs Feuer hindurch“.

Wenn weltliche Christen sterben, so ist sehr viel zu packen und für das Abscheiden fertig zu machen. Aber ein wahrer Christ steht umgürtet da; er weiß: Er hat zu reisen. Er weiß nicht genau, wann, aber er steht mit dem Stab in der Hand. Er weiß, der Bräutigam kommt bald, und deshalb hält er die Lampe wohl geschmückt. Das ist die rechte Art zu leben und zu sterben.

Möge uns der Heilige Geist helfen, daß wir bereit sind. Wenn uns der Todesengel nicht unvermutet überrascht, dann wird das Heimgehen nichts Ungewöhnliches sein, sondern eine einfache Sache.

Bengel, der bekannte Ausleger, wünschte nicht, in

einer geistlichen Parade zu sterben oder in einer sensationellen Szene, sondern wie einer wegzugehen, der mitten aus dem Geschäft vor die Haustür gerufen wird. Sein Gebet wurde erhört. Er sah fast bis zu dem Augenblick, wo er den Todesstreich fühlte, die Korrekturbogen seiner Werke durch. Ist das nicht gut?

Ebenso wünschenswert war das Ende des ehrwürdigen Beda. Er starb, als er die Übersetzung des Johannes-Evangeliums vollendet hatte. „Schreibe rasch", sagte er, „denn es ist Zeit für mich, zu ihm zurückzukehren, der mich geschaffen hat."

„Lieber Meister", sagte der Schüler, „ein Satz fehlt noch."

„Schreibe rasch", sagte der ehrwürdige Mann.

Der junge Mensch fügte bald hinzu: „Es ist beendet!" Und Beda antwortete: „Du hast recht gesagt, alles ist jetzt beendet." Und er entschlief.

So möchte ich auch sterben. So wird jeder Christ es wünschen. Wir möchten den Ort ändern, aber nicht den Dienst. Nachdem wir unserem Herrn hier unten gedient haben, werden wir höher hinaufgerufen; und wir gehen.

Es muß eine schreckliche Sache sein, wenn einer, der sich Christ nennt, voll Reue über sein vernachlässigtes Werk und über versäumte Gelegenheiten stirbt. Es ist traurig, wenn man sagen müßte: „Ich muß meine Sonntagschulklasse verlassen, bevor ich die Kinder ernstlich gewarnt habe, dem zukünftigen Zorn zu entfliehen." Es würde elend für euch sein, eines Tages heimzugehen und zu sagen: „Ich habe meine letzte Predigt gehalten, aber sie war nicht ernst und nicht geeignet, Gott zu verherrlichen oder meinen Mitmenschen zu nützen." Kann man am Ende eines vergeudeten Lebens glücklich sein? Wird es nicht traurig sein, mit unvollendetem Werk und nicht ausgeführten Vorsätzen weggerufen zu werden? O meine Brüder, lebt nicht so, daß ihr euch den Tod schwermacht!

Es muß auch traurig sein, gegen unseren Willen, wie eine unreife Frucht, abgerufen zu werden. Der unreife Apfel hängt fest an seinem Platz, und so hängen viele fest an ihren Reichtümern und kleben an den weltlichen Dingen, daß es eines starken Ziehens bedarf, sie von der Welt loszutrennen. Die reife Frucht hängt nur lose, und wenn eine sanfte Hand kommt, um sie abzunehmen, dann gibt sie leicht nach, als wäre sie willig, gepflückt zu werden.

Gott verhüte, daß ihr so fest an den irdischen Dingen klebt, daß der Tod etwas Gewaltsames und das Abscheiden ein Schrecken für euch sein wird.

Brüder, wir wollen auch nicht wünschen, so zu sterben, daß es fraglich ist, an welchen Ort wir gehen; und doch werdet ihr so sterben, wenn ihr entsprechend lebt. Wenn ihr keine Heilsgewißheit habt, dann erwartet nicht, daß sie euch auf dem Sterbebett kommen wird. Nun, mein lieber Freund, wenn der Schmerz zunimmt, so ist es wahrscheinlich, daß du an Niedergeschlagenheit leiden wirst; und deshalb brauchst du am Anfang starken Glauben zu deinem eigenen Trost. Möchtest du, daß deine Freunde aus deinem Sterbezimmer weggehen und sagen: „Wir hoffen, er ist errettet, aber wir haben seinetwegen Zweifel!“?

Whitefield sagte, als jemand bemerkte: „Ich möchte gern Ihr Zeugnis im Sterben hören!“: „Nein, ich werde aller Wahrscheinlichkeit nach kein Zeugnis im Sterben ablegen.“

„Warum nicht?“ fragte der andere.

„Weil ich jeden Tag, den ich lebe, Zeugnis ablege, und so wird es wohl nicht nötig sein, wenn ich sterbe.“

Dieser Mann Gottes predigte bis zum letzten Nachmittag und legte sich dann in sein Bett und starb. Niemand hatte nötig zu fragen: „Was sprach er, als er im Sterben lag?“ Ach nein, sie wußten, was er sprach, als er noch lebendig war, und das war weitaus besser. Laßt euer Zeugnis im Leben so sein, daß es keine Frage darüber geben kann, wem ihr gelebt und gedient habt, ob ihr in euren letzten Augenblicken sprecht oder nicht.

Zum Schluß möchte ich sagen: Wir wünschen so zu sterben, daß auch unser Tod nützlich ist. Ich bin überzeugt, daß der Tod des Stephanus sehr viel mit der Bekehrung des Paulus zu tun hatte. Habt ihr den offensichtlichen Einfluß des Stephanus auf Paulus beachtet? Augustinus sagt: „Wenn Stephanus nicht gebetet hätte, so hätte Paulus nicht gepredigt."

Ich sage nicht, daß der Tod des Stephanus den Paulus bekehrte, weit davon entfernt; diese Veränderung wurde durch ein göttliches Eingreifen bewirkt, als Paulus auf dem Weg nach Damaskus war. Aber was er in dem Märtyrium des Stephanus sah, hatte den Boden vorbereitet, den guten Samen aufzunehmen.

Paulus scheint mir im späteren Leben stets seinen Text aus der Predigt des Stephanus zu nehmen. Lest zu Hause diese Predigt durch und seht, ob es nicht so ist. Stephanus sprach von dem Bund der Beschneidung; das war auch ein Lieblingsthema des Paulus. Als er in Athen auf dem Hügel des Mars stand und zu den Männern auf dem Areopag redete, sagte er zu ihnen: „Der Gott, der die Welt gemacht hat und alles, was darin ist, er, der Herr des Himmels und der Erde, wohnt nicht in Tempeln von Händen gemacht." Er sagte dieselben Worte, die Stephanus angeführt hatte. Der sterbende Stephanus ist der Same, aus dem Paulus aufsprießt.

Was für ein Vorrecht, so zu sterben, daß sich ein Phönix aus unserer Asche erhebt. Wenn wir selbst nützlich gewirkt haben, so mögen wir im Sterben größere Arbeiter hervorrufen, als wir selbst es waren. Unser erlöschender Lebensfunke mag das göttliche Licht in einem Leuchtturm anzünden, der weit über die Meere hinaus die Strahlen des Evangeliums verbreitet. Gott gebe, daß wir im Leben und im Sterben gut dienen mögen!

Es war sicher ein guter Gedanke, als ein ernster Prediger darum bat, daß man seinen Sarg nach seinem Tode an einen Ort stellen möge, wo ihn seine ganze Gemeinde sehen könnte. Auf seine Brust sollte man ein Blatt Papier legen, worauf die Ermahnung stünde: „Gedenket an die Worte, die ich euch gesagt habe, als ich noch bei euch war." Ja, wir wollen fortfahren, von Jesus zu erzählen und, wenn Gott uns hilft, im Leben und im Sterben Seelen zu gewinnen.

Geliebte Gläubige, liebt die verlorenen Menschen und bittet Gott, sie zu erretten. Ihr, die ihr noch nicht errettet seid, ich flehe euch an, daran zu denken, wie es um euch stehen mag, wenn es mit euch zum Sterben kommt. Wenn ihr trotz eures verhärteten Gewissens in Frieden sterben solltet, so denkt daran, was ihr vor dem Gericht tun wollt, wenn dieses Gewissen lebendig wird. Was werdet ihr tun, wenn die Lippen des Erlösers sagen werden: „Gehet hinweg von mir, ihr Verfluchten, in das ewige Feuer!"?

15

EINE GESCHÄFTSMÄSSIGE BERECHNUNG

„Aber was mir Gewinn war, das habe ich um Christi willen für Schaden gerechnet; ja ich achte nun auch alles für Schaden gegenüber der alles übertreffenden Erkenntnis Christi Jesu, meines Herrn, um dessentwillen ich alles eingebüßt habe, und ich achte es für Unrat, damit ich Christus gewinne und in ihm erfunden werde, daß ich nicht meine eigene Gerechtigkeit – die aus dem Gesetz – habe, sondern die, welche durch den Glauben an Christus (erlangt wird), die Gerechtigkeit aus Gott auf Grund des Glaubens“ (Philipper 3,7-9).

Unseres Heilands Rat an alle, die seine Jünger zu werden wünschten, war: „Überschlagt die Kosten!“ Er wünschte niemand zu verlocken, sich in sein Heer anwerben zu lassen, ohne daß er über die Erfordernisse in seinem Dienst aufgeklärt war. Immer wieder prüfte er die, die sich als seine Anhänger bekannten, und oft ermahnte er die Menschen, sich zu prüfen, damit sie nicht in eine Jüngerschaft einträten, die sie nachher nicht aufrecht erhalten könnten. Wir werden aufgefordert, das Evangelium mit unserem Verstand zu beurteilen.

Es ist wahr, daß viele in ernsten Versammlungen zu Jesus Christus gebracht werden, wo ihnen mit herzlichen Worten zugeredet wird. Dennoch sollte sich ein Mann hinsetzen und in möglichst kühler Art eine Rechnung aufstellen. Wenn er unter der Leitung des Heiligen Geistes die Wahrheit berechnet, wird er zu dem Schluß kommen, daß die Sache des Herrn Jesu die würdigste und beste in der Welt ist. Glaubt nur nicht, daß der Glaube in einem wilden Fanatismus besteht, der niemals überlegt, berechnet, urteilt, schätzt oder abwägt;

denn diese Auffassung wäre das Gegenteil von der Wahrheit.

Wärme, Inbrunst, Enthusiasmus sind wünschenswert, und wir können gar nicht zuviel davon haben; aber zu gleicher Zeit können wir unsere Anhänglichkeit an Jesus Christus durch die ruhigste Logik, durch die ernstesten Erwägungen rechtfertigen. Wir machen eine lange und wohlüberlegte Aufstellung, ziehen zeitliche und ewige Dinge in Betracht und fordern doch alle möglichen Gegner heraus, wenn wir erklären, daß es die weiseste und beste Sache in der Welt ist, ein Jünger Jesu Christi zu sein.

In unserem Text erwähnt der Apostel das Wort „rechnen“ oder „achten“ mehrere Male. Er war in geistlicher Mathematik geübt und in seinem Rechnen sehr sorgfältig. Er stellte seine Berechnungen sehr vorsichtig auf und beobachtete mit wachsamem Auge seinen Verlust und seinen Gewinn. In seiner Berechnung übersieht er nicht die Verluste, die vielleicht oder wirklich erlitten werden, und er vergißt auf der anderen Seite auch nicht den Gewinn, für den er Verlust für wert achtet.

Paulus erscheint hier in kaufmännischer Stimmung, addierend und subtrahierend, rechnend und vergleichend, in großer Ruhe und Entschiedenheit. Ich empfehle diesen Text Geschäftsleuten; ich lade sie ein, des Apostels Beispiel zu folgen, nach bestem Vermögen ewige Dinge zu beurteilen, sich hinzusetzen, die Feder zu nehmen und zu zählen, wie man’s tut, und dann Schätzungen und Berechnungen über sich selbst und Jesus Christus, die eigenen Werke und die Gerechtigkeit des Glaubens anzustellen.

Das Thema soll heute sein: zuerst des Apostels Berechnungen und zweitens unsere eigenen Berechnungen. Im zweiten Teil wollen wir uns die Frage vorlegen, ob wir die Dinge nach der apostolischen Weise einschätzen.

Die Rechnung des Apostels

Wenn wir den Text ansehen, stellen wir fest, daß Paulus drei verschiedene Rechnungen aufmachte; sie liefen alle ziemlich auf eins hinaus - mit dem Unterschied, daß jede folgende nachdrücklicher in ihrem Resultat war. Das Resultat war dasselbe, aber es wurde immer stärker unterstrichen.

Zuerst haben wir seine Berechnung beim Beginn des christlichen Lebens. Als er gläubig wurde, sagt er von sich selbst: „Was mir Gewinn war, das habe ich um Christi willen für Schaden gerechnet." Das heißt: In der ersten und frühesten Periode, als aus Saulus, dem Rabbi, dem strengen Pharisäer, Paulus, der Bekehrte und ein Prediger des Glaubens, wurde, den er einst zerstörte, da zerrannen diese Dinge, die ihm als glänzender Gewinn erschienen waren, zu einem großen Verlust. Zu der Zeit, sagt er, machte er eine Berechnung und bildete sich eine wohl überlegte Meinung, daß das, was ihm am vorteilhaftesten erschien, wirklich, soweit es Jesus Christus betraf, ein wahrer Nachteil und ein Hindernis für ihn war; die Gewinne waren in Wirklichkeit Verlust.

Nun werdet ihr wahrnehmen, daß er in dieser Berechnung bei den einzelnen Punkten verweilte und jeden mit großer Bestimmtheit anmerkte. Die Liste der Dinge, deren er sich nach dem Fleisch rühmen könnte, liest sich wie ein Katalog. „Der ich am achten Tag beschnitten bin, aus dem Geschlecht Israel, vom Stamme Benjamin, ein Hebräer von Hebräern, nach dem Gesetz ein Pharisäer, nach dem Eifer ein Verfolger der Gemeinde, nach der Gerechtigkeit im Gesetze untadelig gewesen."

Dies sind die Dinge, die ihm Gewinn bedeuteten. Die Liste ist sehr umfassend, beginnt mit seiner Geburt und Beschneidung und geht weiter bis zum Tag seiner Bekehrung. Er verweilt mit hohem Interesse bei seinen jüdischen Vorzügen; sie waren ihm wie köstliche Perlen.

Während er sie aber freiwillig aufgibt, gedenkt er doch daran, daß sie ihm einst sehr teuer waren; sie waren sein ganzer Stolz, sein Adelsbrief und sein täglicher Ruhm. Er fühlte sich in dieser Hinsicht den meisten Menschen weit überlegen, ja selbst den meisten Angehörigen seines eigenen Volkes, denn er sagt: „Wenn ein anderer meint, er könne auf Fleisch vertrauen, ich viel mehr."

„Der ich am achten Tag beschnitten bin." Die Zeremonie, die ihn äußerlich in den Bund Gottes mit Abraham als Glied einfügte, war genau nach dem Gesetz vollzogen worden. Er war nicht, wie etwa die Proselyten, spät im Leben beschnitten worden oder wegen schlechter Gesundheit, wegen einer Reise oder der Nachlässigkeit der Eltern zu irgendeiner außergewöhnlichen Zeit, sondern er war genau zu dem Zeitpunkt als Kind in die Gemeinde Israels aufgenommen worden, den das mosaische Gesetz forderte.

Dann war er einer „aus dem Geschlecht Israel", nicht einer, der zum israelitischen Glauben bekehrt war, noch ein Nachkomme der Gibeoniten oder proselytischer Eltern, sondern er war aus dem echten Volk Israel, stammte aus einem bekannten Geschlecht, das bis zu jenem Israel, der mit Gott kämpfte und obsiegte, nachgewiesen werden konnte. Er war stolz auf seine Abstammung, und das mit Recht, denn jeder Jude ist aus edlem Stamm.

Paulus rühmte sich auch, daß er „vom Stamme Benjamin" sei, dem Stamm, in dessen Bezirk der Tempel stand, dem Stamm, der von der geliebten Frau des Jakob, der Rahel, abstammte und nicht von einer der Mägde. Aus dem Stamm Benjamin wurde der erste König in Israel erwählt, und dieser König führte denselben Namen, unter dem Paulus bei seinen jüdischen Brüdern bekannt war. Paulus stammte deshalb aus einem der auserwähltesten Geschlechter, die der Herr selbst aus Ägypten herausgeführt hatte.

Er fügt danach hinzu, daß er „ein Hebräer von Hebräern“ sei; er war ein Ausgesuchter und Auserwählter aus dem erwählten Volk. Wenn es irgendwie ein Vorteil war, aus dem Stamm Abrahams zu sein, so hatte er diesen Vorteil im höchstmöglichen Grade. Zu den Vorzügen des Geburtsrechts kam noch hinzu, daß er Mitglied einer besonders frommen Sekte geworden war: „Nach dem Gesetz ein Pharisäer.“ Er gehörte der Sekte an, die den kleinsten Einzelheiten im Gesetz Wert beilegte und die sogar ihren Mais, Dill und Kümmel verzehntete.

Was konnte Paulus noch mehr sein? Er war einer der Genauesten unter den Genauen, einer von denen, die in die innersten Geheimnisse des Glaubens eingeweiht waren. Auch im Blick auf seinen Charakter fühlte Paulus, daß er natürliche Gaben hatte, die Gewinn waren, denn er war voll Eifer. Alle, die dem Gesetz Moses durch die Verkündigung des Evangeliums zu widersprechen schienen, sah er als seine Feinde an, die er mit aller Kraft auszurotten hatte: „Nach dem Eifer ein Verfolger der Gemeinde.“ Das hatte er in ehrlicher Absicht getan; es war das Ergebnis seiner Selbstgerechtigkeit.

Paulus schließt dann damit, daß er feststellt, daß er selbst in jeder Einzelheit des Gesetzes, jedem kleinen Punkt des Rituals und jeder besonderen Zeremonie ganz unsträflich gewesen ist. So etwas auszusprechen, war nichts Geringes, aber er sprach die Wahrheit.

Alle diese Dinge zusammen rechnete Paulus für Gewinn. Aber was stand auf der anderen Seite? Er sagt: „Was mir Gewinn war, das habe ich *um Christi willen* für Schaden gerechnet.“ Was? Nichts auf der anderen Seite als ein Punkt! Nur ein einziger? Auf der anderen Seite waren doch so viele Vorrechte. Es war nur ein Name, eine Person in dieser Waagschale, während in der anderen so viele Vorteile waren! Man könnte denken, daß die Berechnung bald zugunsten der israelitischen Abstammung und all der anderen Pluspunkte des

Saulus entschieden sein wird, aber nein, das eine überwog alles andere.

Paulus sagt nicht, daß er dieses alles um des Christentums oder der Kirche oder des orthodoxen Glaubens willen für Verlust achtete. Es würde auch darin eine gewisse Wahrheit gelegen haben, aber der Mittelpunkt der Wahrheit liegt hier: Er achtete diese Dinge um Christi willen für Schaden, das heißt um des Herrn Jesu Christi selbst willen. Er dachte an den Gottessohn, der zu Bethlehem geboren wurde, den Freund, den Erlöser seines Volkes, Jesus Christus, den lebendigen, liebenden, blutenden, sterbenden, begrabenen, auferstandenen und gen Himmel gefahrenen, verklärten Christus. Dieser Jesus war der Herrliche, den er auf die andere Seite stellte, als er die Bilanz zog.

Und nun seht das Resultat. Er sagt: „Was mir Gewinn war, das habe ich . . . für Schaden gerechnet." Ein sonderbares Resultat. Als er das eine unter das andere gesetzt und voneinander abgezogen hatte, stellte er nicht nur fest, daß alle seine irdischen Vorteile weniger als Christus waren, sondern daß alle diese Gewinne wirklich in einen Verlust verwandelt waren. Sie waren nicht ein Plus auf jener Seite, das mit dem Plus auf dieser Seite verglichen werden konnte, sondern sie waren ihm ein Minus, ein wirkliches Defizit. Ihm kam zum Bewußtsein, daß seine irdischen Vorteile Nachteile waren, wenn er sie im Blick auf Christus betrachtete. Was er dagegen für Gewinn geachtet hatte, wirkte mehr gegen als für ihn, sobald er anfing, Christus zu erkennen.

Meine Brüder, Paulus meinte nicht, daß es an sich ein Verlust wäre, „ein Hebräer von Hebräern" oder ein Angehöriger des Volkes Israel zu sein, denn es war ein natürlicher Vorteil in dieser Zugehörigkeit zum Volk Gottes. „Was hat nun der Jude für einen Vorzug?" sagt er an einer anderen Stelle und antwortet: „Viel, in jeder Hinsicht!" Aber er meint, daß diese Dinge, die von Natur ein Vorteil waren, im Blick auf Jesus Christus für ihn zum Nachteil wurden, weil sie ihn vom Vertrauen auf Christus abgehalten hatten und immer noch versuchten, ihn vom einfachen Glauben an Christus abzubringen.

„Ach“, scheint Paulus zu sich zu sprechen, „weil ich mich rühmte, aus dem Volk Israel zu sein, verwarf ich den Christus Gottes. Weil ich damit prahlte, daß ich nach dem Gesetz unsträflich sei, weigerte ich mich, die herrliche Gerechtigkeit Jesu Christi durch den Glauben anzunehmen. Diese Vorteile lagen wie Schuppen über meinen Augen und hielten mich davon ab, die Schönheit meines Herrn zu sehen. Diese Vorrechte waren Steine des Anstoßes auf meinem Wege, die mich hinderten, als ein armer, demütiger und bedürftiger Sünder zu Jesus Christus zu kommen und sein Versöhnungsopfer anzunehmen.“

Meine Brüder, es ist sicher etwas Großes, ein tugendhaftes Leben geführt zu haben; es ist etwas, wofür wir Gott zu danken haben, wenn wir mitten auf dem Weg der Sittlichkeit gehalten worden sind. Aber dieser Segen kann durch unsere eigene Torheit ein Fluch werden, wenn wir unsere sittliche Trefflichkeit der Gerechtigkeit des Herrn Jesu entgegenstellen und glauben, wir brauchten keinen Heiland. Wenn unser Charakter unserer eigenen Schätzung nach so gut ist, daß wir deshalb das Kleid der Gerechtigkeit Christi verwerfen, dann wäre es sicher besser für uns, wenn wir den Charakter eines Lumpen hätten. Der offen erkennbare Sünder ist zu faul und zu bankrott, um zu behaupten, daß er vor Gott gerecht ist. In diesem Zustand wären wir bestimmt willig, mit dem Gewand der göttlichen Barmherzigkeit bekleidet zu werden.

Wenn ich heute eine eigene Gerechtigkeit hätte, so würde ich sie doch wegwerfen, um die Gerechtigkeit Christi zu ergreifen. Hätte ich niemals eine einzige offene Sünde getan, aber in meinem Herzen nur eine einzige geheime Übertretung begangen, so würde ich doch meine eigene Gerechtigkeit wie schmutzige Lumpen verabscheuen. Ich hätte allen Grund, davor zu zittern, daß mein stolzer Geist töricht genug sein könnte, sich auf diese eigene Gerechtigkeit zu verlassen. Adam fiel durch eine Sünde und verlor das Paradies, und gleichzeitig verlor er uns alle. Eine Sünde genügt also, die reinste Gerechtigkeit gerinnen und sauer werden zu lassen. Weg denn mit dem bloßen Schatten der eigenen und gesetzlichen Gerechtigkeit.

Aber nun laßt uns weitergehen und feststellen, daß uns Paulus eine zweite Berechnung vorlegt. Er schreibt: „Ja ich achte" – nicht „ich habe geachtet", wie er vorhin gesagt hat, sondern: „Ja ich achte nun auch alles für Schaden gegenüber der alles übertreffenden Erkenntnis Christi Jesu, meines Herrn."

Wir möchten immer gern wissen, was ein Mensch von einer Sache sagt, nachdem er sie versucht hat. Es ist auch gut, mit Eifer zu beginnen, aber wie sieht das Ende aus? Nach zwanzig Jahren oder mehr hatte Paulus Gelegenheit, seine Bilanz wiederum zu betrachten und nachzuprüfen, ob seine Berechnung richtig war oder nicht. Was war der Erfolg seiner letzten Untersuchung? Wie stand die Sache bei seiner Schlußrechnung? Er ruft mit besonderem Nachdruck aus: „Ja ich achte nun auch alles für Schaden gegenüber der alles übertreffenden Erkenntnis Christi Jesu, meines Herrn."

Wir merken, daß er nicht die Dinge vergessen hat, die Gewinne *waren*, denn wie wir schon gesehen haben, stellt er für uns eine detaillierte Liste auf. Bei der zweiten Gelegenheit wiederholt er den Katalog nicht, denn er legt weniger Gewicht auf jede Einzelheit, aber aus Furcht, daß er etwas vergessen hat, faßt er das Ganze zusammen, indem er einfach sagt: alles. Das ist gleichbedeutend mit: „Ja, ohne Zweifel, ich rechne alle Vorteile der Geburt, der Nationalität und der Selbstgerechtigkeit für Verlust, die ich einst für Gewinn achtete. Wenn ich etwas ausgelassen habe, dessen ich mich als Israelit rühmen könnte, so bitte ich euch, es noch in die Liste einzutragen, denn ich wollte alles einschließen, wenn ich sagte, daß ich alle Dinge um Christi willen als Verlust erachte."

Wir sehen, daß Paulus die ursprüngliche Aufzählung nicht verändert hat; er hat sie nur vervollständigt. Aber er bleibt bei derselben Einschätzung der Dinge: Der Gewinn ist immer noch „Verlust". Wir sollten beachten, daß er jetzt länger und mit größerer Freude bei der anderen Seite der Bilanz weilt. Er braucht da nicht nur das Wort „Christus", sondern eine Umschreibung: gegenüber der alles übertreffenden Erkenntnis Christi Jesu, meines Herrn.

Nun ist Paulus dahin gelangt, daß er Christus, an den er glaubt, kennt. Er sprach vorhin von ihm als von einem, um deswillen er Gewinn für Verlust achtete. Jetzt nimmt er eine so große Vortrefflichkeit in Christus wahr, daß er es als überschwenglichen Segen ansieht, ihn nur zu kennen.

Unser göttlicher Herr wird um so mehr geliebt, je mehr er gekannt wird. Je genauer unsere Einsicht in seinen Charakter ist, desto größer ist die Vortrefflichkeit seines Wesens in unseren Augen.

Paulus kannte den Herrn als Christus oder als den Messias, gesandt und gesalbt vom Vater. Er verstand immer besser die Fülle, die Macht und die ungemeine Wirksamkeit der Salbung unseres Herrn, die er „mehr als deine Genossen" (Psalm 45,8) empfangen hat. Er sah ihn als den verheißenen Samen, den Kommenden, das verheißene Licht, den verordneten Fürsten und Heiland der Menschenkinder. Er sah seine ganze Befähigung zu diesem wunderbaren Amt. Er nahm seine Salbung als Prophet, Priester und König wahr. Er freute sich, den

Geist des Herrn auf ihm ruhen zu sehen. Er freute sich, wie sein Geist von ihm auf sein Volk herniederkam, wie das heilige Öl vom Haupte Aarons auf die Säume seiner Gewänder herabfloß.

Aber das war nicht alles, denn er nennt ihn weiter „Jesus". „Du sollst ihm den Namen Jesus geben; denn er wird sein Volk retten von ihren Sünden." Paulus kannte Jesus als den gesalbten Heiland, als den wahrhaftigen Heiland, der ihn errettet hatte – errettet von dem Wahnsinn seiner Lästerung und Verfolgung, errettet von seiner früheren Schuld. Er hatte ihn zum Werkzeug der Errettung für andere gemacht. Paulus ist froh über den Titel „Heiland", wie wir alle es sind. Wie lieblich und melodisch ist der Name Jesus.

Wie schön ist des Apostels nächstes Wort: meines Herrn – nicht nur „der Herr", sondern „mein Herr". Seine Kenntnis war eine aneignende Kenntnis. Er kannte ihn als Erlöser, als Retter, als Herrn über alles und als Herrn über ihn selbst. Der Wert des Ausspruches liegt in dem Wort „mein".

Ich weiß nicht, wie es mit euch ist, so scheint Paulus zu sagen, für mich ist es eins der schönsten Worte, die sterbliche Lippen gebrauchen können: gegenüber der alles übertreffenden Erkenntnis Christi Jesu, meines Herrn. Ob er euer Herr ist oder nicht, er ist jedenfalls mein Herr. Ob er von den Menschenkindern als Herr angenommen wird oder nicht, er ist auf jeden Fall von meinem Geist freudig als Herr und Meister anerkannt. Er ist der einzige Herrscher meines ganzen Wesens. Ihr seht also, wie wahrhaft, völlig, praktisch und persönlich Paulus den Herrn Jesus kannte.

Der Text schließt ein, daß Paulus Jesus *durch den Glauben* kannte. Er hatte Jesus zu seinen Lebzeiten gesehen, aber dessen rühmte er sich nicht. Er war nun dahin gekommen, alles nur im Glauben zu sehen. Er wünschte vor allem, daß ihm die Gerechtigkeit zugerechnet werde, die durch den Glauben von Gott kommt. Paulus glaubte, und darum erkannte er.

Wenn ein Mensch Christus nur mit dem Verstand kennt, ihm aber nicht mit dem Herzen vertraut, wozu ist seine Kenntnis gut? Sie wird ihn eher verderben als retten. Ihr müßt den Herrn Jesus Christus so kennen, daß ihr euch mit ganzem Herzen auf ihn verlassen könnt. Ihr müßt ihn kennen, damit ihr Frieden habt, weil ihr ihm völlig vertraut. Ihr müßt ihn so kennen, daß ihr das Bewußtsein habt, ihr könnt von Tag zu Tag immer mehr in ihm ruhen, weil er euer ganzes Heil und euer ganzes Verlangen ist. Das heißt, ihn wirklich kennen!

Paulus kannte den Herrn so aus Erfahrung, denn er sagt: „... zu erkennen ihn und die Kraft seiner Auferstehung." Das ist wirklich die beste Kenntnis, wenn die Kraft einer Tatsache innerlich erfahren und im Leben zum Ausdruck kommt. Wenn wir aus dem Tod unserer Sünde auferweckt sind, dann ist unsere Kenntnis von dem auferstandenen Christus in der Tat vortrefflich. Wenn wir neues Leben in uns feststellen, das uns in geistlichen Dingen lebendig macht und von dem wir wissen, daß es aus der Auferstehung unseres Herrn entspringt und nach der mächtigen Kraft in uns gewirkt ist, die Jesus Christus von den Toten auferweckt hat, dann können wir uns in Wahrheit über die Trefflichkeit der Erkenntnis Christi Jesu, unseres Herrn, freuen.

Paulus kennt etwas von Christus und strebt nun nach mehr Erkenntnis durch eine wachsende Gleichheit mit ihm: „Zu erkennen ihn ... und die Gemeinschaft seiner Leiden, daß ich seinem Tode ähnlich werde." Paulus hatte in gewissem Maße an den Leiden seines Herrn teilgenommen; er wurde aus dem gleichen Grund wie sein Meister von den Menschen verfolgt und verachtet. Er hatte die Triebkraft Christi erlebt, Christi Liebe für die Menschen, Christi Eifer für Gott, Christi Selbstaufopferung und Christi Bereitschaft, für die Wahrheit zu sterben. Das ist eine vortreffliche Erkenntnis, und Paulus achtete sie höher als alle gesetzlichen Vorrechte.

Geliebte, es gibt keine Erkenntnis in der Welt, die mit der Erkenntnis Jesu Christi verglichen werden könnte. Es ist die Erkenntnis der höchsten Person: des Sohnes Gottes. Die Natur zu kennen, mit dem Gestein vertraut zu sein, die Sterne zu lesen, alle anderen Dinge zu begreifen, ist, im Vergleich mit der Erkenntnis, daß sich Gott in der Person des Herrn Jesus Christus geoffenbart hat, vergleichsweise unbedeutend. In Jesus wohnt die Fülle der Gottheit leibhaftig. Er ist es würdig, daß man ihn kennt und immer erkennt. Engel und Fürstentümer vereinen sich mit allen Heiligen in diesem Gedanken. Eine Wahrheit über Jesus Christus ist wertvoller als alle andere Erkenntnis zusammengenommen. Das ist eine Erkenntnis, die niemand hat und haben kann, wenn sie ihm nicht vom Heiligen Geist gegeben wird. Deshalb ist sie so vortrefflich. Wir können zu jedem Menschen, der Jesus Christus kennt, sagen: „Fleisch und Blut hat dir das nicht geoffenbart." Der muß göttlich gelehrt sein, der Christus kennengelernt hat.

Diese Wissenschaft kann nicht in den Schulen erlangt werden, auch nicht von gelehrten Professoren mitgeteilt werden, geschweige denn durch Jahre fleißigen Forschens erworben werden. Nur dem durch den Heiligen Geist erneuerten Herzen kann der Herr Jesus durch den Geist selbst geoffenbart werden, denn niemand kann Jesus einen Herrn nennen, ohne durch den Heiligen Geist. Das muß notwendigerweise eine erhabene Erkenntnis sein, wenn sie in dem einzelnen Menschen nur durch Gott selbst mitgeteilt werden kann.

Wenn ihr die Vortrefflichkeit dieser Erkenntnis sehen wollt, so seht auf die Auswirkungen. Manche Erkenntnis bläht auf, aber diese macht uns demütig. Je mehr wir davon haben, desto weniger sind wir in unseren eigenen Augen wert. Diese Erkenntnis heiligt, reinigt und befreit uns von der Liebe zur Sünde. Sie errettet die Seele – rettet sie aus ihrer jetzigen Sünde und vom ewigen Verlorensein.

Diese Erkenntnis gibt dem ganzen Leben Adel, denn wer Jesus Christus kennt, lebt nach einer höheren Lebensordnung als der, der ihn nicht kennt.

Diese Erkenntnis, meine Geliebten, ist vortrefflich, weil sie nie verloren gehen kann. Es ist eine Erkenntnis, die stets zunehmen wird, selbst in der Ewigkeit. Die meisten Studien, die die Sterblichen hier betreiben, werden in der künftigen Welt vergessen sein, selbst die tiefstgründigen Studien werden zu unbedeutend sein, um inmitten der Engelthrone weitergeführt zu werden. Aber die Erkenntnis Jesu Christi wird unendlich hoch eingeschätzt, und wer sie hat, wird scheinen wie die Sonne. Wer Jesus Christus kennt, wird fortfahren, zu seinen Füßen zu sitzen und zu lernen.

Ihr seht also, daß der Apostel um der Erkenntnis Jesu Christi, seines Herrn, willen, alles, dessen er sich einst gerühmt hatte, noch immer als Verlust rechnete. Dies war seine Berechnung, als er seinen Brief schrieb. Es war nicht nur eine Aufrechnung aus seinen jüngeren Tagen, sondern es war sein jetzt erneuertes und bestätigtes Urteil. Meine Freunde, wie sieht unsere Berechnung aus?

Der große Apostel gibt uns noch eine dritte Berechnung, die als die Wertung seines ganzen Lebens angesehen werden kann. Da geht es nicht allein um die Vergangenheit oder die Gegenwart, sondern um beides. Hier ist es: „Um dessentwillen ich alles eingebüßt habe, und ich achte es für Unrat, damit ich Christus gewinne und in ihm erfunden werde."

Hier seht ihr, meine Brüder, daß seine Wertung mit einer ernsthaften Prüfung beginnt. Er sitzt in der Wachtstube des Prätoriums zu Rom, wo er Gefangener war, die Ketten umschließen sein Handgelenk, während er schreibt. Er hat nichts mehr in der ganzen Welt; er hat alle seine alten Freunde verloren, seine Verwandten verleugnen ihn, seine Landsleute verabscheuen ihn, und selbst seine Brüder machen ihm oft Schmerz.

Kein Name ließ den Juden boshafter mit den Zähnen knirschen als der Name Saulus von Tarsus. Er wurde als der schändlichste aller Renegaten betrachtet. Er hatte allen Grund zum Rühmen verloren; er hatte keine eigene Gerechtigkeit mehr, deren er sich rühmen konnte. Ihm war jeder Rest einer gesetzlichen Hoffnung genommen. Christus ist sein alles, und er hat nichts anderes. Er hat kein irdisches Eigentum, er hat keine Vorräte für seine normalen Bedürfnisse. Seine Worte sind sehr wahr: „... um dessentwillen ich alles eingebüßt habe."

Laßt uns in das Gefängnis treten und ihm eine persönliche Frage vorlegen. „Paulus, dein Glaube hat dich in völlige Dürftigkeit und Freundlosigkeit gebracht. Wie schätzt du ihn jetzt ein? Die Theorie ist ja gut, aber bewährt sie sich in der Praxis? Was willst du antworten, Paulus?"

„Wohl", sagt er, „ich bekenne, ich habe den Verlust aller Dinge erlitten."

„Bedauerst du das, Paulus?"

„Bedauern", sagt er, „bedauern den Verlust meines Pharisäismus, meiner Beschneidung, meiner israelitischen Würde? Bedauern? Nein", sagt er, „ich bin froh, daß all das fort ist, denn ich halte es für eine große Befreiung, daß ich das alles nicht mehr habe."

In seiner ersten und zweiten Berechnung nannte Paulus seine früheren Gewinne Verlust, aber nun nennt er sie „Unrat". Er konnte kein stärkeres Wort verwenden. Das Wort bezeichnet etwas, was wertlos ist. Man gebraucht es, um die Hefe des Weins, den Bodensatz, zu bezeichnen. Eigentlich bezeichnet das ursprüngliche Wort Dinge, die den Hunden vorgeworfen werden: Hundekost, Knochen von den Tellern, Krumen und trockene Stücke, die vom Tisch abgeräumt werden, sowie alles, was man gern los wird. Der Apostel nennt alle diese schönen Sachen, die er aufgezählt hat, nichts Besseres als „Unrat". „Aus dem Geschlecht Israel, vom Stamme Benjamin, ein Hebräer von Hebräern" – er schüttet alles vor die Hunde und ist froh, es um Christi willen loszuwerden.

Nun, meine Brüder, bemerkt, wieviel näher Paulus Jesus Christus gekommen war als früher, denn in seiner zweiten Wertung sprach er davon, ihn zu kennen, aber jetzt spricht er davon, ihn als sein eigen zu „gewinnen". Der Apostel bleibt die ganze Zeit über bei dem kaufmännischen Bild und meint, daß ich Christum gewinne und ihn mein eigen weiß, daß ich ihn haben und halten und mit der Braut singen möge: „Mein Freund ist mein!", hierfür können wir alles für Unrat achten, damit wir ewig den Herrn Jesus besitzen möchten.

Dann fügt Paulus hinzu: „Und in ihm erfunden werde." Er sehnt sich danach, in Jesus verborgen zu sein und in ihm zu bleiben. Er verlangt, eins mit Christus zu sein und wie ein Glied am Körper in ihm zu sein. Er wünscht, in Christus hinein zu gelangen, wie ein Flüchtling sich in seinem Zufluchtsort verbirgt. Er strebt danach, so in Christus zu sein, daß er nie mehr herauskommt, und wenn ihn jemand sucht, er ihn in Jesus findet.

Beachtet, wie Paulus bei dem bleibt, womit er angefangen hat, nämlich das Entkleiden seines Ichs von dem Rühmen nach dem Fleisch und das Sich-Bekleiden mit Christus. Er wünscht, in Christus erfunden zu werden, aber er fügt hinzu: „Daß ich nicht meine eigene Gerechtigkeit – die aus dem Gesetz – habe." Nein, er will nichts damit zu tun haben; er hat sie schon als Verlust erachtet und als Unrat über Bord geworfen und will sie nun überhaupt nicht mehr haben oder sein eigen nennen.

Es ist sonderbar, wenn ein Mensch sagt: „Daß ich nicht meine eigene Gerechtigkeit habe." Aber Paulus sagt so. Er leugnet seine eigene Gerechtigkeit ebenso eifrig, wie andere ihre Sünden leugnen. Er achtet aber die Gerechtigkeit hoch, die uns Christus erworben hat und die uns durch den Glauben zugeeignet wird. Er nennt es „die Gerechtigkeit aus Gott auf Grund des Glaubens", und er schätzt sie sehr, ja, sie ist alles, was er wünscht.

Meine Brüder, das ist es, wonach wir suchen sollten. Wir sollten uns immer mehr bewußt werden, daß wir Christus haben und in ihm beständig werden. Wir sollten ihm immer ähnlicher werden, selbst in seinem Leiden und Tode, und wir sollten die volle Kraft seines Auferstehungslebens in uns wirksam werden lassen.

Möge Gott uns Gnade geben, das zu tun; und je mehr wir es tun, desto mehr werden wir mit dem Apostel übereinstimmen, daß alles andere gering zu schätzen ist.

Ebenfalls im Schulte Verlag sind von C. H. Spurgeon erschienen:

Auf dein Wort. Die aus Predigten zusammengestellten Andachten sind eine wahre Fundgrube geistlicher Erkenntnisse. Der wohl bekannteste englische Prediger des 19. Jahrhunderts lotet das Wort Gottes in seinen Tiefen aus und überträgt es hautnah auf die alltägliche Praxis. Eine Fülle von Beispielen aus der eigenen Erfahrung würzt immer wieder die Auslegung. Dabei werden auch scheinbar schwer verständliche oder oft liegengelassene Texte blutvoll lebendig. Hier erfüllt ein Prediger die leidenschaftliche Forderung unserer Tage, das Evangelium „unverkürzt", das heißt in seiner gewaltigen Totalität und seiner überströmenden Liebe in Gerichtsernst und Gnade zu verkündigen. Man vergißt beim Lesen, daß das alles vor hundert Jahren geschrieben wurde. HSW-Bestell-Nummer 15293

Der gute Kampf des Glaubens. Spurgeon dokumentiert mit seinen Auslegungen alttestamentlicher Texte, daß Kämpfen allein nicht genügt, sondern daß es dabei recht zugehen muß, wie die Bibel sagt. Der feurige Prediger entlarvt mit klarer Sprache Sünde als Sünde und nennt Gnade Gnade. Ob er gegen Irrtum und Flauheit oder für die Wahrheit streitet, seine Waffenrüstung ist jeden Herzschlag lang das Wort Gottes. Themen dieses großen Glaubensbuches sind unter anderem „Noahs Arche und die Flut", „Moses Entscheidung", „Familienreform oder Jakobs zweiter Besuch zu Bethel", „Keine Schonung", „Der Mann, dessen Hand erstarrte" und „Gereifter Glaube – dargestellt durch die Opferung Isaaks". HSW-Bestell-Nummer 15281